广东省中小学新一轮“百千万人才培养工程”系列丛书

文化语文　以文化人

——一位文化师者的情怀

胡兴桥　著

广东高等教育出版社
Guangdong Higher Education Press
·广州·

图书在版编目（CIP）数据

文化语文　以文化人：一位文化师者的情怀/胡兴桥著. —广州：广东高等教育出版社，2020. 8

（广东省中小学新一轮“百千万人才培养工程”系列丛书）

ISBN 978 -7 -5361 -6688 -2

Ⅰ. ①文…　Ⅱ. ①胡…　Ⅲ. ①中学语文课—教学研究—高中　Ⅳ. ①G633. 302

中国版本图书馆 CIP 数据核字（2020）第 004872 号

出版发行	广东高等教育出版社 地址：广州市天河区林和西横路 邮政编码：510500　电话：（020）87553335 http://www. gdgjs. com. cn
印　　刷	广州市穗彩印务有限公司
开　　本	787 毫米 ×1 092 毫米　1/16
印　　张	15. 25
字　　数	290 千
版　　次	2020 年 8 月第 1 版　2020 年 8 月第 1 次印刷
定　　价	46. 00 元

总 序

做有文化自觉的现代教育者

中国的中小学校从没有像如今这样呈现出群体性的文化觉醒，也从没有像如今这样流露出普遍性的文化焦虑。

随着教育改革日益进入深水区，中国教育发展的整体态势已经有了很大的改变。在“教育与中国未来30人论坛”上，对于基础教育面临的困境，我着重谈了三个问题：核心素养、课程改革与评价体系。我们高兴地看到，短短几年时间，随着中国学生核心素养体系的提出、新课程改革的深化，以及新的考试招生制度改革逐步落地，这些问题都慢慢有了日渐清晰的答案。

于是新的问题也随之而来，因为这一系列的教育改革意味着，好学生、好学校、好教育的标准变了，尽管分数和升学率仍很重要，但对学校来说仅有分数和升学率已经着实拿不出手了。这时候，无论校长还是教师都强烈感受到一种认同危机，我们如何衡量自我的教育价值，又如何找准自身在教育发展中的定位？

同样让人感到焦虑的还有，仅仅是十多年时间，中国教育面临的外部环境也已经今非昔比。当世界变得日益“平坦化”，当中国教育者日渐频繁地参与到国际教育文化的交流对话中，我们对国际教育有了更为深入、客观的观察与理解，不再用仰视的态度去看待国际教育理念与经验，而是多了一份平视的、冷静的省察视角。这又意味着，中国教育的参照系也发生了变化，“我是谁”“我从哪里来”“要到哪里去”，诸如此类的身份迷茫进一步加剧了。

这样的教育内外环境变化带来的学校文化嬗变的阵痛，既是我们推进中小学教育人才队伍建设的动因，也是我们希望找寻新的学校教育价值观，让学校教育者重新审视自我，得以安身立命的教育命题。

就是在这样的背景下，2012 年 10 月，广东省启动了新一轮的中小学“百千万人才培养工程”。该项目的目的也很明确，就是要在这个“呼唤教育家辈出”的时代，培养出一大批具有较高理论素养和实践能力的，在全省乃至全国处于领军地位并发挥示范作用的名教师、名校长和教育家。为响应这一感召，华南师范大学作为重要参与方之一，责无旁贷地承担了其中的“教育家培养项目”“中学名校长培养项目”“高中文科类名教师项目”和“高中理科类名教师项目”四个子工程。

呈现在大家面前的这套丛书，既有通过教师职业研究、教育教学思想及学科教学等内容的阐述，从教育家、名校长、名教师的角度介绍了自身的成长经历及在四年培养过程中的点滴感悟，也有由华南师范大学在项目培养期间提炼打造的学习成果专著。这套丛书既是几年来上述四个培养项目的成果显现，也是在高等师范院校引领下，一批优秀中小学名师、名校长对自身教育实践的理念升华和思想凝练；同时又是面对曾经的学校教育定位和身份认同的困惑与迷茫，尝试进行的新时代学校教育文化的重新认识与建构，或者说，是素质教育校本化表达的“广东智慧”“广东方案”。

我们看到，经历了从站起来、富起来到强起来的当代中国，越来越重视价值建构、阐释与传播，也展现出越来越强的文化自信。我们的学校教育、我们的校长和教师也应如此。

见微知著，今天的学校教育需要重新进行价值建构与定位，需要更有文化自觉的教育者。也因此，在项目实施过程中，我们明确了以教育思想、办学思想和教学思想为培养主线，通过“五个结合”，即理论研修和行动研究相结合、导师引领与个人研修相结合、脱产学习与岗位研修相结合、国内学习与海外研修相结合、研修提升和示范引领相结合，帮助参加项目的校长和教师学员升华实践，凝练思想。

成效令人欣慰！在项目平台上，一大批校长和教师的文化意识被唤醒，他们认真审视自己的教育实践历程，在反思中努力形成自己对教育教学的个性化理解，进而建构自己的教育理念体系和教育实践模型，形成了具有一定理论基础的、特色鲜明的办学思想和教学思想。从个体而言，他们在项目的催化下实现了精神成长，增进了对教育本质的理解，对所从事的事业有了更深的价值认知，也有了更高的期待。从整个基础教育改革而言，他们用这样的行动为教育研究提供了一个个鲜活的样本，丰富了当代的实践教育学。

同样值得重视的一个价值动向，是校长和教师们在中外教育的对话与比较中，开始渐渐觉醒的教育主体意识和文化自信。在项目培训实践中，我们创造条件让学员走出国门，深入考察美国教育、芬兰教育，重视国际教育交流对话。就在这个过程中，校长和教师们不再是“言必称希腊”，而是以更为理性、平和的态度对待异域经验。他们在发现好的经验与做法时，能够以积极建设的态度“把美好带回家”，但又不是一味“拿来”，更多学会从不同文化背景、不同发展阶段来理解教育差异。尤其难得的是，他们在中外教育比较中重新认识到，中国的学校教育也有其应该坚持的特色，我们既要学人之长、补己之短，又不能丢了自己原有的好东西。

中国的基础教育需要走向国际化，需要强化自身的国际化人才培养功能，但国际化不是否定自我，对外来经验全盘接受，而是要在平等参与国际教育合作、交流中，增进国际理解，倡导求同存异。这就好比茶与咖啡，无所谓优劣，仅关乎趣味。

从这个角度来说，作为项目成果的这套丛书，既是这些校长和教师对个人教育思想观念的梳理提炼，更是中国一线教育工作者对基础教育国际化的真诚思考：什么是国外基础教育的优势？什么是中国基础教育的特点？我们该向人家学习什么？又该坚持和发扬什么？

这同时又是一份珍贵的成长见证。几年来，这些校长和教师不少已成为广东中小学教育的领军人才，还有的已经在全国崭露头角。他们从整体上构成了新时代岭南教育的风格特色，成为一支闪现思想锐气、富有改革精神的“教育新势力”。

正是有感于这样蓬勃的生长态势，两年前，我们打造了被称为“中国教育TED”的品牌活动——“山长讲坛”，让广东的名师、名校长可以有一个广泛传播、分享教育思想和学术风采的现代平台。在“山长讲坛”第一季的首场演讲中，我说，校长应当成为师生的精神领袖，在真善美境界中求得宁静，在精神层面引领师生的发展，通过凝练、传播和践行三个层面，逐步清晰自己的教育思想和办学理念、形成独特的办学主张。

就在前不久，以“粤教育·粤精彩——唱响岭南教育流派”为主题，新一轮广东省中小学（幼儿园）名师、名校（园）长工作室主持人高峰论坛在华南师范大学举行，有70多位岭南名师、名校长登坛演讲，表达他们的教育主张和教育实践。以此为契机，华南师范大学将推进“岭南教育流派名工作室”的发展建设，从教育思想和教育实践两方面打造更具独特风格的“岭南教育”。

提出“岭南教育流派”这一概念，不是简单地“贴标签”“画地盘”，而是有着多重思考。一方面，长期以来，岭南教育深深地打上了广东人一贯的务实勤劳、勇于开拓、行胜于言等鲜明印记，但正所谓“言而不文，行而不远”，我们期待有更多校长和教师通过著书立说，对岭南教育的共性文化特征进行梳理提炼，从而更深更广地参与到中国当代教育文化的共建中。另一方面，粤港澳大湾区的建设也对岭南教育的融合共享发出了时代的呼唤，“独行速，众行远”，校长与教师必须舍却小我，融入大我，学会相互借力，相互成就。我们理想中的岭南教育流派，应该是一个兼容并蓄、互通互鉴的教育文化圈，一个和而不同、美美与共的良性教育生态。

而这套丛书的策划与出版，也是怀着同样的初衷与期待，希望为广东名校长和名教师架设一个展示、分享发展成果的平台，引领和督促他们向着“教育家办学”的方向不断前行。

实事求是地说，作为一项高等师范院校和中小学校长教师共同参与的研修活动创新，项目本身还有许多不完善之处，校长和教师们在丛书中呈现出来的与其说是成果，不如说是一份份项目作业，是他们成长过程中的一个纪念，更是他们走向更高教育境界的基点。也因此，无论是丛书的思想内容和体例结构，都还略显粗糙，有许多的不足。丛书得以结集出版，一方面是鼓励和鞭策，另一方面也是求教于大家，给予批评和指正。倘能激发更多校长和教师对学校文化建设的重视，共同投身于中国特色基础教育的改革发展，则更是善莫大焉。

是为序。

2020年8月

自序

教育的柔软与温暖

一直想写一本属于自己的书，这本书一定关涉自己的教育生活，有自己的心路历程，也有自己的喜怒哀乐。它不一定有深奥的理论，也不一定具备周全的教育体系，但是这本书肯定是走心的、用情的，肯定还有一份情怀，这份情怀“柔软、性灵、温暖、深沉”。就是这样的一本书，你拿在手里，有一种想翻下去的感觉。

由此我最先想到的是教育叙事，这是受到奥地利哲学家胡塞尔的启发，他认为从“现象学”的角度去把握事物的本质更为直接。因此我打算以“叙事”的方式来呈现这近30年来的教育足迹，来记录如此丰富、丰繁的教育心绪。这的确是项繁杂的工程，但是这样做意义非凡：一方面是对自己教书生活的重新检视；另一方面也是继往开来，让自己或读者能够从中有所启示，以更好的姿态面对未来的教育教学生活。我只是一名普通的一线教师，多年没有离开过讲台，我每天都得备课、上课、批改作业、与孩子沟通等等，教育生活琐碎无比，但这些对我来说却是天大的事。这些天大的事，不好旁征博引地议论，叙事是最好的表达，它平和，像水一样流淌，这种方式，正好契合了我的理解——教育始终与爱相随且细水长流。

写作方式选好了，接下来就是以怎样的笔墨或姿态去切入的问题。众所周知，教育的最终目标是立德树人，而德行的养育最费周章。树人的工作最讲求润物无声，结合我自己的为人处事特质与对教育的态度，我最终选定了温润、轻灵、细腻、质朴的行文视角，将自己前半生教书育人的些许成就、些许功德、些许感悟、些许遗憾，采用音乐旋律式的方式演化开来。这些音符美妙地串在一起，无限地倾向于立德树人的本质，因此一直是我心中最美的存在，它无关功利，却似天籁，无与伦比。这些音符大小不一、长短不一、方式多样、角度多元，正是因为它们的不同，才是最独特的存在。

我给这本书起了个烦琐的名字——《文化语文　以文化人——一位文化师者的情怀》，自诩为“文化师者”，其实是名不副实的。我虽然关注文化教学至今已有近15年的光阴，也或多或少地有一点心得，但是对于“文化语文、以文化人”这一教学理念，其实还只是初知皮毛，很多关于“文化”的深层次理解，“文化教学”的实施与评价，“以文化人”的实效性探讨……诸如此类比较关键的问题，都还有待更深入的探索，进而形成比较完备的体系。而书名后面的“情怀”二字，更是有些自我标榜了。我在这本书中所呈现的这些音符，充其量只能算是对教育、对教学、对学生及对教书生活有一定的情感，严格说是谈不上“情怀”的。在我看来，“情怀”不仅要有“情感”的长度、宽度与深度，更要有对教育独特的理解，进而在生命中一以贯之地坚持，更是一种精神。我给自己拟定的这个书名，或许更多的是一种鞭策、一种自我勉励，希望自己在教育教学中形成自己的特色，并用始终如一的情感和精神去观照它，从而成为一名真正意义上的有情怀的文化师者。

这里的“文化师者的情怀”包含两层意思。一是狭义上的，是指我从事文化语文教学，是一名关注文化的语文教师，呈现的是这样的语文教师具有怎样的教育教学情怀，这主要在第三章“文化语文”中体现；二是广义上的，是指我作为传授文化知识的学科教师，在教书的同时彰显了怎样的育人精神，在长期的教书育人的实践中，教者的情怀是如何体现的，书中的第一、第二、第四章给予了粗浅的回应。

关于文化师者的教育叙事，离不开自己的学生。教师的价值，因为学生的存在才有意义。用心爱过，就会一直记得。在第一、第二章里，出现了很多真实的学生姓名，放在本书里面的，都一一地在学生群里征询了他们的意见，有的还专门打电话、留言进行反复确认，最后学生同意了，他们的名字才在书中出现。有的内容，可能涉及孩子不好的人生体验，或者给孩子带来不适的回忆，即使孩子们同意发表，我还是将他们的名字做了一些谐音或者部分省略处理，最大限度地保护自己学生的身心不受任何影响。

孔子的弟子曾皙说："莫春者，春服既成，冠者五六人，童子六七人，浴乎沂，风乎舞雩，咏而归。"这是一种诗意人生的境界。而在这本书中我提到了很多孩子，他们像花儿一直诗意地开放在我的周围，一刻也不曾离开。其实自从走上了教书育人的道路，我每年都会给孩子们写一点关于彼此、关于语文、关于教育的文字，这些文字虽然在方式、内容、情感上大同小异，但是因为孩子们是全新的而且是截然不同的，教师的教育生命，也因为年轻的孩子始终在场而被赋予特殊的意义。我无法做到像古人那样空灵潇洒，但是每一年每一届学生，因为师生彼此灵魂的参与，都演变成了生命中最美的音符，唱出了人生中最为动人的歌声。以至于若干年后，我现在来整理这一篇篇、一章章文字的时候，这些孩子的一举一动、一颦一笑、一苦一乐，都在文字间跳跃，无言的师生情顿时涌了上来，我的眼眶依然充盈着泪水。这真是一种非常奇妙的体验，或许你在读这些文字的时候，略感枯燥、雷同，甚至啰唆词不达意，但是我和我的孩子们，每每读到这些文字的时候便眉飞色舞甚至津津乐道，因为真爱过、真心付出过、真心相处过，共同面临过困难并且最终战胜了困难、战胜了高考，拿到了久违的大学录取通知书。你终会明白，我们留下的这些文字，承载着太多的泪水与汗水，太多的痛苦与欢乐，它们是一名教师的动力之源，更是一群孩子的成长见证！

苏轼在《自题金山画像》中说："问汝平生功业，黄州惠州儋州。"他是沮丧到了极点，而我却说："问汝平生功名，长江湛江珠江。"孔子曾周游列国，宣扬自身的仁政思想。我也算得上周游各地，不同的是用自己日趋成熟的教育教学理念来面对天下的英才，从湖北到广东湛江再到深圳，绕了大半个中国，不同的地域、不同的学生、不同的视界，相同的就是我这个人，始终用一颗对教育笃定执着的心，抵抗并接纳着外界的一切。这里有熟悉的故园，有令人尊敬的长者，有可敬可爱的同事，有大量的学生来信，有自己生活的点滴，有瞬间的感悟，有各种箴言与祝福……这些看上去是支离破碎的点滴，却恰好是教育生活的真实再现，因为真实，所以最令人感怀。

这本书前后修改了七次，最初是以时间、地点作为章节转换的线索，这里面最早的文章，是我在20世纪末刚参加工作时的教育手记，有的文章，比如《高考是个漂亮的新娘》，完篇之后十余年，仍一直在动态修改之中。后来又不断完善书稿，以当初时空的维度变成现在的定稿模样，中间持续了近3年时间。这本书不是匆匆完稿的，它记载了一位教师近30年的教育教学生活点滴，它的文字并不光华靓丽，它的编排并不一定科学合理，但是每一处的文字，都记录着一位教师深深的足迹！

时至今日，以立德树人为最终价值取向的学科改革，正如火如荼地进行，基于学科核心素养、关键能力养成的理念在学科全域展开，语文学科最终成了教育部最为倚重的三大学科之首，其对中国优秀传统文化的理解与传承，对学生人格、素养、价值观等诸多方面的培育，越来越发挥着更为重要的学科优势。身为语文人，应坚持积极投身于优秀的传统文化教学，在文化教学中注重“以文化人”“以文树人”“以文育人”，充分发挥“文”的优势，让自己先成为一名有“情怀”的语文教师，然后持之以恒，在教育教学中倾注自身的价值追求与精神融注，最终成为一名有情怀的教育工作者！

这本书的文字、情感都是柔软的，折射的教育生活是温暖的，因为最好的教育，是春风化雨，是润物无声。教育需要严厉与醍醐灌顶，但更需要和风细雨，陌上花开缓缓归。感谢知名教育家吴颖民先生为丛书写总序，楼卫琴教授为小书写后记。感谢华南师范大学教师发展中心的林振南老师，他为本书的出版做了很多工作。感谢我曾经的学生们对本书出版的理解与大力支持，感谢深圳市龙岗区龙城高级中学为本书出版提供的大力支持！截至出版之际，还有个别在书中提及的孩子因为种种原因没能联系上，希望读到本书后能与我联系。另外，由于个人水平有限，书中内容难免挂一漏万，疏漏之处敬请读者朋友批评指正！

我曾在博客中自题诗曰：“醉卧船头天在水，半在红尘半为仙。”这两句其实是化用元代诗人唐珙的《题龙阳县青草湖》中的“醉后不知天在水，满船清梦压星河”两句诗，是说生活有得有失，有期待更要有境界。面对我的教育生活，虽不尽完美，但是内心一直为之迷醉，期待不懈努力，领会教育人生的妙境！

最后，请让我以苏联教育家苏霍姆林斯基的两句话作为这篇自序的结语：

感情如同肥沃的土地，

知识的种子就播在这块土地上。

是为序。

胡兴桥

2020年8月8日于深圳龙岗

目录

第一章
雪泥鸿爪

章节导读

“弱水三千，只取一瓢饮。”二十多年的教育教学历程，我的内心里铭刻了太多太多的温情瞬间，这些都是一位教育工作者的情感成长史、情怀发育史。这一章节，我遴选了颇有代表性的几个音符。这些音符，有的在行文方式上大同小异，有的在教育目的上趋同。读者朋友可以单篇抽出来读，如若能在行文中感受到一位赤诚教育工作者的共性与个性，则善莫大焉。

主旋律：你是我手心的花儿

我一直保存着你们留给我的只言片语，一个人生与学生有关的人，采撷一点孩子们的天真之气，最为要紧。很多时候，知识是具有可操作性的，容易把教师和学生扯裂开来，谈不上情感。可是孩子毕竟是孩子，你们身上总有那么一些真精神，有时情到深处，亦不自持。

好比手心的花儿，培育了那么久，苦心了那么久，终就开出了那么一小朵，虽不惹人爱，自己却如获至宝，战战兢兢，生怕一不小心撒了个满地花雨。好比你牵着我的手，稚嫩得如同自己的某一处梦，你张着翅膀，如果不是我迈开步子迎着风，你就可能将这梦儿跌得粉碎。

我曾经写过很多很多关于你的文字，就像给我自己的生命润色。我，作为你的师长，一直不敢将你的全部置换成我的所有，可是，如成千上万的你盛开在我的眼前，明媚了一季季醉人的风景。于是我不再寂寞，擦干额前的汗水与泪水，将你紧紧地搂进我的怀里。我说，你是我手心的花儿。

教师是最有梦想的一簇人。我端坐在讲台上，手里拿着你的试卷或作业本，你字体的温热瞬间弥漫了我的整个心灵，将我曾经呆坐在教室一隅的各种关于理想、关于未来的设想演变成满脑子的星星，然后变化成了一个个生动的你。你挠着头，调皮地看着我，我却从你明澈的眼眸中，一下子洞穿了整个世界！

于千万人中与你相逢，我却分明地看见你在我眼前不断地成长，这真是一个奇妙的体验。你望着我的眼睛，我却从中发现了一首首关于青春、关于美的乐章。请原谅我不敢迈动一双大脚去追随你的后来，以及后来的后来，因为我的脚下有太多太多稚嫩的小草，等着培土和浇灌，他们已经计划好了要在某一个季节里开出灿烂的花，我得守在这里，将我的爱，满满地传递。

所以，牵挂成了我们彼此心际的常态。我曾经问自己，永远有多远？我不敢回答。因为我担心你的人生顾忌太多，不敢去迎击生命中更大的风浪。我只能将你的曾经、你的现在，通过你的短信与微博，细细地复制与保存。犹记得十多年前，那些耳熟能详的瞬间，也记得而今现在，或者刚才，你那满眼的真诚，正驱动着我敲击着键盘，将这些密密麻麻的爱，还原成可以复制的文字，传递到千里万里之外。

胡哥还是那个文采斐然的胡哥，手机里依然充斥着你的手机短信与邮件。每年如此，只是，我不能一一地回复给你关于我的一切，谢谢你来自北京的感言，谢谢你来自宁波的电话，谢谢你来自西安的贺卡，谢谢你来自上海的快递，谢谢你来自香港的问候，谢谢你来自大洋彼岸的邮件……别人常说时间无情，可以淡化太多的真情，可是，都十多年了，你依然在他乡的一隅，给好多年不曾谋面的师长，遥寄着一份份心灵的电波，只是因为，在当初，你是胡哥手中的花儿。

走过了很多很多的地方，也经历了很多很多的人生历练。作为你的兄长或师长，越发觉得人生可以遭际的诱惑太多，本真却最为难得。教师本来就是一种很单纯、很本真的职业，我打开你的微信，查看我的邮箱和微博，看到你的笑脸那样真诚，你寄来的康乃馨那么迷人。你把最能代表你心迹的花儿真诚地传递到我的手上，我顿时百感交集。我静静地坐在这里，四周氤氲着你的花香，我终于明白，那些我曾经引以为豪的花儿，如今，真的在夺目地开放！

别说教师有太多太多的牵挂，牵挂本身也是一种美。因为你是独特的，所以我一直在心灵的最深处，留有你的位置。我精心地呵护，不曾尘封，却时时拿出来品评与欣赏。我很骄傲和自豪，也许，你并不如胡哥那些出众的子弟一般夺人眼球，也许，如今你依然是一介凡人，这都不能成为胡哥小觑你的理由，你在哪里，我的心就跟在哪里，因为你，曾是胡哥手中的花儿！

感动是无名的，你的曾经被我定格成了永远。所以我一直无悔我今生的选择。我曾在我的博客里留言说，问汝平生功名，长江、湛江、珠江。天高地远，地穷八方，我们也许真的一辈子无法再见面了，但这又何妨？你是我撒出去的花儿，就应该在陌生的地方落地生根，结出丰硕的果实，为了一个个更美好的未来，就应该去寻找，去搏击，直到你认为达到了命运的彼岸！

我定制了一个大大的书柜，希望装下关于你所有的曾经，当我垂垂老矣，我可以尝试着通过那一卷卷、一本本地去回忆你，去关注你，去祝福你。孩子，我曾经手中的花儿，我会铭记你。

而你，曾经留给胡哥的感动，每每想到或许我也会像今天一样，不禁潸然泪下。

第一节　心桥呓语

♪ 音符1　清凉岁月　诗意情怀 ♪

我的童年是在乡村度过的，那是在20世纪70年代的湖北西部的一个丘陵地带——青龙山。那时候，国家正从集体所有制向个人承包体制过渡，再加上青龙山土地贫瘠，物产并不丰饶，所以关于我童年的印象，往往和寒冷、饥饿、穷困有关。

我心性细腻、婉转并且富有一定的浪漫气质。可是我的童年并不知晓这些，地域的积贫积弱使得我没有机会躺在奶奶怀里听动人的故事，没有看多少所谓的中外名著，更没有机会接触像如今这样的海量电子信息，我的整个童年，印象中最深的不是课堂，而是山岭、沟壑和田野，是怀揣着一颗小小的心灵，在清凉的自然中放逐、游走，现在看来，恰恰是这些走向自然（为了生计）的时光，奠定了我学好语文的基础。

春天，江汉平原最西端的油菜花、豌豆花、桃花、杏花，充斥着我所居住的农家小院，青龙山位于宜昌的下冲，就着长江常年淤积的泥沙，春天梨树成林，一树树梨花成了我少年时代最美丽、最浪漫的游戏场所。那时候，我们小男孩都会“哧溜”“哧溜”地爬梨树，折梨树花，空中片片梨花翻飞，偶尔还有花喜鹊、白鹳鹤飞过，天空呈现一派青青的瓦蓝。玩累了，我们就到田野里去，到长江的大堤上去，看村子里刘二爷放风筝，刘二爷是村里负责放牛的，他的风筝做得最好，飞得也最高。有时候，我们也拿着八卦风筝去放，一路上，我们跟随风筝的脚步，去触摸春风、春花、春水，去看电线杆上的燕子、草堆上的麻雀、池塘边上倒立的蜻蜓、河湾边上摇曳的芦苇和风信子、大堤上挎着篮子的大婶、沙地上“哞哞”叫唤着的小牛……直到今天，这些童年的记忆，依然在脑海里生动地演绎着。

冬天，朵朵鹅毛般的大雪漫天飞舞。我们所在的鄂西地区，一般到了12月就开始下雪。大雪一封山、一封路，我们中小学生就统统放了假。整个道场、沟渠洼子、菜畦表里、岭上灌木，都被大雪深深地埋住，世界呈现出一派辉煌的银白。我所住的农家小院的四周，挂满了一树树冰花。在雪地里，调皮的大哥、诡计多端的二哥，经常带领我们出去打雪仗、堆雪人，有时还恶作剧地将二妹和我骗到大雪树下，不经意间用竹篙将大雪打下来，我们就"惨遭厄运"，被树上"簌簌"落下的雪块埋住，顿时，笑声、哭声、尖叫声……飘满了整个院子，到了晚上，我们没有了香喷喷的"佐油饭"，只有难以下咽的苦菜饭，可是孩提时代的我们，心里却还在为那些婀娜多姿的一树树雪花而心驰神往。

而我的读书生活，有点像沈从文写的《读一本小书的同时也在读一本大书》，小学时代我没投入很多时间学习，再加上那时的课外作业也很少，所以除了上课，我基本上是比较自由的。我曾沿着学校边上的焦枝铁路，往南走5~10里地便到长江大桥的南边小镇——宜都，也是古代夷陵所在地，这里是三国古战场之一，吴国大都督陆逊就出生在此，刘备也曾在这里"白帝托孤"，江边还留有栈道，古城池依然凛凛生威；这里也是昭君出塞的地方，庄严的昭君祠，里面竖立着汉白玉的昭君像，摆放着她生活起居的原样物件；这里还是《围炉夜话》的作者王永彬的出生地，可谓地灵人杰；长江三峡在这里出口，往下是一马平川，很多诗人在三峡留下脍炙人口的诗篇，杜甫的"众水会涪万，瞿塘争一门"，孟郊的"荆王猎时逢暮雨，夜卧高丘梦神女"，李白的"两岸猿声啼不住，轻舟已过万重山"，陆游的"十二巫山见九峰，船头彩翠满秋空"等众多的千古名句，有的变成摩崖石刻，有的被刻碑铭文，随处可见。

我也曾沿着铁路往北走，就像铁凝写的《喔，香雪》里的镜头，到10里开外的顾家店，去火车站看火车片刻的停驻，火车从荆州开过来，荆州曾是关羽驻守的地方；再往西，就是当阳，据说张飞在那里一怒喝退十万曹军。最后停留顾家店五分钟，而火车自此之后一路向南。那时候，火车的速度带给我很多关于理想和未来的遐想。我也曾在放牛时到过一些山头，蹲在山顶上，看着好看的斜阳，也看着火车喷起的浓浓烟气，凝望着目之所及的迷蒙的大山，心里就在想，山的那边会是什么呢？火车最终消失在哪里？那边会有战时的将军、出塞的美人、落魄的诗人吗？那边会是"春来江水绿如蓝""蒌蒿满地芦芽短""千树万树梨花开"的美好世界吗？

也曾尾随过花鼓艺人，听别具特色的湖北花鼓演唱，看栩栩如生的皮影戏表演。节假日，还到集市上看采莲船、有时候还舞狮子龙灯，看露天电影。小村庄、小市镇的风情民俗、家长里短、人情世故，这些在我幼小的心灵中萌发着生命的张力，我好奇而又敏感，细腻而又充沛，我行走在童年清凉的岁月里，不经意间积淀了关于语文、关于文学的启蒙心态。

我的中学时代是在玛瑙河河边度过的，玛瑙河盛产五彩斑斓的玛瑙，那时候我所就读的高中就在玛瑙河河边，我的几乎所有的课余闲暇都和这条河有关。清晨跑步，中午洗衣，下午课外活动到河边嬉闹，这条河不宽、不深，学校是允许学生到玛瑙河的。当然最有趣的，就是在河里捡拾自己喜欢的玛瑙石，这些玛瑙石，有的晶莹透明，有的鲜红温润，有的五彩缤纷……美好的东西常常让人放飞梦想，就是在这样的时光里，我拿着李白的诗，读“巫山夹青天，巴水流若兹。巴水忽可尽，青天无到时”；捧着苏轼的词，高声吟唱“大江东去”；怀揣着罗贯中的《三国演义》，脑海中浮现“天下大势，分久必合，合久必分”的句子；尔后又读朱自清的《春》，读到“桃树、梨树、杏树，你不让我，我不让你，都开满了花赶趟儿”；再接着读杜甫读李清照读唐宋八大家，读冰心读沈从文读铁凝，读泰戈尔读梭罗，真是一发不可收。

在这个过程中，我惊讶地发现，清凉的少年时代积淀下来的启蒙体验，刚好在我最想读书的年代，文学家们都以文字的形式生动地呈现在我的面前，我于是沉浸在文字的世界里，努力地调动自己的感官，去与这些大师们进行心灵的对话。这种对话是自觉的、充满好奇的，似乎不带有任何的功利目的。我是这么认为的，我的阅读兴趣，是在刚刚好的时间，遇到了刚刚好的作家，读到了刚刚好的作品。是阅读，激活了我关于生活、关于语文学习的灵感，于是，我从中学开始，养成了不间断地写“随笔”的习惯。

这些“随笔”，是阅读的使然，更是生活的使然。高中三年，我写完整整三大本“随笔”，分别叫“我的花季”“我的世界”“我的梦想”，将近50万字。直到今天，我依然还带在身边，它真实地记录了我在高中时代内心的点滴、成长的历程。这三个本子，当时我还请班上的绘画“高手”帮忙画插图，自己编辑目录，里面还贴有不少的装饰画，花了很多心思，可以说，写“随笔”，成了我清苦而忙碌的高中生活借以诗意栖息的“精神家园”。记得我高中的语文老师姜德斌先生看了我其中的一本随笔后，写下了这样的评语：“整本文集可谓精彩纷呈，相信不懈努力，定会前途无量。”

我是高三才转入文科班的，之前我的理科成绩也是相当不错的。我对语文的热爱准确地说，是从文字开始的，从阅读文字，到自己经常写文字，我觉得文字具有奇特的魅力，这些方块字，只要奇妙地加以组合，就会产生足以滋养心灵的养分，让人沉浸、沉醉、沉淀，欲罢不能，欲说还休。

进入大学中文系后，我就开始不间断地发表文章。在大学期间，我发表的第一篇文章就是关于教师的，文章标题是《默爱》，后来我又接连发表了几篇关于教师的文章，包括中学教师和大学教师；再接着就写反映校园生活的散文、小说和诗歌，大学时我还参加了其他大学文学院的写作函授课，担任了校文学社的社长。回顾我的大学生活，泡图书馆应该是最主要的生活旋律，在那里我读了很多中文的专业书和自己喜欢的文学书；同时也写文章，一篇篇地发表，到大学毕业时，我一共发表了100多篇文学作品，这些作品最后编辑成了一本小册子，起名叫《浮尘集》，这本文集获得了1996年湖北省大学生科研成果二等奖。后来我凭借大学所取得的这些突出成果，顺利地入职湖北省的一所重点高中，做了一名高中语文教师。

回顾我的整个求学生涯，可谓日子清苦，岁月清凉。我的小学和初中时代，虽没挨饿，但是物质贫乏，困苦不堪；我的高中和大学生活，也是在家境不宽裕的背景下读完的，记得在读大学的时候，同时做2~3份社会兼职，为的是凑齐来年的学费。好在清贫的时光和清凉的岁月，并没有消磨我对生活的热爱，反倒丰富了我对社会的理解和对命运的把握。童年时的天真烂漫，无拘无束无碍；少年时的追寻，广泛接触世界；青年时的广泛读书，让我一下就扎进文字的世界中，在贫寒的世界里始终感受着来自文字的温度，这些文字，解读了我的过去，审视着我的现在，指引着我的未来。无论是别人写的还是自己写的文字，它都共同地指向一个方向——语文。

我是从喜欢看文字、写文字，进而喜欢学语文的，语文包罗万象，因此我也是从个人的成长体验出发走进文字，进而走进语文世界的。在我看来，好的文字是有温度的，它可以烤热内心，呈现温暖，张扬炽热，让自己不再麻木、颓废、消极、萎靡。同时，我也认为语文是有温度的学科，我们可以凭借语文，涵养心性，砥砺情怀，扩充视野，修炼人生，甚至温暖世界，而这，或许正是语文赋予我的意义！

♪ 音符2　有你们，真好 ♪

最近听了很多歌，心情也因此变得格外润朗。看到广西特级教师孙益辉先生给我发的短信："我平淡的人生轨迹，因你带来欢乐火花。照我前程，促我奋进。"他那么谦逊，我和他的交往，仅仅局限于为时不长的几次交往，真是君子！我分外感动的是，"你们"的参与让我更满怀信心地步上生活的前方。

人生的精神高地是什么？我们在风雨兼程吗？是什么直抵心灵的栖地，从而让我们不再犹豫彷徨，直接将我们送达命运的巅峰？是你，我亲爱的朋友，在我的人生发生第三次转折的时候，你们向我招手，你们把笑容和真情，化为绵绵的关注，警示了我每一个可能遇到的障碍，渗透到我每一寸心田。想起广州市教研员谭健文老师的赠语："你带来了光华，我们同在。"只是现在，我虽在禅城，可是，"我们同在"，是那么地逼近人心，让人久久不能沉静。

陪着我走，我亲爱的朋友，我们没有事先约定，你们在那些可能的时间和地点，与我是那么惬意地相逢。使得我，这样一个初入佛山佛地的陌生人，那么有家的感觉，我一时一刻也忘不了你们对我的好，我感觉到身处环境的春光与美好。以前读海子的《面朝大海，春暖花开》，总觉得情感是靠心情营造的，现在才知道，太多的朋友，太真的朋友，才能迎来激情的海洋与鲜花，不然，海子依然是海子，那个令人悲伤的海子。

犹记得我在七年前，在教室的后头张贴一对铭碣：真水无香，真人无名。只有最“真”的朋友，才能达到“真”境界，才能唤起我们生命中潜藏的热情与理想。有你们这些真朋友陪着我走，我感到从未有过的自信与冷静。虽有了一个适应的过程，但是，你们的存在是那么的给力，就像七年前，贴着“真水无香，真人无名”的箴言的班级，成为湖北省高考明星班级一样。

祝福你们，春节快乐吉祥！

♪ 音符3　那一年…… ♪

那一年的秋天很无奈，那一年的冬天特别冷，那一年的春天人心惶惶，那一年的夏天却姗姗迟来……那一年，父亲和母亲背着我们将几千元钱凑齐，对我们说，失败了不要紧，爹妈再苦一年，孩子你也再苦一年，把那个大学考上了，走出个人的模样来。我们就这样走进了三（12）班的教室，眼角还挂着高考失败的泪影子。

那一年，我们的班主任是胡老师，那一年胡老师刚满三十岁，他教我们语文。我们的教室在三楼的靠西边，走廊 1 350 厘米，讲台 640 厘米。其实胡老师每天都量了至少五遍。胡老师说复读的日子是把泪水吞进肚里解渴的岁月。他还说，选择复读就是选择坚强。一个人可以什么都无所谓，但决不能愧对天地良心，我们来，就是破釜沉舟，就要坚强地站立，成为生命的风景。胡老师的个头并不高，但说起这些话，他的语气是那样的坚定，好像复读的不是我们而是他自己。我们深深地埋下头，却无法拒绝胡老师那颤抖的声音。

那一年，我们险些把徐 × 竹、黄 × 鹭、雪佳、陈洁、钟 × 盼、杜 × 楣、王 × 露当成了漂亮的女生，我们也常常拿许 × 、吴 × 、姚 × 、钟 × 等名字开一些善意的玩笑。那一年，经常感冒的体育委员王 × 露让我们在队列广播操比赛中大出风头。那一年，不知“雷”字是否有无草字头的劳动生活委员“毒雷”让我们多次评为文明卫生班级。那一年，还记得团支部书记徐 × 竹用不标准的普通话要我们齐唱“世上只有妈妈好”。那一年，董杰抱着胡老师的儿子与我们在江边照的集体照，成了我们美好的回忆。那一年，学习委员顾黎常常压着时间进教室，而每次的考试成绩总要把人吓一跳。那一年，写有一手漂亮字的蒋晓雯在后墙上贴上了“奋斗在此开始，梦想在此起飞”的自创名言。那一年，耿直的向超始终在为我们操心着自行车的摆放以及学生证的佩戴等问题。那一年，缺失家庭温暖的周×晶反而为我们女生支撑起了一个温暖的家。那一年，矮小精明的王昌亮把理科综合的学习推向了极致。那一年，优秀化学科代表为语文操碎了心。那一年，汗流浃背的周耿总在千方百计地提高成绩。那一年，徐房在妈妈无尽的唠叨下笑容依旧。那一年，身体单薄的宋峰始终表现着钢筋铁骨般的精气神。那一年，爱打篮球的杨晓渊接到胡老师的电话，竟然哭了。那一年，不愿当文娱委员的张蕾却更愿意当一个编外的文娱委员。那一年，王小川动情地对胡老师说，一日为师，终身为父。那一年，爱在教室吃早点的周盼把梦想的风筝放飞得很高很高。那一年，雷厉风行的英语科代表钟云像个小姑娘，始终绯红着脸。那一年，喜欢唠嗑的刘金在本班的田径运动会上把威风锣鼓敲得山响。那一年，沉默的孙淮的课桌上，始终放着两个红红的橘子。那一年，英俊高大的张国炜总是挡住后面同学看黑板的视线。那一年，表面轻松的彭建华，内心却有着不能轻松的深沉。那一年，聪明的薛原在武打小说里学到了一些不能言传的严重超出考纲的知识。那一年，特有人缘的许超，总是在找寻希望与理想。那一年，爱坐在教室后头的王晓敏，一双大眼睛把高考看得清清楚楚、明明白白。那一年，特有个性的冯珍在收生物作业时，常常为生物课的地位汗颜。那一年，实扎稳打的张晓明，一直在和自己较量。那一年，周成在认真打扫寝室之后，总要看一看大家的被子叠好了没有。那一年，黄鹭像一只飞鸿，高远而执着。那一年，爱打瞌睡的王明似乎总在思考一些问题，但好像总是没有思考到位。那一年，王浩把心放在手上，像勇士般毅然前行。那一年，冯云站在广播体操的队列旁，胡老师以为是走错了班的小毛孩。那一年，薛佳被突如其来的树桩拌了几个趔趄。那一年，杨猛用他有力的方块字，始终如一地书写着自信与坚强。那一年，没有时间观念的袁容一不小心就迟到。那一年，远离家人的周骥，在不惜一切代价圆梦。那一年，生活质量不高的陈涛却总在减肥，成了典型的瘦子。那一年，来自昭君故里的蒋公正，每次谈话后总要给胡老师毕恭毕敬地敬个 90 度礼。那一年，外表柔弱的李为为，常常在内心里把苦痛煮得沸腾。那一年，尚待做手术的张为为一路咬着牙关，一怒喝退生活上的“十万敌兵”。那一年，沈洁始终在寻找机会，只言片语感动了胡老师。那一年，吴解始终低着头匆匆赶路，生怕一抬头让别人产生自卑。那一年，总出差错的姚碧，其实是个特腼腆的男孩。那一年，不事张扬的曹阳珍惜着生命中的每一分钟。那一年，刘亚伟春节时给胡老师发来的短信，胡老师整整保留了一个月。那一年，钟盼盼把英语爱得死去活来。那一年，内敛的杜松楣很潇洒地把握着自己的命运。那一年，张芳在收语文作业时，被胡老师点名过两次。那一年，优秀寝室长江涛写过一千字的检查。那一年，圆脸的王峥嵘写了几个粉笔字，让胡老师自愧不如。那一年，董贤飞在跑道上跑得很累，但也跑得很精彩。那一年，钟准很少要妈妈送饭菜，总想走在时间的前面。那一年，图书课代表廖井洲是最容易让人印象深刻又最容易被人遗忘的人。那一年，覃亚明始终顶着泰山般的压力，练就着自己的坚强。那一年，张勇搬出去校外住，他的雄心只有胡老师才明白。那一年，治保委员张运金，是个心肠最好、最能体贴人的好人。那一年，喜欢穿花衣服的李心，总随手提着饭盒子，不再那么自卑。那一年，被胡老师批了的沈婵，却最能记得胡老师的好。那一年，嘉鱼儿驮着妹妹上学，于是练就了骑车本领。那一年，冷峻的张鑫最缺少人的关怀，是真正的卧薪尝胆。那一年，爱唱歌的陈星，让我们真正明白了“孤独”的滋味。那一年，刘成小错犯得最多，虽然他受的约束最大。那一年，罗晶也想搬出去住，却被胡老师拒绝了。那一年，想坐“黑摩的”的罗钧，竟然拦住了本校政教主任的摩托车……

“那一年”的故事还有很多很多，以至于短时间无法罗列，细细回味那些日子，回味那些日子中的那些人，无限美好的思绪在心头久久回荡，仿佛就在昨天，又仿佛经过了几个世纪，胡老师也是在一些寂寞的夜里，悄悄地把大家一一想起，想起我们一起乐过、苦过的岁月，想起那些笑声那些背影，想起那些眉头那些眼睛，还有那些年轻的心灵。

人生中有很多事情是终生难忘的，也是不能忘怀的，今天，是你们毕业一个月、半年、一年、五年、十年、三十年、五十年的某一个日子，胡老师又心痛地把你们想起，泪水漫了上来，眼眶红红的，白发纷飞，你的第二次高考，也许并不理想，不知你们现在可好？你们是我带的第一届毕业生，请你们原谅胡老师曾经对你们的严厉与无情，请你们原谅胡老师曾经的苛刻，他是个很刻板很不留情的人，这样的人总不会被人理解的，他是一个在做人上不能及时得到回报的人。但我在此真诚地感谢你们，感谢你们那一年对我的无限理解与支持，感谢你们那么懂事地与我一同有过一段真真切切的回忆。苏东坡云：“不应有恨，何事长向别时圆。”《诗经》又说：“执子之手，与子偕老。”胡老师真想挽住时间，与你们再次分享复读的艰难，与你们共同分享成败的欢悲，用年轻的心与你们一辈子相拥相守！

那一年，年轻的心饱受着煎熬，身心俱累，形单影只，一路上好多人茕茕孑立，举目无助，外表平静，内心痛苦，胡老师爱莫能助，却一一记在心里，事后常想弥补却又常常错过时间，一半是对你们寄予希望一半是在自责，因为大势所趋，有时胡老师真是不忍心，真想说一声：那一年，你们真的辛苦了！

那一年，胡老师被评为了优秀班主任；那一年，胡老师发表了五万多字的教研论文；那一年，胡老师加入了中国共产党；那一年，胡老师获得了语文教学市级优质课证书；那一年，胡老师年度考核为优秀；那一年，胡老师的语文教学平均分首次突破了120分；那一年，胡老师参加的作文命题大赛获得了全国一等奖；那一年，胡老师编写完成了《点击2004年高考话题作文》；那一年，胡老师家庭和美；那一年，胡老师交了自认为满意的高考答卷；那一年……胡老师无怨无悔！

那一年，胡老师特想对大家说，希望你们毕业后，别留恋，别犹豫，擦干泪，风雨兼程向前走；希望你们人生路上莫回头，莫停留，莫流泪，莫烦忧，阳光总在风雨后；希望你们明白大路朝天自在游，有曲折，有摔打，还有青青垂杨柳；真心希望你们，别浮躁，别自卑，别在异乡把泪垂；真心希望你们人生路上好好走，要坚强，要执着，铁打的汉子不倔强；真心希望在所有的日子里，会快乐，会消愁，会牵手，会把感激放心头；真心希望你们不要忘记所有人，居海角，处天涯，同了船，共了难，一语一笑记心间，是同窗，是朋友，无论何地一杯酒，多少话，共桑麻，有事无事常牵挂；真心希望常交流，是师长，为兄长，千里迢迢在你旁，有苦痛，有情觞，他会为你缝衣裳，针密密，心密密，时刻等你话凄凉；真心希望时时思故乡，回母校，回枝江，莫相忘，一纸风筝常飘荡，热血男儿心谨记，无论何方有家乡！

那一年，胡老师还想对大家说，胡老师的手机可能会变，但他的号码永远不会变；胡老师的电脑可能会变，但他的电子邮箱永远不会变；胡老师的外貌可能会变，但他的心永远不会变。

♪ 音符4　真爱无言 ♪

“记忆中有一张脸，永远是那样的生动，永远是那样的凛凛生威，走进教室，他一眼瞟过来，坐在教室那个角落的我，便禁不住直冒汗……时隔多年，甚至在一些不经意间的梦里，我、我们也会常常地想起，在高三那些枯燥、乏味而又永生难忘的日子里，有那样一位老师，我记不清他的名字，只知道他姓胡，就在那样一些——现在看来已是非常美好——的时空中，他让我们的语文成绩就这样地发生了涅槃！让我们的人生有了这许多的改变……”

我不知道你是谁，亲爱的同学，请原谅我作为老师有着令人不可接受的疏忽与冷漠，若干年后，你也许会变得更加完美，胡老师却再也没有机会认识你。也许在江南，也许在塞北，也许在某个大都市，也许在某个小码头，我们就这样匆匆地擦肩走过。我不怪你。我知道，我在一个残酷的时间，一个残酷的关口，做了一个严肃的人。这个人在那仅有的一年当中却丝毫没有改变，他甚至很少有笑容，一个很少有笑容的人是不会得到他人的好感的——至少我现在笃信这一点，这是我做人的缺憾，也许正是这种缺憾，我却在彼此即将分别的时候，对你们，有着特别的留念，这种分别，也比以往任何时候都来得让人心碎！因为——我爱你们！

如果你从我的严格里，悄悄地学到了对自己、对他人应负的责任；如果你从我的抑扬顿挫里，慢慢地学会了耐心与谨严；如果你从我的雷厉风行中，潜移默化地知道了“生当作人杰”的风格；如果你从我永不谈成绩的背后，感悟了“没有最好，只有更好”的座右铭；如果你从我苛刻的条条框框里，恰好学会了津津有味地面对生活；如果你从我“忙而不乱”的感化中，偏偏学会了游刃有余地对待自己；如果你从我发表的各种教研文章中，发现了“生命不息，奋斗不止”的外延；如果你从我用力敲击桌子或者黑板的声音中，深深镌刻了“爱”字在脑海里；如果你从我不经意的微笑里，发现了胡老师其实是一个暗含诗意的人……我想作为一名教师，再没有比这更令人欣慰的了！

想起了许多毕业的学生，想起了他们给我的来信。考取清华大学的顾黎和赵崇奇给我来信说：“正是您的栽培，才奠定了我那年如愿考上清华的基础，光这一点我就觉得您足以让我记住一辈子，在这里，我要真诚地对您说一声：‘谢谢您，胡老师！’”考取兰州理工大学的张勇给我来信说：“在和胡老师一起的时候，胡老师是一位严厉而仁爱的师长，离开了胡老师，我就觉得胡老师就是一位永远令人难忘的智者。人的一辈子能碰上一位能影响自己一生的老师，真是太不容易了，幸好，我遇见了您。”考取湖北化工学院的董杰给我来信说：“有一次，同寝室的同学听了关于我们胡老师的故事，都不相信：‘不会吧，你居然还有那么好的运气碰上这样好的老师和同学？’我说，‘是的。我永远不会忘记那一年的胡老师，不会忘记我们的高三（12）班’。”考取重庆师范大学的李维给我来信说：“在面对高考的日子里，心灵是脆弱的弦，最多的音符是痛苦。是您，用看似严肃实则温暖的心带领我们走过那段风雨兼程的日子。从此，这段‘心事同漂泊，天涯共苦辛’的日子沉淀在记忆的最深处，深深地谢谢您，胡老师！”考取中南民族大学的高萍给我来信说：“胡老师，不知道您现在是教应届班还是复读班，总之我会替那些您所教过的学生感到庆幸，因为有一位爱岗敬业、无私奉献、关心同学的胡老师……千言万语竟不知该如何表达，就让我鞠一个躬向您表示感谢吧！”考取西安理工大学的唐兆琛给我来信说：“我和您虽然只相识一年，但我承认您是对我影响较大的人之一，这是对您经历的敬佩，对您人格的崇拜，对您学识的钦佩，对您人格魅力的折服！”考取华中农业大学的杨春玲给我来信说：“很长时间没有听过您的声音，心里总觉得缺点什么。也许对我来说，您曾经给我的鼓励真真正正地支撑着我不断地努力奋进，以至我今天回想起来觉得对我影响最大的老师莫过于您了。刚进大学的时候，我们学校有一个征稿启事，针对教师节征文。当时我就决定写一篇，希望征文能获奖，然后给您写信告诉您这个消息，因为那篇文章是写您的，题目就叫‘您就是我的永远’！”考取东北大学的原莱给我来信说：“我只是您众多学生中很普通的一个，若干年后您也许会忘了我，但我却会时常想起您，因为，您是我的恩师！”考取中国地质大学的刘修给我来信说：“胡老师，您的苦心只有学生能够明白，也只有我们懂得您的爱，现在的我们多么希望听您拍讲台、打黑板的声音，但都不可能了，唯独只能说上一句：在未来的日子里，您多保重，胡老师，我的恩师，我的朋友！”考取湖北大学的姚静给我来信说：“胡老师，收到您的来信，知道您在百忙之中还惦记着我这样一个成绩不好的差生，激动了几夜都睡不好觉。现在，我安静地坐在自修室里，一笔一画地给您写信，内心满是感恩与不安：感恩于恩师的关爱；不安是唯恐姚静终将无为而不成大器，辜负了胡老师的一片心意！”……读着自己学生这一封封饱含真情的信笺，生为其师，一生足矣！

别说老师没有眼泪，也别把老师当作一门纯粹的职业，每个人都会选择自己做梦的方式，你们走后，我把所有的试卷进行重新整理，又将所有的复习资料进行装订，就像母亲，在儿女远走高飞之后，用一把扫帚悄悄拂拭你的卧室；就像父亲，在儿女上了遥远的列车之后，背着手数一数过去的日子。在整理与装订中，有时候就蹦出那个爱哭爱笑的你，飞出情感的碎片，溅出五颜六色的细节……日子总在流逝，今天的一瞬间马上就会成为过去完成时，若干年后，十数年或者数十年后，胡老师可能又不知走到了哪里，可能又教着那些清清纯纯的孩子，在不经意的嗔怒或微笑中，做着一个永远的梦！

♪ 音符 5 （10）班的花儿 ♪

很想为 2007 届高三（10）班写一写关于成长、关于爱的文字，这的确是一个非常艰难的历程，以至于现在已经是 2009 年了，酝酿了很长很长的时间，这个时间足以融化掉所有的心灵。现在，我在繁忙的工作间隙，回首那一年［准确地说是那两年，我带高三（10）班的那两年时间］，一股强大的温暖密密泛满全身。好比美酒，越醇越香；好比美茗，越品越知其味。我现在来写，没有丝毫的挂碍，心情不再被影响。任凭我的灵魂在关于爱、关于成长的长河里游弋。我记录下这些，是希望那些正在或者已经从中打拚出来的孩子，能够去体会在人生艰难的隘口，原来有如此绚丽的风景。

很遗憾，我没有在（10）班的毕业照上留下自己的笑脸，是因为那天我正在（18）班的班级里简单地介绍《高中新课标写作教学的维度与效度》和《新课标高中语文学生探究集》两本书。《新课标高中语文学生探究集》，是我们高中三年来几乎涵盖了全级学生常错知识点的语文探究文集。等我忙完了，（10）班的照相也结束了。后来，全琪的妈妈找到我，跟我说，胡老师，全琪希望把你的照片通过电脑技术绘制在毕业照上，我非常感动，于是将一个彩照送给了她。全琪是我以前高一（15）班的班长，高考语文126分，圆圆的脸蛋，说话做事非常有分寸。

说起全琪就应该说一说李光锋，他们俩都是以前高一（15）班的，那时候李光锋还是一个默默无闻的人。但真诚、善良又讲义气的光锋表现得已然不俗。光锋是到了高三以后才在班级里奠定威信的。他在同学聚会里起到了绝对的组织者的作用，高考后第一次（10）班同学聚会，他给我打电话，我因为诸事缠身，没有赴约，后来第二次聚会，他又给我打电话，我去了，还带上了我家的小子。想想，可能是想弥补第一次缺席的遗憾吧。光锋其实是比较内敛的，在我面前甚至还有点害羞。这可能和我的教育方式有关，尤其是在高一那一年，（15）班学生对我更多的是敬畏。只有全琪，作为语文课代表，做事不卑不亢，将人际关系处理得游刃有余，在（10）班，高三那一年，李光锋和全琪，给我留下了深刻的印象。

那时候我和老董（董建华老师）分别带（10）班和（11）班，是政治班市区班，基础较弱，学习习惯较差。比起我同时教的（18）班，老实说，心理落差较大。但是，我没有过多地将这种情绪表达出来，因为我以前读高中的时候，也是一个差生，数学成绩曾经只有27分，我明白一个学生成绩差要付出多么残酷的代价。做（10）班的任课老师是不容易的，我经常跟黄劲涛老师开玩笑，黄老师总是微笑，有时候也生气，生气的时候也很可爱。记得第二次聚会时，黄老师说着说着就哈哈大笑起来，丝毫没有师道尊严。我说，胡哥今天是来跟你们喝酒的，都要跟胡哥喝酒。……其中的滋味，只有经历了那一年的高三（10）班，才会真正懂得。我是把（10）班的毕业酒放在2009年春节集会时才喝的。

如果说我对（10）班有一定的教育感化作用，那应该是在每周交了摘抄之后，我在下晚自修时常说的一番话。那一番话的大意是：要特别重视摘抄，要特别重视语文学习，因为是高考第一场考试；基础差不要紧，态度决定一切；攻坚莫畏难，不怕慢，只怕急；相信自己，别被自己打倒；别在高考后哭泣后悔；抬头先埋头，胜人先胜己；坚持就是胜利；要不遗余力地挣分……行百里者半九十。前几天李波祺给我发短讯，还问我说：胡哥，你以前讲的什么什么人，走了很多路，最后几步很重要的话，到底是怎么说的呀？我就给她回短信，说是“行百里者半九十”。她激动得没办法，说胡哥就是胡哥，不得了，说过的话都好几年了还记得。

李波琪在毕业之后到学校里来探望过我，也探望过黄老师。其中我有印象的还有谭艳、练旖、许小琴、林华倩、梁敏儿、邓幼萍等，他们都到学校探望过老师。李波琪现在是大学校园里从事文字工作的大红人。记得2008年我在广州大学城进行广东省骨干教师培训时，她突然给我打了个电话：“胡哥，我现在要组织策划一个新闻，您帮帮我。”呵呵，完全一幅大家做派了。谭艳其实是个很不服输的学生，那时候我在高三办公室倒数第二排位置办公，经常可以看见她拿着作文问我问题，她说，“我的一模考试考差了，很伤心，但我听了您的一番话后，有信心有动力了”……后来，快毕业了她还说：“我一定会经常回来探望你。”说这类话的还有梁敏儿，果然，毕业了他们就不约而同地来看望老师。

说起练旖，一个大大咧咧的姑娘，后来听从我的建议，考取了江苏警官学院，很英姿飒爽的那种，2008年春节她专门到我家去探访我，说了很多她的大学生活，特别提到她现在很忙，除了上好当天的课，几乎没有周末：早上6点多起床，去挤公交车，学英语；下午又要去进行技能培训。我说，有人追吗？她说：有个男孩子有那么点意思，结果被我骂了。说完我们一齐哈哈大笑。

说起许小琴，就应该和方国帼、陶华敏放在一起。许小琴最终考取广东外语外贸大学，真真与她的努力分不开，方国帼也是这样，他们俩一个高考语文131分，一个127分，都是整个湛江市的尖子生。结果许小琴毕业时特别请我吃了一根大大的雪糕（这是秘密，不宣）。虽然陶华敏语文高考成绩不及小琴和国帼，但华敏是最让胡哥感动的，毕业后华敏专门为胡哥绣了一幅十字绣，绣的是荷花木鱼图，正中的是个可爱的小和尚。她说，此画清灵富有禅意，最适合胡哥静心了。现在想想，我真对不住华敏，她的弟弟华宇现在由我执教，学习效果不十分理想，我想我会尽力的吧。

说起林华倩，我就想起“零花钱”，笑起来特别灿烂，小酒窝特别来神。文章也写得不赖，我记得她写过《拟行路难》的读后感，她说：“泻水置平地，各自东西南北流，人生亦有命，安能行叹复坐愁?”人生就像十根手指头，各有长短。我们不应该抱怨命运。命运这种东西始终都应掌握在自己手中，假如一味地自怨自艾，不举步前进，那么到最后后悔的也只有自己。人本身就应重视自己，在人生的道路上有许多过客，但自己才是人生舞台上的主角。我始终相信胡哥的话，“有人帮你，是你的幸运；没人帮你，是命运的公平”。呵呵，将胡哥的话写进作文，真是抬举我了。其实邓幼萍也给我留下深刻印象，那是在 2008 年五一期间，我和家人正在湛江旅行社里办理去广西大容山两日游的手续，突然走进两个时髦女郎，他们主动跟我打招呼，我想了半天才把名字和相貌对上号，她们就是邓幼萍及闺中密友。呵呵，除去了学校里的青涩，变得特别灵动和时尚，真是女大十八变啊。

周道昕考取大学后，只在湛江的文化市场见过一面，当时我正在看时尚杂志，周道昕一见到我，异常高兴地拍拍我的肩：嗨，胡哥，你好吗？我猛一回头，说你好！周道昕马上说：胡哥，你猜我是关文斌还是周道昕？我抓了半天脑袋，说：周道昕，周道昕。她嘿嘿一笑，说，你终于在毕业后把我们两人分清了。我说，以后不会弄错了。你现在还好吧？她甜甜一笑，很好的，就是想念（10）班的同学啊。我说我也是。（10）班值得大家怀念。

说起周道昕，好像就应该说说关文斌了。最近见到关文斌是在 2009 年的聚会上，那时她风采过人，这个写得一手好字的女孩，坐在黄老师的身边，始终是一幅乖巧的样子，给人一种很温馨的感觉。我跟关文斌没有说上几句话，想想以前，只是表扬过她摘抄很好，又把她的名字和别人的经常搞错，很不好意思。又见过瞿文科看着他那副志得意满的样子，很是为他高兴，希望他好好珍惜。我曾经跟文科说：文科文科，就是要学好文科，呵呵，现在，不知瞿文科做何感想？希望他什么都顺利。

说起学文科，离不开一个人，那就是杨敏，那个考取了湖北省海军工程大学的女孩，非常具有文学潜能。她在毕业后给我的明信片上说："提起笔就想起很多事情，一下子不知从哪写起。想起高考前您的鼓励，想起您对我写的文字里的包容，真的，我一直很感激您，您会找出我的文字中的闪光点，教我怎样写一篇好散文……虽然毕业快大半年了，回想起来仍历历在目。我在武汉念书，已经开始习惯并喜欢上这个四季分明的城市，因为上的是军校，所以学校管理得比较严。但看着夏天的茂盛绿叶到秋天路上金黄的落叶，再到冬天早上窗上的薄雾，觉得这真是一个很不错的地方……"湖北是胡哥的故乡，自己湛江的学生返身到湖北去寻梦，作为老师，当然感到十分的满足与欣慰。好好干，杨敏，希望你写出一番新天地。

♪ 音符 6　掌心化蝶 ♪

相聚的日子总是很短，离别的思绪总是那么悠长，怀念变成了一盏永远的灯，点亮我们寂寞的心头。黑夜如潮水，孤独的灵魂从此守望一帆桅樯，在无垠的海浪中翻滚。想抽一支烟，驱除心灵的负累；无奈窗外的芭蕉，演变成了夏日焦躁的蝉鸣，我把你的照片，放在风铃的第三颗环扣上，屋檐有水，脸上有泪。

从此将天各一方，永远说再见。残酷好比时间，撕碎了所有华美的衣裳。你好比我的手链，将我伸向你的温暖，紧紧围住，演绎成透心的清凉；我好比你折叠的幸运星，不雅致，却被精心地放在你透明的玻璃罐里，在落满星星的夜晚，一齐放飞。

思念无法阻隔，感激被永远锁定，广袤的世界注定我们无处可逃。365个日子就像盘古那把神奇的斧头，在我们彼此心空开出一扇天堂之门。情感不能被拷贝，泪水不能被复制。就像你背着书包，每天去祭扫心情一样，不可重复。时间仿佛还定格在胡哥的课堂上，可是，现在的你分明已经躲在世界最偏僻的角落，将所有快乐和忧伤，调制成最浓最浓的咖啡，在人来人往的橱窗背后，就着妖艳的灯光，暗暗地轻呷。

胡哥是个裁缝，在你临行的时候却唯恐你天冷衣单，日日忙着给你做衣裳，在昏黄的油灯下，戴着老花镜给你缝缝补补，唯恐你天冷怨天寒；胡哥是个向导，一条路走了又走，一条河淌了又淌，一座山攀了又攀，我牵着你的手，好像兑现着我们在一千年前的冥冥约定，不抛弃，不放弃，我们跋山涉水，七十颗心风与雨，八千里路云和月；胡哥是个卖花的，每天天不亮就起床，先在自己知识的花圃中筛选，然后归类总结，变成一束一束的知识之花，有时还来一点装饰和搭配，我把这些花儿卖给你，希望能够给你足够的精神与灵气，希望高三的每一天都有些难忘的瞬间；胡哥是个“当兵”的，喜欢听那首《我的老班长》，脚步在时间的缝隙里穿梭，风雨常常搁置在脑后，我坐在那里，等你从梦中醒来，我倚靠在你的窗前，等着你安静地睡去，我穿着一身青春的绿色，在那些最难忘的日子，给你一道前世约定的风景；胡哥是个种地的，把理想、信念、希望都一颗颗种在自己承包的责任田里，天天除草施肥，把肩上的担子挑得“嘎嘎”作响，担着太阳也担着月亮，担着现在也担着未来，担着青春也担着欢笑，担着幼嫩也担着金黄，担着相聚也担着离别……

你们是种子，希望你们在春天的原野放飞纯白的蒲公英，打着自信的伞和风信子合唱一首关于理想、关于青春的歌谣，天上的云朵于是点缀你们蔚蓝成永恒的背景；你们是溪水，灵动地裹挟满腔的期待，在密林深壑间平谱写着一段段精彩唱词，把小鱼作为音符，把蝴蝶作为旋律，用野花伴奏，你们风雨兼程滚滚向前，把泪水血水熔铸成宏大的交响乐，在天地间成就一份令人敬畏的坚强；你们是虹，宁静渗透潇洒，伤痛折射渴望，打拼呼应搏击，郁闷叠合艰难，热烈修饰诗意，恢宏映衬博大，谨严张扬聪颖，方正勾连智慧，理念碰撞思想，志得烘托鲜花，掌声渲染幸福。

想起了丹凤的风风火火与耿直乐观；想起了陈斐的文静与温柔；想起了陈曦的方块字和摘抄；想起了陈艳的舞蹈和黑T恤；想起了陈琳琳的相机和圆珠笔；想起了陈倩佩的沉静与执着；想起了邓原的可爱和随性；想起了邓

兆弼的语文成绩和善意的奖励；想起了国帼的悠然和真诚；想起了官瑜的紧攥的笔和微微翘起的马尾巴；想起了黄妹的书法和文章；想起了美凤的文笔和空灵求索的眼睛；想起了黄深源的深沉和轻松的笑脸；想起了李佳的博客和文字；想起了舒婉的笑声和圆圆的大眼睛；想起了明鱼的青春和乖巧；想起了赛妃的精致和虔诚；想起了俊毅的搞笑和善良；想起了珊珊的短信和微微扬起的鼻子；想起了小婷的成绩和汗水；想起了洋迪的手机和头发；想起了罗赟的聪明和自在；想起了盈盈的羞赧和张扬；想起了佳敏的勤奋和韧性；想起了洁敏的散文和小说；想起了莫扬的自持和苦痛；想起了惠舒的执着和坚持；想起了文超的内秀和幻化；想起了金琴的单纯和空灵；想起了宇涛的仗义和大我；想起了智丹的宽松与矜持；想起了振明的机灵和从容；想起了华敏的善良和与人为善；想起了王霞的担心和酒窝；想起了雅丽的温文与奋争；想起了俊良的潇洒和大方；想起了群凤的人缘和甜蜜；想起了小媚的机灵和聪慧；想起了学志的沉勇与游刃有余；想起了创新的谦虚与渴望；想起了静静的平和与志在必得；想起了谢涛的玩笑和轻松；想起了施维的本真与踏实；想起了小琴的专注与煎熬；想起了媛琳的快乐与悲伤；想起了炳坤的定力与耐力；想起了开骞的信义与真诚；想起了玲玲的可爱与生动；想起了琳雯的试卷和背影；想起了康生的依赖和幸福；想起了琪琦的活泼与进取；想起了世龙的大气和无畏；想起了亦铭的洒脱和内敛；想起了智聪的宽阔与超脱；想起了薇薇的体贴与可心；想起了春艳的真挚与多艺；想起了焕焕的乐观与克难奋进；想起了思迪的无奈与眉头；想起了嫣怡的达观与通脱；想起了琴妮的慧心与坚韧；想起了伟伟的雄心与奋发；想起了文姬的果敢与恒心；想起了启集的座位和书本；想起了海蛟的真诚善良与永远的微笑；想起了陈筠的大度与无私；想起了陈华的开朗与稳沉；想起了慕龙的小心与深入；想起了小丞的底气与大气；想起了李攀的消极与积极；想起了晓君的天真与深沉；想起了昱昱的纷乱与主见；想起了楚杰的顽强与心智……我把你们一一想起，就像满天满天的飞花，在这样一个惬意的时空，被幸福地扬起，洒落在彼此的心野，变换成永恒的美丽，到地老，也到天荒。

即将告别，心有千千结。别说缠绵，只是用情太真，每一年，我都写着同样的文字，却有着不一样的心情，为了祭奠那一段逝去的岁月。在那些激情燃烧的日子，不容胡哥虚度，我和你们一样，青春将会永驻心间，不管时间、空间怎样变迁!!

♪ 音符 7　十八相送 ♪

常常觉得时间那么悠长，总觉得毕业的日子遥遥无期。我常常想，等到那么一天，我们一定会找一个时间，找一个空间，彼此娓娓倾诉。不料说高考就高考了，说走就走了，我们还没有来得及用心去品味离别的那一刻，甚至还没有来得及说声再见。离别的情绪只简单地在心里做了一个回旋，我们现在就彼此天各一方，学校已经离得我们那么遥远，刚刚过去的时光仿佛一下子过去了几个世纪，很想为这一段时光说点什么，却变得相对无言。

大家只有坐在乡村的一隅，城市的边缘，细细翻看逝去的那些日子那些笑声……你的眼里流着泪花，你的心情像长了翅膀的小鸟，当你的眼光落入我的胸怀，又逐渐地移向前方，毅然决然地风雨兼程，我的心，就在村口站成一棵永恒的槐树，就在码头印成一轮落日，就在车站守候成一盏路灯，就在那栋教学楼的三楼，在（18）班教室的讲台上，看着那些桌子那些椅子那些墙壁那些灯光那些窗棂那些条幅，回忆变成一位老师最为宝贵的财富，所有的思想所有的情感就这样铺天盖地地汹涌而来……三年的成长，年轻的心彼此交付。世上没有什么会比这些来得更为深沉和从容。我离开家乡，你离开父母，我们一起为了某种约定而邂逅，起初我不认识你，你不认识我，时间却总是那么神奇，以至于我们现在轻轻拂去记忆的灰尘，就仿佛花儿开在心间，蝶儿在心空自由自在地舞蹈。

想起了我们的班长梁超，这个可爱的男生，第一次就给胡哥写了很长一封信，他说做什么事情都应该明明白白、清清楚楚。最后他考取了香港科技大学，那里正是他的去处，他说："那里的英语水平并不高，学习起来也很轻松。"他的个头很高，很个性也很温柔。最近，他的言语中透出淡淡的失落，我说："兄弟你好好干，我等着。"他又精神百倍了。想起了语文课代表梁兆阳，也是个很高个的男生，很会写文章，得了全国中学生作文大赛特等奖，他曾对我说："胡老师，你跟同学说说，我被推荐成了省优秀学生干部，不是我执意的，真的。"他常常笑，像个害羞的小孩，他在入党的时候，其实并不知道他的语文高考成绩 126 分。他潇洒，一定会有不少女孩子追。想起了另一个语文课代表和团支书邓洁雯，我整整教了她三年。由一个很个性的女孩变成了一个从容有致的乖乖女，很有主见，也很漂亮。记得在学校的大榕树下的那次谈话，她说："胡老师，我现在变了，真的。以前我太有棱角，伤痕累累，现在不了，我长大了。"她是淡定的，不以物喜不以己悲，后来考取中山大学是意料之中。最近我看了她写给母校 70 周年校庆的贺词，收到她发给我的短信，我有些感动，觉得这样的学生，教一辈子也不累。想起了陈莹，别以为他有个像女生一样的名字就把他女性化，早在高一、高二就因为勤奋而声名远扬，特别是在高二的时候，他在学校运动会上的惊人一跑让胡老师永远地记住了他。每天中午，我会看见他在校园的各个角落里学习，竞赛的失败对他是个打击，可是他依然砥砺向前，在高三，他一度很低迷，我以为他所有的冲劲都用完了，暗暗地担心，可是他依然站了起来，高考考取了浙江大学。我作为老师，佩服他，前几天收到他的短信，不停地向我问老师好，还找我要照片，说虽然忙，他依然懂得感恩。他对我说，恩师永不忘。

想起了第三个语文课代表杨斌斌，他的姐姐也是语文老师，家庭给了他很多额外的帮助，他的文章让我们（18）班的同学很受启发，字也写得漂亮，对问题的见解独到，我当初对他报考上海交通大学提心吊胆，其实高考凭的是果敢和自信，他就是这样的人。他考上了，他理应去上海，因为那里有他要找寻的文化和精神。想起了黎雨，一个瘦瘦高高的男生，喜欢在宿舍里讲话，我也经常在班上不点名地批评他，是个活跃分子，常常来一点有色新闻。高考完了，我们到东坡岭去聚会，一共 30 多个人，那天晚上不知道他是不是有意要喝醉，他抱着我止不住地哭，一个大男孩，抱着他的语文老师、他的班主任不停地哭，把全场的人都感动了，包括景区的扫地阿姨，也把我哭得眼泪汪汪。我也想对他说："兄弟，你好好干，你能上中山大学，你不亏！"

想起了陈保密，那个懵懵懂懂的男孩，那个矜持而害羞的男孩。他说 2008 年北京开奥运会，所以要去北京，他能考取北京理工大学，我们都认为没有什么悬念。他在去北京的前晚给我发短信，要我告知我们（18）班，他爱我们。我说，"你到北方打拼，记得多穿点衣服，要带一颗温暖的心上路，我不送你，但我会惦记着你"。想起了陈西，一个坚强的女孩，常常看见她在路灯旁与书本相伴，当初她不读华师附中，自有她的道理。她的数学竞赛题，足足做了一米高的卷子，但生活给她开了一个非常大的玩笑，让她泪流成河。她最后考取了中山大学，依然微笑，依然感恩。她把所有的心思都花在学习上，作为语文老师，我曾深深地被感动，我觉得她的毅力和决心，不亚于一个战场上的将军。我想，这样的学生，以后肯定会非常出息的，她一定会实现当教授的梦想。想起了龙锟丽，那个别名叫"虫虫"的女孩，细腻、真诚、爱哭也爱笑的女孩。她一直是舅舅指导的，爸爸妈妈不在身边，想起了她常常微微翘起的嘴，以及一些小孩子一样的神情，对老师体贴、安慰又周到，她考取了中山大学，众望所归。她应该去中大，中大也需要这样空灵的女孩。

想起了陈煜，那个喜欢打篮球和上机的男孩，那个非常有礼貌的男孩，我曾要他写过检讨，但他不计较，依然见面了给老师低头敬礼，现在已经很少学生对老师这样了，但他一直坚持着。他的身体其实并不好，依然记得高考前夕他不得已而请假，但高考后他是第一个给我短信的，他高兴地说：“胡老师，我考上了！！”我说什么学校？他说：“中山大学！”我说：“兄弟你干得不错！”说完我们彼此都有一种想哭的感觉。想起了李植，那个一站出来就才华横溢的男孩，那个心态安静的男孩，我们班的电教员，我们曾要他做一个班级网页，做得非常好，我在班上代表同学给了他特别的表扬，事后他对我说：原来我李智在班上还是很重要的。我想真是把他压抑了太久，但我觉得还是对不起他，因为他反复催促我将网页挂在校园网上，却因为种种原因如今还没有实现。8 月底我在大天然餐厅里突然发现李智一家人也在会餐，还有一位八九十岁的老奶奶，我想是在为他庆贺，他能考取中山大学，光耀了他的家族，把才华溢满了整个家园。

想起了谭凤，那个拒绝别人资助的女孩，那个爱憎分明的女孩，那个微笑起来甜甜的女孩。我对她说，你除开北大清华，全国各地的大学你可以随便报。但她最终还是选择了中山大学，里面有太多的亲情因素，因为她不能辜负妈妈，妈妈对她来说，与别人对妈妈的意义绝对不同，她是个干脆的女孩。她直接、热切，具有理科生的基本心态，班级聚会那天，我跟她打电话，她说，老师，我正在外边跳舞呢。呵呵，我高兴极了。

想起了陈家贵，那个看似毛毛躁躁、心神不宁的男孩，用他 662 分的分数证明了他的实力。上海交通大学录取了他，我记得他在第 15 小学旁与我的谈话，那是一次模拟考试以后，他考得很糟，心情很不好，在街上瞎逛，我们谈了很多，包括怎样调整自己。他很虔诚，最终他成功了，成功应该属于虔诚的人。

想起了王悦悦，那个最爱微笑的女生，尤记得高二时运动会的出场式，她举着班牌微笑的样子，可是高三在她身上出现了许多不能言说的苦衷，她最终选择换班，不是胡哥的错，也不是她的错，她给我们（18）班带来了很多难忘的记忆，在我们的集体照里，应该有她。最终她考取了华南师范大学，我想，她应该去做一个老师，因为学生需要像她那样的微笑。前一段时间，我到华南师范大学去进行省级骨干教师培训，我找到了她的电话号码，但最终没有打电话给她，我也不知道是什么原因，真的。想起了陈炫，那个潇洒又热爱电脑的男孩子，他爸爸妈妈给了他压力，他也在高三枯燥与激情中奋争，高考期间，我在三栋宿舍楼的草地边问他：你打算报什么专业？他说报计算机。我说能考上吗？他说能！结果真的考上了。他很高兴，我也是，我想凭他的聪明，计算机不会亏待他的，关键还是要看他自身的努力了。

想起了刘余梅，我们的劳动卫生委员，一个非常有责任心的女孩，在填报志愿的时候，我问她为什么只报考广东外语外贸大学？她说自己喜欢。很干脆的回答，没有半点犹豫。后来我觉得她的选择万分正确，因为无论从哪个方面说，是再适合她不过的了。很想对她说："余梅，两年的劳动生活委员，你为班级争得了那么多荣誉，真的谢谢你了！"想起了陈翀，我们的生活委员，那个黑黑瘦瘦的男孩，一个个性张扬的男孩。高三下学期，他的压力太大，往往脾气不好，得罪了些同学。我也说过您坏话，他很诚恳。高考后，他给我留信息说：胡老师，对不起，其实私下里我对您也有过抱怨，但我是尊敬您的。现在他考取了上海交通大学，突然就懂事了。想起了麦江泉，那个喜欢问问题的男生，他是在高三下学期才逐渐进入状态的，属于那种越学越有信心的那类人。高考前我摸着他的头说：相信自己，你一定行。他憨憨地笑了，最终考取了浙江大学。想起了蔡元睿，那个一心想考北京航空航天大学的小个子男生，他的足球踢得好，瘦小精悍，特别有人缘，大家都喜欢他。高考填报志愿的时候，没有怎么犹豫，结果真的就考上了。他当初选择到湛江一中读高三，明智而有收获，至今，胡哥仍念念不忘那张可爱的笑脸。

想起了叶逢铸，一个很特殊的名字，他单纯、周密而富有策略，是个有科学头脑的男孩。他最后考取了北京邮电大学。回到学校，沈老师要他到大学以后用"柳体"给老师写信，他睁大了眼睛，很老实地说：我会的，字我一定要练好，一定要比老沈的好。说着说着，我们都笑弯了腰，为他的单纯，也为他的真诚。想起了刘煜斯，那个高高大大、沉静而又温柔的男孩，最后他提前批被中国人民公安大学录取了，来拿毕业证的那天，我笑着对他说：以后当警察了，好好加油。我觉得有些匪夷所思，他却一下子笑得像个小姑娘。想起了颜洁莹，那个温柔得如水、轻灵得如风的女生，她在这个强手遮天蔽日的班里，一直忍受着失败的煎熬，最终她胜利了，如愿考取了华南理工大学，我们在聚会的时候，她的妈妈也来了，很幸福的那种。后来颜洁莹天天给我们发手机短信。华南理工大学有这样的女生，应该会平添几分生气吧。

想起了吕毅，那个胖男孩，他妈妈常说：这孩子懂事，心态好。一副少年老成的样子。似乎任何人一见他就立刻像找到了靠山一样。的确如此，每次见面，总是先深深点一下头，然后才说老师好。他平时话不多，座位在教师后头，带着"护身符"。不了解他的人认为不可接近，了解他的人都愿意跟他交朋友。他最后考取的是北京邮电大学，在聚会的时候，他喝了一些啤酒，和他的老同学黎宇，把胡老师感动得眼泪汪汪的。想起了曾乐，那个经常在电脑前帮忙输入成绩的瘦个子，他经常沉思，善于给各种各样的人帮忙。他妈妈说：这小子特聪明，喜欢独来独往。也是，他最终考取了华南理工大学，那是个以理工科为特色的地方，应该适合他的性格。我喜欢这种性格，因为有才华的人常常是这样，老虎总是独居的。

想起了黄后顺，大家喜欢叫他“皇后”，他是个有气质的男生。他这次高考考了660分，本来可以考清华大学，但是天不遂人愿，他只报了华中科技大学，那是胡老师的故乡，也许是感慨老师的生平，去那里成就另一个自己吧。黄后顺这个名字好，好在一个“顺”字，希望他一路顺下去，好好做个“皇后”。想起了陈光涛，那个精瘦却坚韧的男孩，他能考取浙江大学，得益于他的均衡发展，我常常想，如果他的存在能够启发一下我们班其他同学，该有多好啊。想起了赖铭湛，那个阳光男孩，那个酷爱运动的体育委员，高三下学期他搬出去住了，和他妈妈在一起，生活的苦恼与快意终于将这个小男孩锤炼成了一个成熟青年。当他拿到中山大学录取通知书的时候，我能想象他那阳光般的脸上漾起的最幸福的微笑。

想起了陈光涛，那个为了数学奥赛竟然休学回家半学期的执着男孩；想起了陈佳业，那个潇洒而又认真的男孩；想起了陈炯，那个让妈妈整天担心的男孩；想起了陈鹏斌，那个在作文竞赛中频频获奖、对胡哥特别感恩的男孩；想起了陈硕，那个内向又可爱的男孩；想起了陈志权，那个不小心摔伤但非常勇敢的男孩；想起了崔华文，那个把所有负担一肩挑、最后考取上海海事大学的男孩；想起了符春造，那个让爸爸经常打长途的可爱男生；想起了何林培，那个考取了大连海事大学的男孩；想起了黄海章，那个沉稳而奋争的男孩；想起了黄利鹏，那个胡哥最挂心、最懂事的男孩；想起了黎曜玮，那个考取了天津大学的男孩；想起了李华明，那个爱笑的、单纯的男孩；想起了李文，那个高高瘦瘦、在英语上一直用功的男孩，想起了李晓飞，那个明净清澈的男孩；想起了梁晨，那个永不服输的男孩；想起了梁日明，那个不向命运低头、敢打敢拼的男孩；想起了梁森明，那个将所有痛苦化成无穷动力的男孩；想起了林泽成，那个最终考取了华南理工大学的男孩；想起了林志健，那个聪明机灵的男孩；想起了彭棉杰，那个叫作“棉花”的开朗男孩；想起了谭伟开，那个考取了电子科技大学的男孩；想起了魏景焕，那个考取了华南理工大学的可爱男生；想起了吴文斯，那个考取了暨南大学的男孩；想起了谢耀德，那个考取了华南理工大学的帅哥；想起了许劲松，那个始终坚持不懈、顽强拼搏的男孩；想起了杨晓聪，那个理科成绩出类拔萃的高个子；想起了叶恒霄，那个最终考取了云南大学的男孩；想起了袁文湛，那个最终考取了华南理工大学的男生；想起了周永德，那个考取了中山大学的男孩；想起了邹忠卫，那个考取了中国地质大学的男孩；想起了钟宇东，那个个性张扬、最终考取华南理工大学的男孩；想起了杨开，那个敢于向清华大学挑战的男孩，他的阳光、开朗给我们留下了永远不可磨灭的印象；想起彭君辉，那个考取了香港中文大学的男孩；想起了麦雪湖，那个真诚善良，但与清华大学失之交臂、被中山大学高分录取的男孩；想起了梁建渝，那个不懈打拼、蔑视苦难、让人肃然起敬的男生；想起了张艺露，那个绝顶聪明、放弃中山大学不读，依然为清华大学孜孜以求的女生……

记忆的闸门一旦打开，就像悠悠流水无止境。情系其中难以释怀，就像那个整天爱叨唠的妈妈，就像那个爱背着手、低着头走路的爸爸。高三（18）班，多么辉煌，全班64个同学有62位考取全国重点大学，仅中山大学就有29人，比一个中学高考还辉煌。三年的心血，1 000多天的来来往往，不曾忘怀，也不敢忘怀。许多故事，我们无法复制，时间永逝，让我们相聚又分开，带着欣慰，也带着希望。

2007年，在湛江一中，记住我们曾经一起拼搏过、笑过、乐过、悲过、苦过……这一年，胡哥被评为学校“十佳德育标兵”“十佳优秀班主任”，出版了自己的两本书，共100多万字，发表了30多篇教育教学论文，参与编写了5本语文学习资料，押中了广东省部分高考语文试题，上了两次湛江市高三复习研究课，命制了湛江市2007年高三语文第二次语文高考模拟试题。而我们的18班，已经自成立之初到高三毕业，四个学期都是学校文明班，有59人次获得语文、数学、英语、物理、化学、天文等市级以上奖励，十余次获得年级、学校的各种团体奖励……在2007年，胡哥觉得充实、真诚而富有意义。谢谢同学们，在这三年里你们对我的支持与帮助，谢谢你们那些年轻的心灵，曾与我那么近距离地交汇与碰撞。教育是一门遗憾的艺术，高考的结果可能不会让每一个人满意，这不是你我的错，也不是他人的错，是因为考试本身尤其是高考本身具有一定的缺陷，记住自己曾努力过、拥有过，记住我们走过的那些日子，因为现在我们觉得，那是多么的重要。

你们说走就走了，一个个变成了大男孩、大女孩，这就是成长吧。胡哥只能坚守在这里，因为又一批孩子等着老师的培育，等着老师的关注与修剪。你们就大胆地走吧，到广东、到北京、到上海、到全中国、到全世界去寻梦吧。你们注定了将是这个时代的精英与栋梁。老师能够与你们这些孩子共同度过人生中最重要的抉择时刻，已经是莫大的荣幸。2003年，我曾在湖北执教过一届高考明星班级，我觉得你们跟他们是多么的相像，我也曾给他们写过毕业的回忆文章，我常常想，老师是什么？我觉得不是蜡烛，也不是工程师，他其实就是一个普普通通的人，一个有血有肉、有爱有恨的人。孩子出息了，就高兴；孩子走了，就丢了魂似的，有时一下子不知道怎样生活。这篇文章，我是写写停停，有时写着写着就心酸掉眼泪，像个小孩子似的，别看写给你的只有只言片语，却是老师最为复杂情感的外现。看着节假日你们给我发来的短信和邮件，手机常常爆满。我常这样想，我的学生是不一样的，我这个普通的老师，却有着许许多多不普通的学生。我应该知足了，知足常乐!!

♪ 音符 8　这些日子 ♪

昨天，有人跟我说，胡老师，你一个人带三个班的语文，还做班主任，怎么熬过来的？我嘿嘿一笑。其实，在 2004 年我带四个班的语文、担任一个班的班主任的时候，已经习惯了。虽然目前这三个班非常特殊：一个高一的奥赛班，一个高一的地区班，另一个是高三的文科班。并且，还是奥赛班的班主任。想起从前，我在湖北的时候，2003 年同时带过一个理科补习班、一个理科应届班；2002 年，我还带过一个半班，在带一个理科应届班的同时，还和当时的校长同带另一个理科班的语文；2000 年，我带过一个高二的语文，还有一个是高三理科补习班；还有 2001 年，是两个班的语文和一个班的班主任。有老师笑着说：谁叫你那么强呢。

要说强，是汗颜的。我只是有点相信习惯的力量。工作越多，效率就越高。带的班越杂，应变能力就越好。其实大多数老师是不愿意带多个班的，认为事情太多，定力就不够了。我却不这么认为。

有时，专注在于：你整天想着就是一类事情。

有时，成功在于：你无暇顾及其他分外事情。

这就是生活的辩证法。

♪ 音符 9　日子对我说 ♪

日子说，你出身不好，智商不高，你这么过来了，不简单。

日子说，你读书，可穷了你了，你笑笑，你把我打发了。

日子说，你做老师，在湖北一晃就八年，现在，你在湛江一晃又四年了。

日子说，你最早的学生已经为人父母了，可你现在的学生还叫你“胡哥”，不简单。

日子说，你别惦记你的同事，那些喝酒吃肉的湖北盟友，现在都走散了。

日子说，你们那一届毕业的师专生，只有你走得最远，你应该知足了。

日子说，你以前写的所谓散文，已经过时了，你自己却经常看，不怕羞。

日子说，你回家的次数太少了，你的爸爸妈妈想你了，你的哥哥姐姐想你了。

日子说，你还是经常教研吧，你不聪明，但你有耐性，你不适合张扬，最适合做学问。

日子说，祖国很大，舞台很多，你怕是很难再选择其他行业了，这个行业你做一辈子，可能会有成绩。

日子说，再忙也得锻炼身体，你现在比以前胖了，胖了可不是个好兆头。

日子说，你的工资涨了吗？你别笑，你笑了我也不知。好好享受一下生活。

日子说，西藏有事，台湾有新变化了，你别瞎操心，你操心有啥子用？

日子说，少熬夜，多喝蜂蜜。多去几次海南，以后到南洋瞧瞧，看看华侨是怎么生活的。

日子说，少上 QQ 少上网，多看些纸质文本，对你眼睛有好处，你眼睛好，我知道，但要注意保养。

日子说，你现在应该多笑笑，做老师的就怕严肃，严肃容易变老。

日子说，教了这一届补习班，就歇歇吧。看你累的，我都很心疼呢。

日子说，现在的小孩不好教，这我知道。你们做老师的，在这个时代，真是为难你们了。

日子说，湛江是没有四季的，在湛江特别容易衰老，因为你很难感知时间的维度。

日子说，多和老朋友联系，多照看一下家人，别因为忙自己什么都不是了。

日子说，你就是愿望太多，包袱太多，你很想与别人不一样，所以你很累。

日子说，你今年是本命年了，你得抓紧些，这可是一生中最美的年华。

日子说，你有那么多学生爱，已经很不错了。你还想日子怎么过？

日子说，向往太多，注定付出太多。得心最好，得心才能应手。

日子说，明天早点起床，别将自己放逐到凌晨。醒来看见早晨的太阳最好。

日子说，别说难过，我就像水，你是船。日子如水，渡你上岸。

日子说，你得好好生活，一切对你不容易，一切对你又是幸运的。

日子说，那天你姐姐给你打电话，你生怕听到不好的消息，父母都已老态了，我知道你担心。

日子说，生命最短，日子最长，所以应该好好活，有意义地活。

日子说，从现在开始，你得将几年前的手表，重新戴在手腕上。

日子说，让生命接触日子的流动，就会加倍踏实。

日子说，你终究有一天会老去，我看见的，常常是质量而不是结果。

日子说，既然你不愿意虚掷光阴，就应该充实，既然要充实，就应该踏实。

日子说，名利不重要，地道地活着，或者厚道地活着，最不愚昧。

日子说，我爱你，因为你用了30多年来爱我。

♪ 音符10　吟唱岁月 ♪

很想为我的2010年写下点什么，却迟迟不肯动笔，就好比这南国的天气，时冷时热的，思维在岁月中游走，岁月也在期待中还原成太多太多的记忆。不知不觉间，一年的概念已经不复存在。现在，我感到一种隐隐的担心，担心的倒不是自己有多明媚的前程，而是在很多不经意的当下，时间却像过隙之驹，在我还来不及细细梳理自己经历的生命流程时，已然将命运的铧犁紧勒在肩，将生命演绎成失却自我的琐碎，看不清自己前行的脚步，只是将日月星辰垂挂在鬓头眉上，时间苍老了所有的容颜，将一切的命运可能悬置在不可预知的隘口，等着你去将身心粉碎。

我喜欢这种感觉，因为生命需要你去挑战。就好比你做教师，在湖北，你是名师，在湛江，你是专家也是名师，在广州，在禅城，你也必将一如既往地追梦。好像当中没有什么不同，唯有不同的是人生风景，我想这是不是钱锺书先生所说的“白色方糖”，如果命运中真的有什么诱惑的话，我想，迎接挑战应该是非常刺激的游戏。

路有多长，梦就应该有多长；这句话应该倒过来说，梦有多长，路就有多长。小时候在遥远的小乡村做了个长长的梦，于是我伴随火车，追梦到千里之外；而后，好像是一眨眼的工夫，我便又选择了一个长长的征途，没有任何的预先征兆，一切是那样的顺理成章、水到渠成。我不知道是我安排了命运还是命运安排了我，在2010年，这样一个平凡得几乎不能够在人们记忆中留下些许印痕的年份，却再一次将我的生命演绎成了漫天烟花，我随着长途汽车，在两个城市之间不断地交替，不同的面孔不同的场合不同的人群不同的山与水不同的云和月，最后，我被牢牢地锁定。

就好像，你从高三（23）班的教室走出，从高三（1）班的教室走出，从高三（11）班的教室走出，从湛江一中培才学校高三（1）班的教室走出一样，你的离开成了那间教室最忧伤的风景，而我的离开，也成了那个讲台最郁闷的往事。我们同时离开了你纠葛了三年、我纠葛了六年的所在。现在的那些教室那些讲台，坐着的、站着的可能全是我们不认识的人，只是他们和我们当初一样，在那里辛勤地追梦。我们很想知道我们为什么会这么毅然决然地离开，是不是冥冥之中上天的安排，这会引发我们对成长、对生命轮回的质疑，可是，最令胡哥伤心的是，你们，还可以回去进行虔诚的凭吊；而我，却似乎真的成了永远。

世界像个魔兽，对谁都张牙舞爪。在这个世界上人异常孤独。已经很少有人在夜深人静时检视自我了，就好比我们如果脱离了 QQ、手机、网络，我们就会身患虚脱症一样，信息的大量堆积已经将我们和平演变成了信息的一部分，我，已经不再是我了。这是一个多么可怕的命题啊！我在哪里？我正在做什么？时间的年轮正在指引我们思考这样的命题，可是，我不能回答，因为我们在回答之前，已经心力交瘁了。

这也是我迟迟不肯动笔的原因。但是我不能为自己找到合理拒绝的理由，曾经我尝试着去拒绝，可是换来的是更大的心债。我一直很认真地把自己植入生活，用自己最甜美的歌声、最开心的微笑去膜拜心迹深处的汗水和泪水，我不能准确地推演未来，但我能真诚地检视历史，所以，在过去的 2010 年里，我对我那些毕业的学生、对我的朋友、对我的同事、对我的领导、对我的家人，怀着更加深挚的情怀。因为离别，有时就等于永远。太多的离别，缤纷了所有的梦想，形成了最完美的人生财富！

2010 年，我想说，有你们，真的很好！

♪ 音符 11　写给青春的歌 ♪

青春多彩！红如朝霞，蓝如长天，绿似流水，橙似琼浆，青如子衿，黄如硕果，紫似云烟。青春亦如虹，宁静渗透潇洒，伤痛折射渴望，打拼呼应搏击，郁闷叠合艰难，热烈修饰诗意，恢宏映衬博大，谨严张扬聪颖，方正勾连智慧，理念碰撞思想，志得烘托鲜花，掌声渲染幸福……花季雨季，彩虹相依，伫立天际，艳兮灵兮，令人神移！与七彩年华同行，生活浓墨重彩。心是画框情为笔，知为底色识做边。求真在左，务实在右，尚智在上，创新在中心。把画纸打开，用激情调色，用热情运笔，用真情勾勒。在属于自己的天地里，红，就红得激昂；蓝，就蓝得纯一；绿，就绿得生动；橙，就橙得温暖；青，就青得剔透；紫，就紫得神圣！

七彩青春，诗意年华。记住花开有花落，云卷有云舒。有雨打芭蕉，也有渔歌唱晚。记住时间流逝莫等闲，多彩岁月一瞬间；记住阳光不消逝，兼程风雨也翩跹！

♪ 音符 12　一路上有你 ♪

正如大力神杯轰轰烈烈地到来，轰轰烈烈地进行，轰轰烈烈地结束，我对你们的期待随着某个日子的到来也显得更加急迫和明显。我们共同等待着一次收获，拿起镰刀，在歌声中把我们的庄稼收割，然后碾成一担担金黄的果实，堆入我们人生的驿站。看着你不久将离我而走，带着自信去迎接挑战，我却唯恐你翅膀的稚嫩和肩膀的孱弱，在昏黄的油灯下，我宁愿戴着老花镜为你密密缝补远行的征衣，希望你在异乡孤旅的时刻，勿受饥寒，多一分饱暖。

以身垂范，为人师表，我选择了若干职业中的这一种。好久以前，我也是和你一样坐在教室里为自己做梦，如今我却坐在办公室里为你做梦。我深谙教书育人的要义，在勤勉的工作中懂得了培育花苗的艰辛与喜悦。是你，用一番蓬勃的绿色，让我从容地担水在肩，拿着草锄，微笑着向你走来。你的每一次舒枝展叶，你的每一次拔节长高，都会将我久蕴的希望点燃，为此我愿意戴着草帽，穿着草鞋，披一身汗水——因为有你，我可以素面朝天。

毕业是终点，亦是起点。孔子说，三人行，必有我师焉。荀子又说，青，取之于蓝，而青于蓝。凤凰的涅槃是为了追求至高的境界，走出高考的考场意味着你又一次的飞跃。你是我的收获，我又是你的阶梯，一中是你的摇篮，而枝江永远是你的故土。你从四面八方走到这里，一年后我又把你交给四面八方。我是你的师长，更是你的朋友，你是我的信鸽、风筝和希望。你身上承载着我的一切，包括知识、情趣、意志、理想、人生。而学无止境，知识随时在新陈代谢。在你打起行囊就要起程的时候，在你把高中的一切存进记忆之时，我的希冀也在放飞，“桃李满天下”的心愿又在脑海中密密泛起。

一路上有你，是你丰实了我生命的内容。送走了你，我又迎来了数十个、数百个甚至数千数万个你。因为有无数个你要在这里发芽和开花，等着松土和浇灌，所以我成了天下最勤劳、最殷实的庄稼人，我乐此不疲。

古时贤人雅士性喜岁寒三友，或菊，或莲，崇尚的是四季常青，冰清玉洁，充满了理想和向往；而我，“望、闻、问、切”都在培植绿色，抚育心灵，充满了客观与实在，因此我虽苦犹乐，虽失犹得，虽累犹荣。

背上嘱托与希望就大胆地上路吧，到风雨中去搏击，到浪涛中去磨炼吧。毕业只是一种心情，踏入外界，展现在你面前的将是一张更大、更复杂的考卷，而真正的考场是人生的考场。我真诚地希望你能风雨兼程，一路走好！而在未来无限长的时空里，在某一休闲的时刻，于不经意间你能够忽然记起，在枝江一中，有一个姓胡的语文老师，在你生命中某一个重要的时刻，曾经悄悄地伸出手，毫不吝惜地拉了你一把，而这对于我——一名普通的教师，又将是莫大的慰藉！

第二节 文心导航

♪ 音符1 花儿为什么这样红 ♪

我们的文学社越来越像一个大社团了。粗看上去她已有了一些容颜，细窥上去也有了几分气质。她就这么静静地立在校园百花园的某一角，根伸入这一方沃土，叶展向这片蓝天，在这里滋滋润润地成长。在风中，她显得俊逸；在雨中，她显得清灵；而在温暖的阳光下，她更显得婀娜。她总是那么有声有色地微笑着，让每一个人都有一种想伸手去触摸她的感觉。

曾经很想把我们的文学社比喻成一泓水，清纯而净雅，却失之于清浅了；又想把她比喻成一尾雁，灵动而高洁，却又显得浮躁了。想来想去，我还是觉得把她比喻成一朵花好。春为迎春，夏为夏荷，秋为秋菊，冬为冬梅，都未为不可。文学是不能以时空为界的，在春夏秋冬每一个平常的日子里，文学是常青树，不败花。

文学又好比绣花，有的人一绣就是一辈子，绣出来的花也未必朵朵娇艳。有的人心灵手巧，一绣就是一朵奇葩。树上的花多了，就成了花树。而文学的花树，常常不是一秋一冬的事，它需要一针一针地绣，一时一刻地积累，更何况，校园文学的绣花人，常常要走一圈又一圈的弯路，有时是拆了绣，绣了拆，最终才合力绘了这么不起眼的一小朵。所以我们的校园文学爱好者，却常常不敢奢谈文学，总是把那颗炽热的文心，用文学的丝丝线线，就这么悲伤而又从容地藏起，又藏起。

然而，可喜的是，校园里就有着那么一批寻美的人。她们时时把自己抑或把别人的世界看成生活的真实，在真实的世界里，她们时时感悟着美的灵光，而从她们所绘的文学的丝线里，毫不犹豫地折射着对生活的赤诚与爱。她们喜过，她们怒过，她们哀过，她们乐过，透过字里行间所传达出来的那份独特的心音，几乎一下子可以响彻整个青少年的内在世界。

我们感动了，就把这些滚烫的文字尽可能地汇集在一起，并编排出版。1991 年刚创社时，我们学校的小帆文学社是以手抄报的形式出现的，而后又改成铅印报。现在，我们采用的是杂志形式，我们唯望这些缤纷的花瓣，经过一番精心的组合，会成为一朵人见人爱的灿烂之花。

有一次一位同学拿着自己写的一沓稿件来找我，要我看看他写的稿子怎样。我看了一篇就看不下去了，原因是错句太多，文不达意。我很想劝他去参加其他的活动课。他却流泪地告诉我，他为了把那一段令他感动至今的故事写下来，他不惜用不同的方式写了五遍。最后他说，他爱文学。当我再一次地认真看完这五篇内涵一致、方式各异的习作，面对他那一双星光闪闪的泪眼时，我不禁为他感动，又为文学感动了。

我终于找到了花儿为什么这样红的原因。在我们校园文学的领域里，心比文显得更重要。一篇不讲铺采、只求如实传达的文章，虽比不上文学大家的起承转合，跌宕生姿，却更能分明地觉察到一位中学生情与感的火苗，更能显出一位中学生所特有的清纯与幼嫩。这也是一份特有的文学心情啊。

真的，我们真的希望所有的文学社员和非社员们再多一些文学的丝线，在自己成长的风风雨雨中，时刻以笔为针，为自己的成长历程镌刻下串串美丽的花瓣，使我们的文学社风帆高扬，也使这朵花芬芳夺目，最终，使我们的校园文学成为一株缤纷的花树！

♪ 音符 2　关于文学灵感的话题 ♪

有时自己很想写一点属于自己的东西，去把心的触觉诉之于客观文字。有时已经把笔和纸拿出，旁边甚至准备好了抹泪的手帕，却在走笔之下，不知不觉已面目全非。许多次自己都把已写了一半的文章心疼地搁浅在那里，许多次无奈地面对自己所产的畸形儿，心中不免充满了对文学的哀伤。好不容易培养起来的一点文学热情，有时就因为对一篇文章的痛苦纠葛，会把自己那颗幼嫩的文心绞得冰凉冰凉。

这其实是一种常见的文学困惑，我们是比不上专业作家的。记得在武汉举行的首届长篇小说笔会上，邓一光跟田天开玩笑，说田天你真像一只白洛克母鸡，不叫，却有一肚子的蛋，啄虫子散步累了，找个地方趴下，一生就是一个，而且是想生什么就生什么，想生谁就生谁。这话一点儿不假，田天的文章我读过不少，他也曾编辑过我的小说，他的作品跟他的大额头和大鼻子一样富有魅力，这样的人我觉得当不上作家，也难。

作家的灵感是生活，我们的灵感也源于生活，不同的是，常常被生活所迷醉，醉得语焉不详了。我们不是没有生活积累，也不是没有文字积累，而是积累得太滞，生吞活剥得太多，以至于我们的思维、我们的语言都随了大溜，受到了框定，反而显得语无伦次了。而恰恰文学需要的是个性，是发现，是创造，所以当我们企图以一种生活解读者的姿态去描绘生活时，我们常常在鲜活的生活面前黯然神伤，败下阵来。

好多次高年级的社员手捧一份退社申请难过地来找我，要我准予她们退社。仔细看看她们的申请，一份份无不洋溢着对文学的钟爱，只是自己乐于欣赏而不擅为之。我理解这是一种负痛的文学心情，她们其实都有一种真诚与善意的希望，希望自己的拙笔因灵感的关照而开出美丽的花朵，但是她们终究没有得到因天而降的灵感活水，退社只是想从痛苦中求得解脱。于是我对她们说，文章不是想出来的，文学缪斯是食人间烟火的美神。在文学的田地里，我们没有理由将原汁原味的生活架空。

大千世界，芸芸众生，注定了我们每一个人都有自己特有的生活历程，注定了我们会有不同的思考，不同的感悟，不同的发现。唯有用一双慧眼、用一颗慧心去真实地切入生活，去关照生活，我们的文学视野也许才会因此豁然开朗，才会发现曾经生活中不经意的点点滴滴，竟是如此和谐地奏着美与爱的旋律，才会发现我们的文学灵感居然具有如此强大的穿透力，在它面前，最完美的文学形式，也不显得很重要了。

我们也许都有这样一种时刻，心海深处的一隅因现实的感应而被瞬间激活，笔与纸与心都在一起运动，这是一种不吐为快的倾泻，当我们为自己的作品画上最后一个标点符号时，我们的汗水流了一脸，我们的泪水也流了一脸。我们揣着它，就像农民怀里揣着捆沉甸甸的稻谷，就像父亲怀里揣着自己的子女。不论它以后是否发表，我们都坚信，它于我，永远都能算作一次成功。

就让我们满怀圣洁的心情去与缪斯美神执手共握，就让我们用心去感受生活，用身去体验生活吧，我们有理由相信，就在不久的将来，我们的校园文学，会因文学灵感的和风细雨，变得更加摇曳多姿、绚丽多彩！

♪ 音符 3　校园中的伤痕文学 ♪

新中国有这么一茬人，刚出生就挨饿，正上学就下乡，才上班就下海，正年壮却下岗，说的是我们不幸的父辈。他们是摔着跟头过来的，举手投足充满了历史的变迁与沧桑。父辈们经常在一起没完没了地彼此诉苦，弄得杯盘狼藉，憔悴不堪。然后有所悟地转过身来，一把拉住自己活蹦乱跳的孩子，望着孩子那双清澈透明的眼睛，语重心长却又不容置疑地说：一心学习，考大学！

这么一句话，却为孩子的成长蒙上了一层厚厚的阴影。有的在胎教的时候就反复听唐诗三百首，有的还在穿尿不湿的时候就在读 A、B、C、D 之类的启蒙英语，有的小孩一只手还拿着奶瓶，另一只手却敲着电脑的键盘……家长的急功近利，学校的应试教育，使得孩子的生活都成了机械的程序操作。调皮好动的性格没有了，无忧无虑的举动没有了，天真无邪的童心没有了。幼小的心灵变得老成、懂事。就是现在的中学生，也似乎都承认这么一个秘密：我不是自己的；书，是为别人读的。我的理想就是为了实现父辈、师长的理想。

所以我们的校园文学充满了累累的伤痕。无数学生十分珍惜通过文学这一表露心迹的载体，在这里一个劲儿地抒发阳光的明媚、小草的可亲、大地的可爱……一个劲儿地流着泪贬低自己、埋怨自己，甚至诅咒自己……有时好不容易找寻到的自信与坚强，却因上课屡次失败的发言、作业本上一个鲜艳的问号、考试卷上一个惨不忍睹的分数，就将其粉碎得无影无踪了。在物质条件无比优越的环境里，年少的心似乎永远无法承受来自考纲的压力。每次大型考试过后，学生的习作，总是一片悲壮苍凉。我曾好几次阅稿，读着读着眼眶就红了。第二天起床，发现皱纹和白发又多了些。为此，我曾把父辈的不幸与学生的不幸做过细致的比较，觉得父辈的不幸，是充满了尝遍百草之后的酸甜苦辣；而孩子的不幸，却似乎永远是在分数捆绑下的苦苦挣扎。父辈是身心俱累的难民，而孩子却是身心被禁的囚徒！父辈亲朋拷问的目光，标准试题的标准答案，活像一架双轮马车，将孩子那弱小的身心，无情地碾得粉碎！

20 世纪 70 年代后期，刘心武发表了短篇小说《班主任》，卢新华发表了短篇小说《伤痕》，由此之后中国文坛曾出现了一类“伤痕文学”作品，旨在揭示“十年浩劫”给青少年一代心灵造成的严重创伤。我想，90 年代的青少年读了，除了对情节的感受不同以外，内心深处是可以产生共鸣的。我们的校园文学刊物，始终在呼唤一种清新、爽朗的青少年应有的气息，我们拒绝将它办成一种与年龄脱节的严肃文学，为此我们共同怀着虔诚的心灵期待着素质教育的恩赐，期待着社会大环境能够为学生留下一个本我的空间。使我们的学生拿起笔来为我们的校园文学添枝加彩时——悲，悲得真实；喜，喜得烂漫；哀，哀得其所；乐，乐得其然！

♪ 音符 4　作文与做人 ♪

我们每个人似乎都曾用心地写过文章。有一些文章还私下地给自己打了满分，结果事与愿违，交上去老师一看，用一些条条框框一拷，被毫不犹豫地判了个不及格；有一些文章自己是信手涂鸦，对之不存幻想，结果又往往在考场上得了高分。内心表白的文章常常不及一些言不由衷的文字，令我们逐渐丧失了对作文的依恋。有时把作文与做人等同起来写成的文章，总有点心存疑虑，甚至害怕带来些无谓的麻烦，所以我们越来越喜欢虚构，有时不惜“为赋新文强说愁”；所以我们在写“战胜脆弱”时，都写了父母的离异，都写了自己是单亲家庭，似乎唯其如此，阅卷大人才会真正明白自己的确坚强过，并永远坚强着。而这些，真真的又令人贻笑大方。

毋庸讳言，做人的原则和作文的原则两者之间似乎游离得越来越远了。社会要我们做个真、善、美的人，文章要求写成真、善、美的文，而时下的社会环境对我们似乎又格外地吝啬。面对一个乞丐，我们害怕被欺骗而不得不捏紧手中的硬币；面对推销员一脸的微笑，我们却悸于陷入圈套而止步不前……以至于我们出门不敢穿校服，说话不敢用学生腔……家长总是以社会中的种种危险对我们进行排他教育，而学校的管理却又是封闭式的，似乎与世隔绝。社会中真、善、美的东西似乎少得不能再少——李素丽、徐虎的事迹我们写了又写，手都起了泡——当社会的负面影响正无情地冲击着正面教育时，我们却不敢将之过多地写进文章，因为我们害怕自己真情实感的东西受到老师的口诛笔伐——我们其实都担心自己的文章不合老师，尤其是阅卷老师的胃口。

学生的这些困惑不禁让我想起了著名作家范小青的一段话，她在《范小青文集》的“自序”中说，好像有一种感觉，小说已经写到最后了。让我们看看，曾经独领风骚数载，颇得青睐的流派们，如今早有些偃旗息鼓的意思；更新的一代们，也许更悲壮些，壮志未酬，好戏还没有开场，观众却已起身离去。对于文坛的这种现象，中国作协理事叶辛在接受中央电视台的采访时给予了回答，他说：“中国当代作家之所以难有大建树，是因为当代作家普遍地将写作视点转移到了关注自身，囿于自我的生存、自我价值的空间，而对社会主流、社会责任关注太少，所以常常自怨自艾，充满了小家子气，令人遗憾和担忧。”

这不禁又让我想起了文坛的世纪老人冰心先生，最近静读先生的《自传》，越读越有感想，觉得这位“文坛的老祖母”真真的不简单。她有一颗“美”与“爱”的心灵，即使是在那些烽火连天的岁月里，只要提起笔，她总会为战士们将这一优美的旋律奏响，从而让每一颗受伤的心看到和平，看到希望，看到春天，看到未来。她心清如水而又充满善良和热情。她的作品，是其人品的外现；其作品的魅力，正是其人品的魅力所在！

于是我很想告诉我们中学生们一个成功的真正秘诀：作文即是做人，人真才会文真。我们身边的环境，其实都有一个积极向上的主流。在这一主流面前，我们只要稍稍冷静下来思考一下，就会发现，任何不良现象，只会使我们前进的步伐显得更加悲壮而豪迈，显得更加灼热而恢宏。我们的老师亦不是不喜欢同学的真心文字，而是我们的同学们太喜欢以偏概全，常常一叶障目，不见泰山，甚至观点偏激，不能自为一说。因此，只有真正纯正我们的人格，同时具备远大的理想和社会责任感，我们幼嫩的文笔，才会因之而熠熠生辉、光彩照人！

若细读《史记》，你就会读出司马迁的隐忍苟活；若精读《红楼梦》，你就会读出曹雪芹的跌宕身世；若品读《平凡的世界》，你就会读出路遥的殚精竭虑。伟大的作家在解读生活和历史时，其实也是在张扬个性和社会理想。人做真了，用心血所凝成的文字，有时即使是只言片语，也会令善良的读者为之动容。人做假了，即使是锦绣文章，也会令读者如鲠在喉。文章美说到底是作者高尚的人格美。不妨想一想，自己所有的习作中，别人评价最高的，自己感到最满意的，并不是那些文辞繁丽、徒讲形式的文章，而是那些闪耀着个性美、人性美，紧随时代主旋律的朴素文字！

♪ 音符5　多一点阅读的耐心 ♪

真正的写作不会是一劳永逸的，写作的同时要与阅读相依随。但凡一个出色的作家，创作室即是书房，不像某些办公室的“门面”书架，大部分上面常常蒙上了灰尘。作家们看的书，常常呈菜黄色，翻了又翻，注了又注。有些作家，其实就是有名的编辑家，现当代一些著名的文学刊物，大都出自著名作家之手。手里有经纬，心头有天地，作家们才能眼观八方，写出、编出一些有分量的甚至是不朽的作品，现在大家比较推崇的作家如余秋雨、贾平凹，乃至湖北的刘醒龙，他们的文学铧犁耕得深，犁得密，正是一身雨、一身汗地阅读与创作的使然。

而我们中学生在阅读这一点上却似乎显得极为浮躁。常常喜欢蜻蜓点水，断章取义。看了一本《武松打虎》的连环画，就以为熟读了《水浒传》；抄了几句林黛玉的诗，就以为精读了《红楼梦》；背了《再别康桥》，就以为懂了徐志摩。从小处说，读一个句子，我们容易满足于意会；读一个段落，容易满足于大致轮廓；读一篇文章，容易满足于基本情节。如此这般，久而久之，我们常常就觉得书读得太多了，而收获得太少了；继而我们常常就觉得文章写得太多了，而真知灼见得太少了。

阅读其实是需要一些耐心的。摆在我们面前的中学语文教材，可以说篇篇是佳作，有的是数十年甚至上千年才出现一篇的文章，其中的文采精华，始终光耀着后世。几乎字字句句都耐得住推敲，几乎点点滴滴都经得起琢磨。拿到一篇文章，我们若能把心沉下来，手跟着文章走，眼跟着文章动，脑跟着文章思。遇到佶屈聱牙或疑惑难解之处，不妨停读静思，甚至为之作一番深入的研究，去形式，得本质，悟到深处求确解，这就有了阅读的境界。耐心读了，用心品了，文章的动人处就出来了，在阅读中，你才会喜作者之所喜，忧作者之所忧，进而内化为自己之所得，其乐融融。若心有旁骛，阅读时走马观花，你反而会因此无所事事，读着读着就睡着了。而这是多么得不偿失，思维迟钝了，情感风化了，灵气也磨蚀了。课内阅读如斯，课外阅读亦如斯。

事实告诉我们：阅读与写作是对天生的姐妹。她们是手挽手不可分开的。有时她们化一样的妆，穿一样的外套，蹬同一种高跟鞋，让人不知究竟。但她们都崇尚勤劳、崇尚善思，不讲资格和排场，心灵美好而纯朴，有意嫁给那些富有耐心而又经得起时间考验的人。有时你敲的是姐姐的大门，妹妹就不得不在一旁为你端茶倒水；有时你是给妹妹写信，用的却是她姐姐的笔和信纸。所以真正从事阅读和写作的人，他们的精神世界是丰实而绚烂的。如果我们只读不写，或者只写不读，而又读得浮躁，写得浅显，急于求成，这样非但不能亲近姐妹俩，反而会令姐妹俩隔离开来，自己最终亦无所作为。这，就是阅读与写作的辩证法。它浅显地告知我们：只有耐心读了，我们才知道怎样去写；只有耐心写了，我们才知道如何去读。读写结合，并互为依存促进。

耐心读，读累了，就放开手来写；耐心写，写累了，就从容地拿起书来读。交替地精读或精写，抑或精读与精写同时进行，是作家们必备的一项行为法则。书读进去了，成了书虫，成了书痴，思维被情感化，情感被理性化，理性又被多元化，灵感激活了，所以余秋雨的作品，充满了理趣美与情趣美；所以贾平凹的作品，文化底蕴与空灵色彩交相辉映；所以刘醒龙的作品，写透了世相人生，淋漓尽致地挥洒了人世间的真善美丑、喜怒哀乐！

♪ 音符6　写作与创作 ♪

似乎有一种感觉，我们越来越不喜欢“遵命”作文了。我们喜欢自由作文，自己立意，自己拟题，自己选材，完全按照自己的构思独立成篇，作文时心无疑忌，灵感与心情都是最佳状态，所以行文也潇洒，感觉亦美不胜收。而拿到一个“遵命”作文题，被一些条条框框一箍，思维迟钝了，灵感消失了，好心情没有了，作文成了苦差事。一篇文章磨出来，像受了一场苦刑，人亦显得极为疲惫，然而得分亦不高，总是在某些方面没有按指令办事。这对于一些文学素养较高的同学来说，常常不亚于一记当头棒喝，显得极为狼狈和苦恼。

不能否认，我们的确已经在“遵命”作文与校园文学之间陷入了两难境地，或者说在写作与创作之间陷入了两难境地。一方面，高等学校的选拔性考试要求每位中学生能写一篇合格的乃至优秀的考场“遵命”作文；另一方面，中学生日渐完善的人格意识已经慢慢地超越了写作的规范模式，他们希望自己的文字能够纯粹地表达自我，包括对客观世界和主观世界的认识等。写作是一项讲究程序化的纯技术性的操作过程；而创作是一项以借助艺术形象，充分展示瑰丽多彩的客观世界和丰富复杂的主观世界为目的的创造过程。过分地强调写作的技术性，不给学生一些自由拓展创造的余地，令我们的写作课堂长期以来死气沉沉。纵观我们的写作教学，从小学一直到高中毕业，不论从内容还是到形式，几乎一直是在钳制中进行的，以至于我们的学生拿到任何一道“遵命”作文题时，总会出现千篇一律的尴尬局面，甚至在某些细节的处理上都有惊人的相似之处。而我们的教师似乎还嫌不足，还在不遗余力地为学生炮制写作方法和技巧，学生对这些东西学多了，却不敢动笔了，生怕一动笔就越雷池。有时即使勉强提起笔，内容的吸引力却大打折扣。作文本身是一项张扬个性、神奇无比的精神创造活动，但通过我们几十年的写作教学，中学生在作文却很难找到灵感的搏动和生活的活水，应试作文在丰富多彩的祖国语言文字面前，显得多么可悲！语文教育工作者又是多么的惭愧！

坦率地说，中学生是乐于创造的一族。在写作中可直观到创作的影子。尤其是一些对文学比较爱好的同学，他们知道不同的文体应该用不同的表达方式；他们也知道在文章中要正确地使用记事、说理、表情和达意。在课外练笔中经常出现一些优秀习作，有一些还变成了铅字。在“遵命”作文的写作中，他们在努力找寻作文要求与自由发挥的最佳写作空间，力争做到既合乎作文要求，又能最大限度地发挥自己的作文潜能，虽然有很多次失败，但他们从来都没有放弃过。可喜的是，近几年的高考作文是给“话题”作文，文体与表达方式都不做严格的限制，且以“自己”为中心，甚至鼓励“大胆想象”，写作的内容与所给话题的内容“有关”就行。在评分标准中，“内容”与“语言表达”又得以强调。这对于整个中学写作教学而言，无疑意味着一个春天的到来。那些企图将文章公式化、模式化的僵化呆板的写作教学，必将被时代淘汰，而鼓励学生大胆思维，广开言路，不拘泥于某一套路章法，根据自己的认知能力进行创造性的写作，必将受到时代的青睐。

写作是人人必备的一种社会活动手段。所以它有一套简洁易学的方法，社会中每个人都应该掌握写作。文学创作却是文学作品的创造活动，多趋于职业化，适合于少数人，是少数人的生存工具。而我们中学生如果长期满足于写作，在写作的模式和方法上长年累月地徘徊，必将作茧自缚，徒劳无功；或者醉心于所谓的“创作”，将写作提供的基本能力完全架空，必然本末倒置，事倍功半。中学生真正的写作，就是既能基于写作的基本要求，又能高于写作的基本要求，充分调动自己运用知识和运用语言的能力，充分调动自己的生活积累，写成“遵命式”的校园文学，或者说进行创造性的写作。这，就是今后中学生作文发展的大趋势！

♪ 音符7　不妨写一点诗歌 ♪

几乎可以这样说，是诗歌缔造了文学，就这么一部《荷马史诗》，却将欧美文学衍生得浩如烟海；就这么一部《诗经》，直到今天的作家，他们还在其中寻找创作的灵感。与诗歌结缘，为诗歌穷尽毕生精力，从而为世人留下脍炙人口、千古流芳的作品，这样的文学家在中国文学史上不胜枚举。就是一些小说家、散文家，包括一些文学杂家，他们作品也与诗歌有着千丝万缕的联系。有的甚至写着写着手头的文稿，兴趣一下子就转移到诗歌上来了。还有一些文学大家，他们除了专业的文学素养外，往往诗词文赋，样样有修为。诗歌玩的不是文字游戏，能写一手好诗词的人，必然是心性极高，善于发现美、塑造美，并能表达美的人。

中学阶段是诗一样的年龄阶段，每一位中学生其实都是一首诗。有的稳重踏实，就像一首格律诗；有的活泼开朗，就像一首自由诗；有的细腻善感，就像一首婉约诗；有的刚强坚韧，又像一首豪放诗。诗的作者就是自己，而每天日起日落，云卷云舒，俯仰之间，深味着人间万象，该有多少诗情画意要用文字去表达啊！可惜的是，我们往往止于情思而不能动其笔，或动其笔而不能尽其言，或尽其言而不能达其意，或达其意而不能表其心，让人感到十分遗憾。

我们其实并不是不擅长诗歌鉴赏。对于唐诗宋词，一些垂髫儿都能推知一二，到了高中，又进行了系统化的诗歌鉴赏教学。我们可以像解剖一只麻雀一样对一首诗词进行条分缕析，并且还津津有味地品尝；我们可以如数家珍地对各种诗歌的形式特点进行罗列；甚至还可以找到一些优秀诗人的个人档案，包括血型、星座乃至个人嗜好等。但当我们拿起笔展开纸准备写一首诗的时候，脑海里顿时空无一物，无论是从内容还是到形式，都形成了巨大的空白。因为应试教育的作祟，诗歌作为一种文学体裁，常常在语文试卷里被划为禁区，这让一些语文教师如释重负，所以一直以来，中学生的诗作被毫不留情地冷落着，学生们已经习惯了长篇大论地传情达意，而无法真正进入写诗的奇妙境界。

只要学生鉴赏诗歌而不要学生写点诗歌，无形之中让学生认为诗歌高深莫测、高不可攀；学生想写诗歌而没有得到诗歌写作的启蒙教化，学生们只有望洋兴叹，自惭形秽，连最易写的自由诗也羞于起笔。这不能不说是一种缺憾。不可想象，一个连浅易的自由诗都不敢写的孩子，谈什么花季雨季？一个连最起码的写诗经验都没有的学生，又怎能对诗歌鉴赏驾轻就熟？

所以中学生不妨写一点诗歌，中学教师也不妨教一点诗歌写作的基本知识。诗歌是一个尤物，讲究的是情感的传达和语言的敲打。诗歌是女儿身，却有着男儿的热血，通身玲珑，又不乏激昂炽烈。不像小说和戏剧，也不像散文，常常大俗大雅，百花齐放。中学生会写一些浅显的诗歌，时间一长，语言的功夫就出来了，懂得了如何用极精妙的文字去再现生活，而如若将诗的语言用于其他文体的写作，必然令行文顿时生色，具有相得益彰之效。

香山居士说，大凡人之感于事则必动于情，然后兴于嗟叹，发于吟咏，而形于歌诗矣。屈子是这么做的，太白是这么做的，乃至后来的幼安也是这么做的。我们不是神童，亦不是诗词大仙，但我们有生活，有情感，有纸笔，还有热情。这，就足够了。

♪ 音符8 培养良好的作文心性 ♪

很多同学十分关心自己练笔的效果，学了几套写作方法，用了几种写作技巧，就期望自己的写作一下子突飞猛进，三天两头询问老师自己练笔的情况，若是老师点头肯定，则眉开眼笑，自诩写作已上了档次；若老师摇头否定，则一脸苦相，自暴自弃的神情溢于言表。还有一些同学，对自己的作文质量要求很低，而对别人的评价要求很高，结果常常碰一鼻子灰。另有一些同学，平时作文还可以，但很长一段时间没有得到老师的表扬，或者说几个学期以来一个文字也没有变成铅字，自己就对自己不客气了，满脸的自卑，一肚子的惆怅……凡此种种，让人见了心疼极了。

老实说，通过自己的不懈努力，从而获得写作的成就感，这是很好的心态。但是不能过分，如果怀有某种功利目的，想在写作上急于求成，一蹴而就；想在一夜之间就成为校园作家，那是绝对不可能的。写作不会按劳计酬，作家也不同于暴发户，企图在写作上占尽风光，出人头地，这样的人恰恰很难在写作上形成气候，倒是那些不问功利、耐得住清贫与寂寞的人，在长期孜孜不倦的耕作中，于不经意之间，成了文学的一家。

苏辙说："文者气之所形。然文不可以学而能，气可以养而致。"意思是说文章不是通过学习就会写的，自己必须修身养性，只有通过修身养性从而形成自己高尚、独特的人格，即"气"，写成文章，才能文气畅通，自成一统。这个观点虽有些偏激，但对我们来说也不失为一句金玉良言，一些作家，一辈子之所以很难从自己的作品中挑出令自己满意的作品，就是因为心性始终在发展，感受、认知、表达等各方面的能力都在无形地提高。如果我们不注重自身的思想品质修养，不注重自身心性的提高，在写作中好高骛远，其实不异于缘木求鱼、隔靴搔痒。

在我们平时的写作中，大家会发现，每次大型作文，最优秀的往往不是固定在某一个人身上，有时甚至光临于语文能力较差的同学身上。这种匪夷所思的现象说明，在中学阶段，真正准确地衡量学生的作文能力是为时过早的，也是不切实际的。有时你这篇习作写得好，并不意味着你那篇习作就优秀；有时你这场考试作文得了高分，并不意味着你下场考试作文也会得高分。随意想通过作文的速成训练，或者想通过作文的突击训练来达到写作的真正精进，也是很难的。

我常常告诫我们的同学，文章要反复地写，反复地改，书要不停地读，脑要不停地思，学的东西多了，认识水平提高了，才会去浮躁，得宁静，而静能生智，智能生慧，有了慧眼，才有了慧心，为人自然淡泊名利，不图一时的虚名，这样写起文章来才能心地纯一，且执着一念，才耐得住文学的寂寞，才不会被外界的不良因素干扰，写的东西也自然心清如水，能够清亮地闪耀人格的光芒。

一位语文能力较差的同学，有时可能会写出一篇优秀的习作；而一位语文能力很强的同学，他是不会，或者很少有可能写出劣质的文章的。这就告诉我们，只有长期地加强语文知识的积累，长期地进行语文能力的训练，长期坚持不懈地提高自己的品行修养，一旦形成语文兴趣，进入了境界，我们的语文学习才能进入全新的视野，而我们的作文训练，也会因此渐入佳境，从而举一反三，对各种文体的写作成竹在胸。

♪ 音符9　建立读者意识 ♪

大美学家朱光潜先生把作者对读者的态度概括为“不视、仰视、俯视、平视”四种。他说的“不视”即“目中无读者”。例如“空洞议论，陈腐讲章，枯燥叙述之类”就是“不视”的表现，而“如果作者曲意迎合读者错误的见解，低级的趣味，从而以佞嬖俳优的身份打诨呐喊，猎取世俗的炫耀，仰视就成为对于艺术的侮辱”；“如果作者自己高高在上，把读者都看成蒙昧无知的孩童，从而盛气凌人地呵责他们，讥笑他们，教训他们，并不停地解释这样那样，俯视就成为对于读者的侮辱”。很显然，朱光潜先生是否定对读者进行“不视、仰视和俯视”的，他认同“平视”，正如金道行教授所指出的，一切作者的写作心理都是由“作者心理”与“读者意识”两个方面组成的。作者需要写、写什么、怎样写与读者需要读、读什么、怎样读一起交汇于作者的心理世界，从而构成作者写作心理的和谐运动。我如今重温这些言论，觉得我们中学生是多么迫切地需要增强读者意识！

一篇记叙文，我们生怕读者读不懂，所以喜欢在开头长篇大论地交代背景，结果刚刚等到与正文核心内容相碰撞的时候，却匆匆地煞了尾；一篇议论文，我们生怕读者认为自己没有丰富的材料，动不动就到老祖宗那里去寻找老掉牙的材料……一些同学，有时为了写一篇真情实感的考场作文，自己不惜穷尽愁苦悲伤之能事，一点儿也不照顾读者的情绪，任凭眼泪满天飞；有的时候，为了把自己的文章变成铅字，下了天大的决心，却将自己苦心经营的一篇小散文寄给了《小说月报》……这样的习作，朋友读了，欲说不能；老师读了，恹恹欲睡；编辑读了，爱莫能助。而自己还蒙在鼓里，满脸怨天尤人的旧社会模样。

我们的确是应该建立起良好的读者意识了。写作是一种交际工具，作品离不开读者，正如商品离不开消费者一样。排斥读者的习作，必然失去市场，也就失去了存在的价值。拿到一个命题作文，最先考虑的不应该是自己，而应是命题者的意图所在；拿到一个材料作文题，优先考虑应是观点与材料的时代性、实效性；写一篇自由作文，更应该注意自己的读者是谁，他们希望读到什么，不希望读到什么，他们是什么文化层次等，这些都应该做到心中有数。我们一些同学，写起文章来像一头倔驴，只图自己一时的宣泄，结果半途就吓跑了读者；还有一些同学，为了迎合读者，不惜假话连篇，漏洞百出，把读者看得七窍生烟；还有一些同学，年纪轻轻，写作时却有一副长者的做派，动不动就抛出一个大命题，结果是眼高手低，让内行的人耻笑。中学生中间这些对读者的“不视”“仰视”和“俯视”的现象，都是因为不善待读者所致。众所周知，衡量一篇文章是否成功，并不在于作者是否感动了自己，而在于作品是否感动了读者，是否和读者产生了情感上的共鸣。为什么一盏《小橘灯》，让成千上万的读者流连忘返？为什么单单是父亲的《背影》，会让几代人读了泪眼婆娑？都是情感共鸣的结果啊！

权威的写作心理分析家语重心长地告诉我们，读者的阅读效应可分为三种情形：一是完全消费，这是最佳效应，也就是能引起读者的共鸣，“每有会意，便欣然忘食”是也；二是部分消费，这是一般效应，读者或者被动接受，不能创造，或者一知半解，生吞活剥，“好读书，不求甚解”是也；三是拒绝消费，给予冷遇，“视而不见”，“束之高阁”是也。亲爱的同学，你的习作之于读者，属于哪一种情形呢？

♪ 音符 10　写作期待鼓励 ♪

写作的理想境界，是作者把写作的天地当作自己的精神家园。对中学生而言，在繁重的功课之余、在成功之时、在挫折之际，从容地拿起笔来，打开自己的习作本，那更应是一圃桃花盛开的地方。不管笔触是否稚嫩、是否浮气、是否低沉、是否呆滞，表露的都是明明白白地对于五彩生活的收获。在这里，不论是春风，还是雨雪；不论是阳光，还是阴霾，成长的心路历程在这里尽意涂抹，透过一篇篇也许并不精彩的文字，我们能分明地看见我们的孩子，在承担超常负荷的同时，正在风一程雨一程地向他们预定的目标艰难地靠近。

面对这些用汗水凝成的文字，面对学生这些成长历程中欲说还休的磕磕绊绊，我们任何一句责难都似乎显得多余了。是的，写作作为一种精神创造活动，它已越来越被学生自己的创造才能所主宰。而我们的确又太擅长对一篇文章进行肢解，进行喋喋不休的品头论足、说长道短了，以至于让我们的学生始终认为自己是在错误中写作。有时我们一句不经意的批评，不仅让学生感到自己的习作是一次失败，而且可能让他们从此背上沉重的心理包袱，这种包袱甚至包括对自身的品性与人格的否定。无数事实已经逐步让我们明白：教师说教式的作文评改有时可能会使学生的某一篇习作变成优秀文章，但注重批改并不会从此令学生会写优秀文章，学生真正的能力并不是老师说教出来的。在写作的训练过程中，起决定因素的还是学生自己，老师对学生作文的备、授、批、辅，不能从根本上解决学生的作文能力，尤其是创造性的作文能力。

写作值得鼓励，尤其是对中学生的写作。如果说教育是培养人的艺术，那么对写作的鼓励就是对人的直接扶植，在这一点上，没有哪一门学科能够与之相比，也没有哪一种教育方式会比这来得更为直接客观、更为淋漓尽致。因为写作能透过文字的表层，直示作者的内心世界，而老师对学生习作的关怀与鼓励，其实是在慰藉一颗茁壮成长的心灵，其实是在无声地为学生培植写作的兴趣与热情，而唯有写作的兴趣与热情，才是救疗写作的灵丹妙药！

随着高考制度的改革，“3 + X”的出现，实施素质教育已不再是纸上谈兵，而是非常实际地摆在了中学生的面前。写作作为考查学生语文综合能力的压卷题，时至今日，它所涉及的内容已经大大超越了语文能力本身的范畴，它要求学生具备全面发展的素质，特别是要求学生应具备创造性的思辨能力。可以说，在写作中培养学生的创造性，已经成为当务之急，而这种创造性的写作，不是一蹴而就的，它的前提必须是学生具备恒久的兴趣与热情，归根结底，它离不开语文教师对学生的殷殷期待、殷殷鼓励！

写作，期待鼓励！

♪ 音符 11　多一些阳刚气 ♪

想起 1998 年的全国高考作文题“坚韧，我所追求的品格”或“战胜脆弱”，十分赞赏命题组专家们对当前中学生心理的准确把握，专家们对中学生坚强性格的关注也代表了上一辈人对下一辈人心灵软弱的矫正。当前中学生，在家庭中大多为独生子女，家庭和社会提供给他们最多的是幸福和温暖，它带来的消极作用直接表现为外在成人化、心灵幼年化，往往经受不住生活中的磕磕绊绊。表现在作文当中，往往呈女性化的特点，动不动就哭，进而形成了校园中的伤痕文学。

在这种大背景下，我们提倡学生在作文中多一些阳刚气，少一些矫情与婉约。所谓阳刚气，是说文章要有坚硬的思想、闪光的见解以及乐观豁达的个性。很长一段时间，我们主张文章以情动人，这就使得一部分同学有恃无恐，这也使得另一部分同学把林清玄、席慕蓉、尤今、刘庸等人的一些小本子奉为法宝，他们很擅长于从日常琐事中寻找一些点点滴滴的幸福与感动，毫无疑问，这是值得肯定的，但是如果学生长期受到这种文章的影响从而使得我们的文章主流趋于婉约化、女性化，这恰恰是不适宜中学生个性化的写作的。我们提倡文章以情动人，但我们决不因此否定文章的理性美和阳刚气。相反，那种烦冗的叙事抒情，往往在那种入微的洞察、深邃的理念面前，更加显得高下分明。

多一些阳刚气，是说在社会生活中多一些责任意识，在品性修养上多一些理性意识，在待人接物上多一些个性意识。即在做人上要拒绝平淡选择激情，在作文上要拒绝平庸选择个性。那样，我们的文章才能以情感人，并能够以理服人，真正达到感染人的效果，这也是写作的最高境界。如果我们心性脆弱，而为了写出较好的作文，不惜婉约悲伤之能事，不惜盲目模仿，甚至始终在别人的作文上变通，或者说只是在变通别人的材料，久而久之，我们必将失去自己珍贵的阳刚气质，也失去了个性，更谈不上创造性思维了。这就涉及一个作文的引导问题。从学生方面说，一是要加强品德修养，多读多思多体悟，努力提高自身的素质；二是要端正作文观，把作文当作展示自己个性的舞台；从教师方面说，要加强作文理性方面的引导，让那些敢于发表自己见解、充满阳刚气的作文真正占据应有的位置。唯其如此，我们的作文，才能够逐渐形成自己的风格，也才会出现百花齐放的局面，而不是受内外环境的影响，使得学生作文呈现一边倒的趋势。

♪ 音符 12 诠释“淡化文体”♪

纵观近三年来的高考作文，都对文体没有做严格的限制，考生可以根据自己擅长的文体做自由的选择。在 2000 年全国高考的优秀作文中，还出现了戏剧与诗歌等文学体裁的作品。在我们所进行的高三作文复习备考的过程中，要求学生灵活使用表达方式，学着写思路开阔、见解新颖的散文文体，已成了公开的秘密。因为叙事散文、写景散文、抒情散文、哲理散文已经巧妙地涵盖了传统的三大文体（即记叙文、说明文、议论文）。在具体的操作过程中，学生更乐于接受这种形散而神不散的思维方式。

如果我们把中学生传统的三大文体直接当作高考作文可供选择的文体，很显然是一种狭义的理解，因为单纯的记叙文、说明文或议论文已无法真正切入高考作文中所提示的诸如编述故事、抒发情感、展望前景等重要的写作内容。这也解释史绍典先生为什么将一篇由通讯报道串联起来的高考作文当作优秀文章且放在优秀作文集的首篇位置——他的用意了。

仔细研究近几年的高考作文题，结合当前推行的素质教育，严格地说，学生在选择文体时，本身就在进行创新。综观我们的作文教学，从小学、初中到高中，学生们十几年都在围绕传统的三大文体作文章，不可否认，三大文体完全掌握十分有助于学生的母语交际水平，但我们也大可不必对学生的作文水平如此地丧失信心，也大可不必对我们的作文教学如此地悲观。我们竟然在他们进行重要抉择的时候，也不给他们一些自由选择的机会。

素质教育理念认为：面向全体，正是面向有差异的每一个个体，根据不同学生的实际，促进他们全面发展，就学生个体而言，指的是“一般发展”与“特殊发展”的统一；就群体而言，指的是“共同发展”与“差别发展”的统一。高考作文命题是面向全体考生并让每一个考生有话可说的，但它更应是有利于高校选拔人才的命题。因此，高考作文越来越注重文章的语言与思想，并直接把它们列入在了发展等级里面，而对文章体裁的选择，就不仅仅局限于传统的文体，甚至容许学生写成文学体裁的样式，以便学生更好地展示自己的写作才能。

需要指出的是，对于绝大多数同学来说，在平时的训练中，仍然要加强传统文体的写作，加强各种表达方式的训练，只有将这些基本能力、基本文体训练到位，我们才能最终灵活自如地选择各种文体，甚至文学体裁，进而写出高水平的文章来。

♪ 音符 13　作文教学也要立足于学生的 40 岁 ♪

现代教育理论认为，教育要面向全体学生，要牢固树立学生终身学习的观点。有些专家甚至明确指出，中学教育要面向学生的 40 岁。而作为能够充分体现学生创造能力的作文教学，在这一点上更应责无旁贷，更应充分承担起面向学生 40 岁的使命。

而在传统的作文应试教学中，我以为至少存在着以下几个方面的不足。一是在教学对象上存在局限性。作文应试的主要特征是选拔适合教的学生，而不是根据学生实际情况进行创造性的教学，所以一些智力稍弱或者一些善于奇思怪想的学生，常常被冷落了。二是在教学内容上存在片面性，作文应试直接造成现在怎么考就怎么教、怎么教就怎么学的现状，尽管有时作文教学内容本身是全面的，但教学时已把那些不考的内容自然地放弃了。三是在教学过程上的表面性，作文应试只注重学生的应考能力，所以作文教学的过程缺乏应有的深度，殊不知作文素质的培养是寓于教学过程之中的，因此，作文应试是肤浅的表层教育。四是在教学效果上存在虚假性，为了应考而暗度陈仓，用教师的能力代替学生的能力。教师编了很多作文应试训练，让学生训练，最后再去应付考试，因而，以分数为唯一标志的评价标准不能科学地评价学生的作文素质。

众所周知，中学阶段是学生身心全面发展、突出个性的黄金时期，应该重培养，轻评价。对于中学生的作文，尤其应该如此。客观上来说，在中学阶段，真正准确地衡量学生的作文能力是为时过早的，也是不切实际的。在这一点上，高考已经在起着较好的导向作用，确切地说，发展写作能力其实就是提醒我们要注重学生的写作潜能，给他们提供一个宽松的发展机会。

所以我们不妨把中学生作文教学立足于学生的40岁，从关心学生的人生入手，在素质教育的背景下，大胆地抛弃作文教学中急功近利、杀鸡取卵的做法，让学生真正在一种宽松、切实的作文环境中去把握它，并让他们进一步认识到写作是自己今后甚至是终身必需的，认识到不论自己将来从事什么职业，高素质的人往往是离不开文学与艺术的。也只有这样，我们才能从根本上解决学生对作文感到头疼的偏见。而作文教学，也必将进入一个全新的视野；作文课堂，也必将重新焕发出生机与活力！

♪ 音符14 不得不说的话 ♪

喜欢读学生这些清清爽爽的文字，也常常感叹于这些语言的魔方竟具有如此奇妙的魅力：它们一律朴素而又奢华，一律沉没而又张扬，一律笨拙而又空灵，似乎无从使用比喻来将其形象化。但我明白，这些有鼻子有眼的文字，分明折射的是一些可圈可点的心灵，而在这些密密麻麻的字里行间中，也一定潜藏着一个个鲜活的身影，他们在广袤的文学原野不辞劳苦地播种耕耘，头顶一轮烈日，挥汗如雨，来不及细细品味身心的疲惫，手捧一把泥土，心中涌动着庄稼人一样的虔诚。

我不能给中学生的喜怒哀乐做一个准确的注解，但我明白他们每一个笑容每一滴泪水，都因真实而有分量，都因文字的幼嫩而有力度。当心灵的负重或灵魂的出窍化为一片文字的汪洋，我便不再漫不经心，一种如同身受的感觉顿时在心中密密泛起。是的，中学阶段的心情是因人而异的，唯其因人而异才变得丰富多彩，当一位学生毫不保留地把自身真实的感受精心地涂抹成文字，并怀着非同一般的心情为此而等候，作为一位教师，我除了尊重，已别无选择。

因为无法给每一个成长的心灵一个准确的定位，所以我无法准确地评价每一颗文心。我置身于年轻的人群，仿佛置身于绚丽的花园，当我欣赏于满目的繁花，却更怕一双大脚踩伤足下的小草。我深知，文学的花园是不能用一把大剪进行修整的，所以我只有借一台质量并不好的照相机，在光线及其对比色彩并不强烈的背景下，进行写真式的拍摄。请不要认为我冷落了你这边的风景，也别认为我工作的敷衍，其实在我脑海的记忆胶片中，就有你那动人的一幅，我会将它珍藏，并始终在寻找最精美的画框，以期在某一休闲的时刻，将它们从容地展示于你我心灵的宽大平台。

文学的寂寞铸就了永远的朋友。我的一位大学同学，是学友也是笔友。毕业后过了四五年，我早已因工作繁忙淡忘了，有一天他却千里迢迢乘车过来看我，而见了我的面，只淡淡地说：路过枝江，顺便过来看看你这位笔友，想你啊。其他的寒暄话我已忘却了，但这句话及这段友情却成了日后劳累工作之余最令我感动的回忆。真的，在茫茫尘世间、在纷乱的生活之余，文学的交流是最珍视的，文学的朋友往往也是最不计得失的。

所以我由衷地尊重学生的作文，我希望更多的学生拿起笔来，用真实的感受记载下自己人生中这一段最为美丽的风雨历程，别抱怨自己会相形见绌，也别抱怨自己的才疏学浅。在文学的领域里，曾经有一个老头是专门卖大碗茶的，曾经有一个年轻人是专司手术刀的，而前者是蒲松龄，后者是鲁迅。

第二章
师者情怀

章节导读

“怀着一颗心来，不带半根草去。”师者对教育富有情怀，除了具备炽热的教育理想、追求及与之相伴的责任与担当之外，还应对教育具有深切的无私的爱，爱他的课堂，更爱他的学生。本章节，从诸多能体现师者情怀的文字中，以评价学生给笔者来信的角度，抽取了有代表性的一些音符。希望读者朋友，能从这些真实的师生碰撞中，真切地感受到师者情怀的意义。

主旋律：让我凝视你的眼睛

在这寂静的夜里，请让我凝视你的眼睛。你这黑黑的眸子，总在闪烁着迷离的光。

眼睛是一种归结的方式，就像那只秋天的蝉，会选择停留于疏朗的虬枝；就像那条游弋的鱼，偶尔会在头顶上，翻出一个美丽的水泡；就像这朵婀娜的花，总会衬着身边的小草，画一道迎风招展的弧线。

这一刻，我凝视你的眼睛，却像凝视我自己一样胆怯。我怕一不留神就会误读，你与这个世界是多么的休戚相关。你在变化，就像此刻我始终在搜寻一个最准确的词语来形容你的眼睛，就像你一低头我会发现你的笑脸上原来淌着不为人知的泪水，就像这黑夜突然也会出现白天一样的明朗。我真的担心我面对你的眼睛时会理屈词穷，因为我不可能感应时间的维度，更不能将你的寂寞、你的忧郁、你的快乐、你的愉悦、你的激昂精确到只用一个词语就能精华尽现。我也在变化，当我坐在你的面前，当我吃着冰激凌或者苹果沙拉，或者喝着金黄的威士忌，我发现自己像一只鸟，双翅在不停地策动空气；又像一片云，在海蓝的底色上忘我地抒情；更像一条水草，总在诗人般地摇摇晃晃。我真的不喜欢游动，这是时间的趋同再次给我们造成的错觉，让我与你匆匆相遇，以至于你的眼里有一种迷离的光线，这对你我都不公平，真的。

但是我又是如此在意你的眼睛，我想以这种并不高明的方式切入，去解读一个碧水蓝天式的纯粹的你，就像产房里的妈妈想知道自己的孩子刚出生时为什么要哭那样天真，就像田野里的老父亲想亲自去掂量掂量果实的分量那么惬意。你是否能把你的眼睛抬高一些，好让我静静地看看你，我希望我能够通过你的眼睛，去怜悯一种不幸与伤痛，去扶植一种幼嫩与渴望，去排解一种怨情与纠葛，去安抚一种郁闷与艰难，去发现一种恢宏与博大，去体味一种宁静与潇洒，去感受一分谨严与聪颖，去把玩一种打拼与搏击，去沉吟一种热烈与诗意，去思考一种方正与智慧，去碰撞一种理念与思想，去共享一种鲜花与掌声，去聆听一种志得与骄傲，去共拥一种美满与幸福，去怀念一种痕迹与色彩，去畅想一种价值与人生……我只想让你知道，我的眼睛上面的镜片，堆积着满眼的真诚；我的心里没有火炬，却有永远的烛光，常常在那样一片莽莽的原野，在没有人知晓的心迹最深处，在蒙昧无知的最源头，它就童话般地变成一颗最明亮的星星，在那样一些喜和乐、忧和伤、苦和痛交织的日子里，会被粲然地点亮！

我不能拒绝你的眼神，因为你把我称作老师，就让我们选择一个既定的时间一处别致的空间，让我们把身边都摆满温情的康乃馨，还有那摇曳的满天星，让我们好好看看此时此刻的彼此，最好能让我感觉得到你心里的跳动，最好能让我透过你的眼神，看到黑黑的眸子后头，有着怎样一份澄澈的心空！

如果你是一个垂髫少年，我就用热切的眼光凝视你！

如果你是一个蓬勃青年，我就用“爱”的眼光凝视你！

如果你是一个苍髯老者，我就用温暖的眼光凝视你！

第一节　分享艰难

♪ 音符 1　对不起，我不是故意的 ♪

做一名老师真好！这是我在湖北入党前校长找我谈话时说的。

其实我 2007 年就可以进入行政部门了，当时市里的组织部已经进行了个别谈话，对家庭情况再次进行了调查。但是在给组织部回话的最关键的时刻，满脑子充满了对学生、对教师这一职业的留恋。最终，我没有选择从政，如果从政，我其实在毕业时就可以进入政府部门的，那时准备去报社做记者，也是在难以抉择的时候，我的母校突然给我电话，要我去上班，当时我没有怎么犹豫就去上班了。

别认为我这样做很傻。

周德富老师当初曾对我说，教师是一门情感活，很多老师做得并不潇洒，是因为顾忌太多，或者不专注，你是行的，你有功底。周老师也是高中语文特级教师，现在已经评为副高了，当时在我身边工作的，还有校长朱政文先生，语文特级教师；有曹书德老师，现在是湖北语文名师，特级教师；有语文特级教师孙发斌先生（三峡大学的副教授）；有语文特级教师周世忠先生、语文特级教师陈耀文先生，这是非常巧合的，因为这六位语文特级教师都曾在一个学校辉煌过，而我，就做了这所学校的一名语文教师！

我是幸运的。

我常常对学生说：做教师真好！别看他们的工作很累。但是想想，做什么工作不累呢？经商的风里来雨里去；从政的表面风光，难免明争暗斗；做公务员，接触的都是社会人……唯有老师，春花春雨春风春意，一辈子青春满面，一辈子青春不老，一辈子青春无限。我曾写过一篇文章，叫《一路上有你》，我说“我深谙教书育人的要义，在勤勉的工作中懂得了培育花苗的艰辛与喜悦……因为有你，我可以素面朝天”。

前几天，我跟高三的几个同学在一起聊天，我问她们将来准备做什么？不料她们不约而同地说：“做一个语文老师！”我问为什么？她们说：“胡老师做语文教师这么潇洒，我们也想！”我哈哈一笑，说：“做语文老师首先就要耐得住寂寞，做一名好的语文老师，尤其要耐得住寂寞！”她们笑着说：“做一个让人敬佩的语文老师，再寂寞也值得！”我报以会心的一笑。

我想起了陈×菊，这个写得一手好字的女孩儿，这个考取了华中师范大学的女孩儿，现在已经追随我的足迹走上教师的工作岗位了，她是虔诚的，也是认真的，她到了浙江，那个让我无比羡慕的江南。前一段时间，我看她的博客，很有感触，还专门下载了些她的工作手记。我想，三五年后，她就会在浙江有个位置了！我依然保留她寄给我的一封信，记录了一段宝贵的心路历程。

附：华中师范大学学生陈×菊的来信（节选）

高中那段时光，您对我的影响是很大的。从来没有一个老师像您那样给我们认真、细致、全面、系统地上作文课，它让我的写作从小学生水平一下子提升到中学生水平，这可是一个质的飞跃哟！您总是想方设法地为我们搜集作文材料，让我们能够在作文中运用自如。毋需多谈，您的语文课当然上的是生动而有意义的，尽管高三的语文课本身就是枯燥无味的，但您却能够使我们高度集中精力，以饱满的热情和昂扬的斗志上好每一堂语文课。记得那时，我的语文客观题老是做不好，您找我谈过几次话，给我讲应试技巧，鼓励我，让我重新燃起自信心。尽管后来我的高考不是特别理想，但语文却最有成就感。我依然得感谢您。

现在我们每天都军训，时间安排得满满的，早上6：00就起床，6：30集合，7：00—8：00吃早点，整理内务，再就从8：00一直训练到11：30；下午2：30又集合，训练到5：30，6：30又集合到8：30。晚上还得写稿子，洗澡，洗衣服，我们宿舍楼条件不那么好，一层楼才8个洗澡间，每天要等到晚上10：00才有我的位子洗澡，这样一来要十一二点才能睡觉，早上6：00又起床，所以我总感觉睡不好。说实话，在军训中倒不觉得很苦，可能是因为高中时经历过一次吧。我只是感觉人很疲惫，想睡觉。现在还没有发教材，也没有分班，除了军训便感到很无聊，白天时间又排得满，尽管武汉的同学有很多很多，但我没时间与他们相聚。只有晚上8：30以后才可以和同学通通电话，写写信。我总感觉那个时刻真的很幸福。

♪ 音符2　因为爱着，所以记得 ♪

“你的每一个学生都值得你去爱。”这是全国优秀班主任、全国模范班主任任小艾老师说的。那是2006年的夏天，在湛江一中的洁华楼前，我跟她合影时，她笑着跟我说的。

任小艾的微笑很美，是那种发自内心的笑。相较而言，顾之川先生就严肃一些，他在和我们座谈的时候，显示出对他主编的人教版高中语文教材的担忧，我跟他说，2004年我上你的教材，带的是四个班的语文，你怎么想？他战战兢兢地问，真的？我说是的，你的教材我正组织学生进行探究呢。这时候，他才露出微笑。

爱，对于一个老师来说，是多么的重要呵！

任小艾老师现在已经不做班主任了，但我也可以想到当初的她是怎样不知疲倦地付出的。我想起了江苏的熊老师，作为语文名师，却对班主任工作情有独钟；还有36岁的语文特级王君老师，班主任手札写了一篇又一篇，事无巨细。这两位老师，我是最近才关注的，常常看她们的博客文字，觉得很是汗颜。她们的“爱”，是不能用时间阻隔的，可以细化到班主任工作的每一个细节，她们的学生，应该也是倍感幸福的。

因为爱着，所以记得。

董杰考取的是武汉化工学院（现为武汉工程大学），现在已经在深圳工作了。我关注这个学生，是因为她教育了我。那是2001年一个高二的晚自修，中间下课了。她在电话厅里给她爸爸打电话，我刚好路过，她给她爸爸说了些什么，我不知道，但我无意中听到了这样几句：爸爸，天气现在转冷了你要穿上那件保暖的大衣，呃，就是妈妈昨天找出来的。还有，你的烟我藏起来了，因为我不喜欢一个有烟味的爸爸……当时我就想，这个爸爸太幸福了，而作为她的老师，也应该是一种幸福吧！

师爱是什么？我曾写过一篇文章，那是我写给自己的高中老师的。我说师爱是最不计成本、最不计报酬、最不能衡量的一种爱，这种爱微观到言行，中观到管理，宏观到灵魂，它无处不在。我也曾写过一篇文章《让我凝视你的眼睛》，有几句是这样的："我只想让你知道，我的眼睛上面的镜片，堆积着满眼的真诚；我的心里没有火炬，却有永远的烛光！"这篇文章后来发表在2004年的《北京教育》上，我想，任何一个真心付出过爱的班主任，都是一个出色的抒情家！

如果你想做一个有真趣的老师，那你就去做班主任；

如果你想做一个有滋味的班主任，那你就去付出爱！

这是因为，

最有效的共鸣方式，是爱！

附：武汉化工学院学生董杰的来信（节选）

在我的印象中，这应该是我写给您的第二封信，我清楚记得第一封信是我打着电筒躲在被子里给您写的，而且还是写在高考倒计时手册的本子上呢，现在想来，这一切都离我那么近，仿佛就在昨天，可如今，我却再也没有这个福分坐在您的课堂上听您讲课了。

虽然高考我考得不是特别理想，但毕竟还是上了一本线，现在这所学校读书，心里还是有那么一点自卑感，前些天，班导师找我谈心时说这学校马上就要升为一类的，所以四年后当我毕业时，我拿的将是一类大学的毕业证书，这于我应该算是不幸中的万幸了吧。来学校后，我的父母、姐姐还有高三时的同学不停打电话来给我加油、鼓劲，我自己也一直在努力，所以取得了一定的成绩，现在一一向您汇报。首先是征文竞赛，我们学校今年出了一个英雄烈士许志伟，他已经拿到了华东理工大学硕博连读的通知书，但是在暑假的7月15日，他因为救三名落水少年而英勇献身。学校就这件事举行了征文比赛，我投了一篇稿，得的是一等奖。其次是演讲比赛，同样是关于学习许志伟精神的，我在大一年级组得了一等奖，获得了一本荣誉证书和奖金100元，因为我表现好，团会把我推荐到了演讲竞赛组里，和大二、大三的学哥学姐们竞赛得了二等奖，再次获得了一本荣誉证书和奖金100元。因为这些成绩"技团会"看中了我，让我担任团委宣传部的部长，随后，班导师和同学又推荐我进入党训班，如果成绩优秀的话，可能在大二下学期入党。最后就是期中考试，我的成绩位于班级第二名，在我看来，这个名次很不错，所以我会更努力学习的。胡老师，以上这些成绩的取得为我在大学里起了个好头，给我增添了无限信心，那么，这一切是恩师您赐予我的，在高三时，我有幸成为您的学生，在您的指引下学习语文。高三那一年，您更是给了我无限的关怀，使我对语文学习产生了较大的兴趣。不仅如此，您还任命我为班长，虽然我没有做出什么成绩来，可您教我懂得了很多工作经验和一些为人处事的原则。我做错了很多事，不管您曾怎样批评我，我心里都十分清楚。胡老师做的每一件事都是为了我，如果不是为我担心着急，他是不会管我的！因为我相信，您的管教于我是一种福气，一种幸运。

来学校时，我把您写的《那一年……》也随身带上了，没事的时候我就常常拿出来看，读一遍，我就想您，想同学一遍，那每一句话，每一个字都会勾起我深深的回忆。有一次，寝室里的姐妹们也嚷着要看，我答应了，并给她们讲了有关您和每一个同学的点点滴滴，《那一年……》只有我才能体会里面包含着一位慈父般的老师对他的每一位学生的爱恋和不舍。室友们听了都不相信："不会吧，你高三居然还有那么好的运气碰上这样好的老师和同学?"我说是的，我永远不会忘记那一年高三（12）班的辉煌，还有那一年发生在高三（12）班里的每一件事。

♪ 音符3　清华学生的感恩 ♪

我一直坚持认为：感恩是一个学生（或者说一个人）最为珍贵的品质。一个具有感恩情怀的人至少是一个善良人，一个善良人在竞争社会也许并不一定有利，但是，一个没有感恩的群体或者说一个没有感恩精神的民族，是非常可悲的。

我常常说：在人生的道路上，有人帮你，是你的幸运；没人帮你，是命运的公平。并不是每个人生下来都会有人帮的。我们既然有这么多的老师、同学帮助，有这么好的条件让我们专注于读书，为什么还整天愁眉苦脸、怨天尤人呢？是不是我们的生活太优越反而更加麻木、冷漠呢？如果说，中国的文化传统是以"仁德"为主线的，那么我们身上为什么却出现了可怕的断层?！这样，未来的我们怎么立足于世界之林?

感恩是一种仁德，也是一种慈悲。由慈悲我想起了中国的慈善事业，各种慈善基金会林立，却应者寥寥，更多的是港澳甚至是台湾同胞、海外人士，大陆并非没有富翁，这一点在中国银行的个人存款就可知。在中国，大学生徐本禹到贫困地区支教，就被评为了感动中国的十大人物之一，而在西方，这种现象其实是非常普遍的，甚至连王子也要服兵役、上前线。学生时代就缺乏感恩情怀，就别指望他们在成年之后能给社会带来什么仁慈关怀！

感恩之心对于中国的独生子女来说，其实是需要一定的灌输，有时光靠孩子的良心发现、动恻隐之心是非常困难的。家庭、教师、学校、社会都应该担负责任。别把感恩放在口头上，而应该像考取了清华大学的顾俚那样，他阳光，聪明，具备了很多学习上的天赋。但是，他并不是一个冷漠的狂热学习者，而是一个非常懂礼、关注集体和学校的人。我在高三时才接手教他，据说他高二时就因为学业成绩而全校闻名，我以为他是一个心高气傲的家伙，哪知第一次见面我就彻底地改变了看法，我想，像顾俚这样对老师如此尊重、对同学如此热心、在学业上如此出众的孩子，在当今社会，真是太少了。

现在他又给我写来了信件，把当初老师对他的关注一一罗列，我感到汗颜，这是因为很多事情是作为一个班主任应该做的，一个孩子把别人本应该做的当成珍贵的回忆，并用白纸黑字写出来寄给他的老师，对他的老师表示真诚的感谢，我觉得这不是我高三一年就让他有这种感恩心情的。我想，一个品德优秀的孩子，首先应该来自家庭，其次才是学校和社会。我高兴，是因为他终于进入了清华大学；我担心，是因为我们现在的家庭、学校和社会，到底会花费多少资源用于培养孩子的优良品德？

所以，作为一名教师，我始终告诉学生，感恩，先从责任感开始。

附：清华大学学生顾俚的来信（节选）

人的一生就是无数个这样的过程，一年一年串起来，所以现在觉得自己需要做的就是尽量把握自己的人生，做些有意义的事，而不用去瞻前顾后。不管事情结局如何，身处什么样的环境，人总是有事可做的，生活总该是有目标的，就像高三，它的确是枯燥的、累人的、让人沮丧的，但我们仍在为了进理想的大学而努力去做，因而这一年也给了我们一种别样的感受，是一笔其他人体会不到的精神财富，其实苦中也透着甜，透着各种生活哲理，说到这里，真是很感激您以前和我一次次的谈心，让我明白了许多道理，学会了平静淡然，学会了处乱不惊，学会了专心致志、心无旁骛……还记得高考第一天下来，感觉不好，那天晚上一个人在黑黑的街上走了很长时间，心里凉凉的，乱成一团，只有您打了个电话给我，听到您的安慰和鼓励后，才平静下来不再去想前两科。还有前一天只睡着了两个小时，第二天找您时，您轻松地一笑，一句“没事儿”，就给我注了一针特别的镇静剂。在高三的这一年从头至尾，您在我面前总是那么轻松，对我充满信心，给了当时的我莫大的勇气，即使在走进了大学，您对我的影响仍然在我的生活学习中发挥作用，让我处理各种事情更加成熟稳重。

不知您现在工作累不累？在您的帮助下，这么多学生走出家门，放飞理想，您却一直守在那里，年复一年地为我们撑开天窗，露出广阔的天地。我不是一个很会抒发情感的人，面对您，以及高三（12）班各位老师在高三这最困难的一年给予我的理解和帮助，我永远充满感激，还有其他教过我的老师，请代我表达衷心的问候。北京这里有很多大书店，也有卖各种东西的地方，您要是有什么书不好买的话，也许我可以在这里找到。还有，我们去年学的那首歌的歌词我忘了带过来，现在很想唱，您能不能帮忙找一下，如果还在的话麻烦寄一张给我，唱起那些歌，就会想起董班长在前面领着我们唱歌的时刻，回忆起这又苦又甜的一年，谢谢了，找不到也没关系，我寒假再回家取。

觉得还有很多话说，但是，也不知道从哪里说起，还是留着在电话里或者寒假聚会时说吧，写起来真感觉有点词不达意。祝您身体健康，多发表文章，多出版书！

♪ 音符4　严厉的代价 ♪

师爱不同于母爱。

我常常在严厉与宽容乐观之间做痛苦的选择。

有人说，严师出高徒；也有人说，爱学生如子；还有人说，春风教育花满枝。我也曾经在省骨干教师的培训会做了“春风语文花满枝”的演讲，但我是不踏实的，因为我的学生必须在全省50余万考生中竞争，他们的家庭或者家族都对其抱着非同寻常的期待。我得告诉学生要学会去面对，我要告知他们被淘汰将意味着什么。我曾经把2006年、2007年大学生们寻找工作时的茫然与无助制作成幻灯片放给学生看。我说，你们在书本中打拼，要走出一条光彩的人生之路，就必须忍受痛苦的煎熬，像《冲出亚马逊》那样在平时的练兵中九死一生。

不是我“残忍”，而是现实需要我们去适应。

借口好找，良心难受。我清楚地记得一个同事，因为一个同学错了一个不该错的计算题，而在班上苦口婆心地说教情形，说着说着，竟情不自禁地哭了起来。《中国青年报》做了一个问卷调查，身体处于亚健康或者不健康的就数我们老师的比率最高。社会给了教育工作者太多的指责，而最终教师就成了替罪羊。有一个评上了高级职称的老教师在《杂文报》上撰文说，我教书教了这么多年，以为评了高级职称就可以放松一下了，哪知工作更多了，节假日比平时更忙，平时起得比鸡早，现在我唯一想的就是怎么提前离休。母爱是一种无私的付出，而师爱有时就是痛苦的折磨！

你爱学生，你就要学会严厉，作为教师就得把全部身心交给学生。

有专家说：当你想要发脾气时，你先做三个深呼吸，想一想你有没有向学生发脾气的必要。有个教育家说：没有教不好的学生，只有教不好的老师。甚至还有个特级教师说：你作为教师，何必为了点芝麻小事跟学生一般计较？这些我都持不同的看法。别认为我不成熟，因为“教”与“育”是相辅相成的，爱与恨也是如此。对于那些专家学者甚至同行的言论，我只有两种看法，一是他们都脱离了教育战线或者即将脱离教育战线；二是他们不懂中国的教育现实。

他们不知道，一个孩子、一班学生在高考考场上的成功，对于任何一个具有“大爱”精神的教师，具有怎样的现实意义和精神意义！而任何一个抱着某种教育理想的所谓“专家”对一所中学里某个高三教师的言行进行说三道四，又显得多么荒谬！我承认，于漪先生是我们所有语文教师的榜样，她那份年轻的语文心到了暮年越发年轻，她的语文智慧非常人所能及。但是，现实中的语文教师像于漪先生那样有才华的又有几人？能够突出考试重围、在教育教学中独树一帜的又有几人？在高考背景下，在升学率成为一个学校各种考评重要指标的时候，对一个语文教师大谈特谈语文思想，我不知道，这算不算一种奢侈？

严厉源自爱，源自竞争。考场如战场，而高考如平时测验，平时测验如高考。作为李为的老师，我相信她还记得这句话。她考取的是重庆师范大学，也是我以前的语文课代表，她沉稳而儒雅，兰心而蕙质，是我放飞的又一希望。她是一个懂理的学生，在老师曾经严厉的背后，读出了一个老师深深的爱。现在我认真反思我的“严厉残忍”，其实也不外乎是对作业的要求，“语文要么不做，要么就做得彻底”，弄得清清楚楚、明明白白。而他们最终能走进大学，仅此而已。

我在湖北，以为严厉是那些大学生们最终感激老师的重要原因；

来到广东，我却发现我错得有些离谱了。

广东的老师，更不好做。

附：重庆师范大学学生李为的来信（节选）

走过一段路，总是习惯于回首前尘，而前尘也常常在不设防的瞬间奔袭而来，前尘是幅素淡的国画，当你凑近它时，只觉得清淡如水，当走过以后，细细咀嚼，方才品味到它的美丽与苦涩。

高三复习的日子里，心灵是脆弱的弦，最多的音符是痛楚。是您，用看似严厉实则温暖的心带领我们走过那段风雨兼程的日子。从此，这段“心事同漂泊，天涯共苦辛”的日子沉淀在记忆的最深处。深深地感谢您！大学的日子里有点心虚但也充实，于是偶尔也做个清醒的梦，梦中用湿淋淋的苦笑浇灭父母曾为希望所鼓胀的牵挂的心。在混混沌沌地度过初始的两个月后，我渐渐清醒，并立即确定了目标，人一旦确立了某种目标，并且躬身力行于此道，便会对一些草芥琐碎视而不见，目前的我正满怀希望走在新的征程上。日子被悄悄磨掉，心头堆积起自信，长大的是年龄，拥有的还有成熟，您一定为此感到欣慰，对不对？

♪ 音符5　德不孤，必有邻 ♪

孔子说，德不孤，必有邻。是说品德高尚，必然会有追随者。最近再次读《论语》，觉得北京师范大学李零教授的看法很有道理，孔子虽像于丹老师所说的是个不折不扣的布道者，但在孔子自身所处的时代，没有人把孔子的话当回事，尤其是那些秉持着国家命脉的当权者。

我不是孔子，我想说，一些能对人产生影响的言行，得经过时间的淘洗，才会让人感悟到。所以做教师也要危言危行才行。我常常这样认为，一所好学校，最关键的要看它的毕业生在毕业后的可持续发展；同理，一个好教师、一个好班主任，他所教的学生，也要看毕业后的可持续发展。

在我的整个求学生涯中，我记得有很多课上得很好、学识渊博的教师，但这些教师没有给我留下太深的印象。如果一个教师要对学生的未来、甚至一生施加有益的影响，必然要关注德育，要具备一定的、甚至是高尚的道德。陶行知说：捧着一颗心来，不带半根草去。说的是教师的最高境界，他说“千教万教，教人求真”“千学万学，学做真人”，这些话，读一次，就让人震撼一次。去年，李敖作为文化大师到全国几所重点大学演讲，我是不怎么看好的，其实将李敖说成“大师”是欠妥的，包括上海的余秋雨，如果真的上升为“德艺双馨”，那么，中国的大师的确是好当的。想起了巴金，想起了陈景润，他们的去世，几十万人相送，真真让人感动佩服！

“德”是什么？我不敢妄断。作为教师，我只能说什么是属于德的，而师德是无处不在的，想起了我的学生张涌，他最终考取的是兰州理工大学，一所并不特别有名气的学校，但是，张勇依然用一颗滚烫的心给我传达了他的感激之情，并将他在大学的良好开端和老师一起分享。说起张勇，其实从内心深处讲我还是比较愧疚的，因为他的成绩并不好，有几次还是班上的最后几名，对他的教育，我其实花的时间并不多，在为数不多的几次交流中，我着重谈的是一个人的信心问题以及如何面对生活的问题，没有过多的涉及高考与成绩。最后我跟他说：胡哥以前就是一个成绩很差的学生。

我一度把这句话作为我做教师的座右铭：一个好人不一定是一个好教师；而一个好教师一定是一个好人。有些教育，非得醍醐灌顶不可，非得耳提面命不可。最近大家都喜欢看的《士兵突击》，给我留下印象最深的是“钢七连”新兵入队仪式，那种斩钉截铁、那种气宇轩昂，真的能让每一个新兵终生难忘！而我们现在的教育，正在逐渐转向西方那种和风细雨的教育，把它当作一门产业，把学生当成了“上帝”，据说广州一家私立学校的学生指着班主任的鼻子骂：你信不信，我的错误你若追究下去，我依然还会在这里读书，而你，会马上卷铺盖走人！另据，江苏的一个幼儿园的教师竟然给学生及家长下跪……这些，真让我们老师心寒！

其实，孔子说“德不孤，必有邻”是有前提的，当时弟子对他说：“人皆有兄弟，我独无。”这个前提是很重要的，第一，弟子发觉了自身的不足。第二，弟子有取长补短的愿望。我们现在提倡的“为了学生的一切、为了一切学生、一切为了学生”，玩的是文字游戏，是很乌托邦的，是不符合教育实际的，当然也是极不负责任的。如果老师要有师德的话，那么学生也应该具有良好的道德启蒙——也就是“学”德！

比如张涌！

附：兰州理工大学学生张涌的来信（节选）

胡老师，我一直都非常感谢您，无论是在应届时，还是往届。所以我觉得我非常幸运，因为我比其他人都要多一年去了解您——深刻地感受到您高尚的师德、人格的无穷魅力，说实话，我是一个不折不扣的差生，曾让很多老师灰心丧气，但是您没有，您始终如一地关怀着我，无论是我的学习，还是生活。忘不了您在没有人的地方问我，还有没有信心；忘不了您那三张饱含深切教诲的信笺，忘不了您在留言本上深刻的生活哲理……忘不了的还有很多很多，它们都将融进我的血液，陪伴我去书写更充实的人生。

在和胡老师一起的时候，胡老师是一位严厉而仁爱的师长，离开胡老师了，我就觉得胡老师就是一位永远令人难忘的智者，他所做的每一件事，所说的每一句话都能给人以启迪，回味无穷，就像咀嚼甘蔗一样。人的一辈子，能碰到一位能影响自己一生的老师，真是太不容易了，然而，我遇到了您，所以我觉得我已经很幸运了。

♪ 音符6　领取而今现在 ♪

距离产生美。

或者说，人总是恋旧的。以前认为不那么美好的事物，也许这些事物对于自己的人生一点儿也不重要，可一旦经过时间的洗礼，我们会惊奇地发现，就是这些不起眼的小事物、小细节，此时却成了最美的追忆，甚至在自己的心中被永恒地定格，成了自己人生路上最珍贵、最隐秘的快乐。心理学家认为这是心理距离产生的美感。

在这一点上西方人就不一样，有一个经典的故事是说：有一个西方的老太太住了一辈子别墅，临终时终于还清了贷款；而一个东方的老太太积蓄了一辈子，在临终时终于买了一栋别墅。这个故事展示的是东西方的消费意识的差异。中国人特别恋旧，别墅也是等有了足够的钱才去考虑；而西方人就不同，他们把眼光更多地投向未来，别墅是先住了再说。通过对这个故事的结果来推断，面向未来更有生活质量！

所以人是矛盾的统一体，一方面要开创未来；另一方面也要追忆过去。过去和未来始终在人的大脑里交锋。普鲁斯特写出了《追忆似水年华》，曹雪芹写出了《红楼梦》，好像文学家、艺术家更善于沉湎过去，而科学家似乎更善于开创未来。但人毕竟是随着时间不断变老的，对未来的把握的深度决定了我们追忆的广度，个人生活质量的高度决定了我们追忆的厚度。因此，人要善于着眼未来。

而时下的社会风气不太好。浙江大学的一位资深老教授前不久在一次演讲中感言说：我们中国的大学为什么不能在全球大学排名中靠前，主要就是大学里充满了官僚习气，其次就是一些刚刚有点成就的科研工作者，天天排着队去做报告，从此就不继续做研究了。这种事实，我也有同感。现代人，缺少的就是对工作的定力，或者说执着精神。像北京大学的季羡林教授那样不问功利，甚至主动将自己头顶上的光环摘掉，在这样一个讲求物质利益、浮躁喧嚣的社会里，能做到的人的确太少了。

所以我给余涛同学回了信，希望他在珍惜美好高中生活、高中情谊的同时，用自己的不懈努力去开创美好的未来。大学四年，诱惑太多，各种人生价值观、世界观都会非常真实地展现在每一个学生面前，谁能经受住诱惑，抵御住各种不良倾向的干扰，谁就能在未来生活的搏击场上走得更远，更潇洒！

我也反复地教导我们的中学生们，中国的中学教育是全世界最辛苦的，是真正的人生炼狱，幼小的身心承担了太多的未来砝码。但是，正是这样一种生活，却筑就了人生中最坚实的友谊，成了生命中最为可贵的精神财富。其实，真正有意义的人生，各个阶段都在探索和奋斗，是不能有丝毫懈怠的。既然如此，我们就更要加倍珍视当下！

附：成都理工大学学生余涛的来信（节选）

两个多月的大学生生活后，有很多感触。很怀念高三那一段苦涩的日子，也很留恋那种虽然单调繁忙但心中充满憧憬的生活，很怀念那个您付出巨大心血的高三（x）班，更怀念那个始终惹您关注的104寝室。真的，现在觉得那种全班同学在一起学习其乐融融的情景是一种奢侈。现在虽然也分了班，由于都是自己选老师听课，一个班的同学根本不可能在一起上课，下课之后又都是各顾各的，到目前为止，班上的同学都还没完全认识，还以为上次开运动会时大家坐在一起说说话可以互相认识，令我失望的是我们班的观众席上只有几个班干部坐在那儿，其余的人不知去向。唉，回想我们那时的运动会，是多么热烈与壮观！

原来以为在大学时可以轻松一点，其实并不是这么一回事，在大学里我们接触到的知识更为广泛，如果你想去学习，就要去充实自己，一刻也不能轻松，感觉到一天到晚有做不完的事，但是，如果你不想学，也可以很轻松，因为有很多空余时间，上不上课也没人管你，你可以尽情地玩。但如果一个人真正地对自己负责，他不会那么无休无止地沉迷电脑，也不需要别人监督自己来学习。很羡慕那些成绩优秀、素质高、能力强的师兄师姐。但也许是与生俱来的惰性改变不了，有时上课会迟到，有时上那些枯燥的政治课时会打瞌睡，有时想到今天下午一定要去上自习，结果却打了一下午球。当我在众目睽睽之下走进教室，多希望能有一个熟悉的身影，将我挡在门外；当我在课堂上昏昏欲睡时，总想看到您的目光，让我睡意全无……大学里也有许多负责任的老师，教我们“邓小平理论”的老师对我们要求严格，有一次我感冒了头痛没去上课，也没有请假，那天晚上他跑到寝室去找我，真是没想到，上课的时候对我们也是苦心说教。不过大学生生活太分散，老师也顾不了那么多，不可能像高中那样，因此，学习只能靠自己。

♪ 音符7　那年第一个给我写信的男孩 ♪

学习成绩的不如意常常让很多学生陷入万劫不复之地。

毋庸置疑，这是一个特别讲成绩的年代。我以前也不是一个优等生，最多只能算作一个中等生，加上几年的班干部工作，在高二时的成绩简直是一塌糊涂，所以很早就明白事理，知道人情冷暖，别人的一点点帮助就特别晓得感恩。记得我高二时期末考试数学课没有及格，觉得特对不起数学老师，就在被子里流着眼泪给老师写了一封检讨，那个数学老师以后就经常鼓励我，我的高考数学成绩竟然考了120分的高分，高考填报志愿，我就毫不犹豫地都报了师范类的高校，原因只有两条：一是我觉得应该像那个数学老师一样，做一个让人终生难忘的老师；二是我觉得学校里像我这样的“落后生”太多，一个好老师，最起码是应该知晓“落后生”的心态。

所以，我对成绩差的学生具有本能的爱护。

魏书生曾经在《班主任工作漫谈》一书里列举了这样一个事例：一个成绩差的学生天天迟到，上午上课经常睡觉，一考试就倒数，再一考还是倒数。应该来说，作为一个正常的老师看到这种情形就够生气的了。可魏书生却说，你以为这个差生容易吗？学习本来就跟不上了，还天天上学，多难熬！上课睡觉，更是蒙受着老师随时提问和自身愧疚的双重煎熬；再说考试，屡考屡败，但还是坚持，需要多大的心理承受力！再想想那些成绩好的学生，考试稍有不顺就吹胡子瞪眼、泪流满面，甚至有的还寻死觅活，多么脆弱！而那些成绩差的学生，依然每天笑容满面，见了老师主动问好的往往是他们；同学有学习以外的困难了，往往他们最仗义。他们也许考不了好大学或者干脆工作，但无论他们以后从政或者经商，绝对不会比成绩好的孬种。魏老师最后说，我们都应该向差生学习。

我是特别信魏书生这番言论的。这也让我想起了李阳，这个生在新疆的年轻人，中学的学习状况不很理想，1985—1986 年高三期间因对学习失去信心曾几欲退学，1986 年自新疆实验中学勉强考入兰州大学工程力学系。大学一、二年级李阳多次补考英语。按常理是不可救药的，但是就是这样一个差学生，为了彻底改变英语学习失败的窘况，开始奋起一博，他摒弃了偏重语法训练和阅读训练的传统，另辟蹊径，从口语突破，并独创性地将考试题变成了朗朗上口的句子，然后脱口而出。经过四个月的艰苦努力，李阳在 1988 年大学英语四级考试中一举获得全校第二名的优异成绩。自此以后，他在全国掀起了“疯狂英语”的热潮，2000 年 11 月，李阳再次回到了阔别十年的母校兰州大学，为母校捐赠了 20 万元设立英语教育基金，比那些“好学生”更风光！

唐琛是我的复读生弟子，经过一年的艰苦磨砺，后来考取了西安理工大学，他具有所有高考失败者的心态，同时也具备有别于他人的执着与勤奋。他对老师的感恩和对那一年复读生活的感怀，都怀揣于心，据说也考取了本部的硕士研究生，继续在书本里打拼。想起了 2002 年的那年夏天，想起了那个明媚的下午，我们在学校的健身房里打乒乓球，唐琛是个左撇子，我三下五除二就把他拿下了。他说，胡老师，我是左撇子打球不行，但我到大学，会用右手第一个给您写信。

果然，在 2002 年的那个班，唐琛，是第一个给我写信的学生。

附：西安理工大学学生唐琛的来信（节选）

其实我是在无奈、彷徨和失意中去补习高三的，因为我觉得不应该是那样的，我现在仍清晰地记得复读高三的第一个月，我没抬起过头，因为我害怕见到许多老师那失望的眼光，但我非常幸运地遇上了您，和我拥有同样经历的您，可以说，在高三的一年中，您和董广芬老师给了我奋斗和再一次站起来的勇气，我从小到大，一帆风顺，我无法承受失败的现实，我承认我高三的第一个月都是在回忆中度过的，不怕您笑话，我甚至躲在床上哭了好几次，真的，唉，不说了，挺痛苦的。

上次给您打电话，知道您现在又教毕业班，我觉得高三首先得解决心态问题。说实话，高三时每个人都挺努力，都清楚地明白这是自己的最后一次机会，所以心态好的同学往往学习效率就高，而且不易被外界因素所干扰，全身心地投入到复习备考中去。而且，越临近高考，心理压力就越大，常常告诫自己如果考不好就会怎样，或者在心里担忧：“该不会又会失败”等等之类，我起初也是这样的，但后来调整了自己的心态，在情绪不稳定时，就自己鼓励自己“一定行的”，就这样不断地找回失落的自信。胡老师，我和您虽然只相识一年，但我认为您是对我影响较大的人之一，这是对您的经历的共鸣，对您的人格的崇拜，对您的学识的钦佩，为您的魅力所折服。

♪ 音符8 分享艰难 ♪

自古寒门多俊杰。

刘修是个苦孩子，家境不好，当时考取一中，已经负债累累。但他不向命运屈服，刻苦攻读，终于考取了中国地质大学，在大学里一样勤奋，后来在我的启发动员下，继续读该校的研究生，现在研究生毕业了，前几天与我QQ聊天，说现在有两家单位要他去上班，一家是浙江的一个外企，月薪数万；一个是西安矿业研究所，是国家事业单位。他询问我，去不去浙江？我说，钱是身外的，而事业才是自己的，你看着办。他最后选择了留在西安。他说，我是在西安实习的，这里我有发展空间，领导非常重视我；我若去了外企，帮助外国人套取中国的矿业资源，我办不到。我想好了，我要接着考TOEFL、GRE，今后不但在专业上，而且还能在外语快译领域，都有所作为。您若来西安，我就做导游，天天陪胡老师看古都。

有时我就想，教“差生”、教“贫困生”其实是很有成就感的。

我以前湖北的同事去年带学校的“宏志班”，居然出了个地区状元，那帮学生，特别明白人情冷暖，毕业了哭得昏天黑地，同事说，现在很少有学生这样了，做这个班的班主任，幸福！这一点我有同感，我的姨侄女是2007年考取复旦大学的，她的爸爸妈妈都在广州做教师，家境很好，今年春节，回来时给父母带了两大袋东西——全是待洗的衣服。我认为，现在的独生子女是很难体谅人的。他们反而认为，别人对他（她）的体谅，那才是应该的。

我现在已经是第三年带湛江一中的“奥赛班”了，这些孩子几乎都来自乡镇农村，对人、对老师特别有感情，对学习特别上心，经常要在班上强调别“开夜车”，但还是屡禁不止。现在他们还是高一，就开始给自己制订高考目标了。有的学生，寒假放假了还和高三的师兄师姐一起学习，让人佩服。除了学习，他们在其他方面也不赖，在年级28个班中，广播操比赛、合唱比赛、运动会、军训等大型活动中，都获得了年级表彰，期末的班级综合评比，年级第一，总分高出第二名近50分！这样的班，其实是与这样的学生分不开的。

我想起了2007年我带的高三“奥赛班”，全班64人有62人考取全国重点大学，其中39人考取全国前十的名校，而他们都是来自县市的学生，他们对人生、对挫折有更清醒、更直接的认识，是在摔打中成长起来的未来国家栋梁。家境好的不是没有好学生，但是在挫折中、在逆境中成长起来的孩子，更能担当大任，因为他们知道，要获得成功，就得加倍努力；而成功本身，又是多么的珍贵！那些在城市中衣食无忧的孩子，太一帆风顺了，就渐渐失去了对成功的感觉，什么都觉得无所谓了，这样的民族未来，是让人后怕的。我们真的应该学习日本人、瑞典人、以色列人，看看他们是怎样对孩子进行启蒙和教育的。

我班有个贫困学生叫杨天窦，我的同事给了他大量的资助。我的同事不求回报。只是偷偷跟我说：

“我只想让杨天窦在假日期间带我的小孩回乡下去分享艰难！”

“分享”一词，用得真好！

附：中国地质大学学生刘修的来信（节选）

胡老师，现在我在学校混得很好，学习、工作、生活都非常顺心，只是唯一的缺憾——还没有女朋友，原因很简单，我明白我现在来之不易，从高考至今，我一刻都没有放松过，我怕有人会踩在我背上超过我。每当情绪低落时、不思进取时，我第一个想起的便是您，我珍惜现在我拥有的一切，也很感激高三那一年，您对我这个“差生”特别的关照，一时想不上怎么报答您，我想现在的唯一能做的只能是忘我的学习，前进前进再前进，因为我知道，在我背后有您这样无私的“工程师”暗暗地支持着我，还记得毕业晚会上您的那首《朋友》，您说只要我们有什么问题，有什么困难，您会尽力为我们解决的。

胡老师，如今我也有许多迷茫的地方。比如说专业前途的问题。我很欣赏那些对任何事情都看得很淡的那种人，但如果我是他们的话，我会对世界失去激情，我担心照这样学下去，我会在这个专业上没什么作为。也许我这个担心是不必要的，但我是男人，男人就应出人头地，干出一番大事业，所以现在我准备暑假自学电子的课程，好让我有足够的自信去面对未来的机电一体化。当然我还有许多计划，比如说学习德语、日语并通过英语四六级考试，我还想考 TOEFL、GRE，所以现在我面前是一条三岔路，不知道我该走哪一条好，一条是爱好，一条是事业，一条是追求，虽然有共同点，但发展前景是截然不同的。我太想读研了，我想继续读书，我不想过早地离开校园，去接受世界的考验，我只想再给自己充电，不说为了将来，只趁现在自己有这个精力，多学点！

第二节　桥上刻心

♪ 音符 1　无心插柳柳成荫 ♪

我常常想给原莱写回信，却始终没有。因为做老师的很惭愧，这个女孩子，我关注得并不多，只是在关键的时候说了几句想说的话。她却给我写了这样一封信，拿在手心沉甸甸的，无法忘记。如果说成功，这全归功于“不经意”的教育，或者说“无意识”教育。

我很多学生，跟我讲起以往的经历，总是回避大的宏观的教育情景，而是津津乐道地谈论那些不以为意的生活细节和非常有感触的瞬间，而这些细节和瞬间常常是作为一个老师的我经常忽略的，这就构成了一种关于教育的悖论，从专业上讲，教育是教师的主要职责。而从受教育者来说，常常将感知的视角游离于职业之外，互说家长里短成了一个学生与一个教师最为亲密的象征。我跟原莱的谈话，不是严格意义上的教育，最多只能称为建议，而恰恰是这种建议，让这个孩子永远地铭记了一位老师。

“无意识”教育最早来自父母，最近看 2007 年感动中国的人物颁奖盛典，觉得谢延信的教育是非常成功的，她的女儿的那番话是发自内心的，这也得益于他 30 多年如一日的忠贞与孝顺，她女儿说：我父亲太难了，负担太重了，作为女儿，我只有尊重、孝顺他。好父亲才有好女儿。而教师的“无意识”教育也不容易，前天，一个学生在周记本里说，胡老师，我向您说的关于调座位的事情，您回答的语气好像并没有放在心上的样子，我很难过。其实，我回答的语气随便只是因为上课铃响了，我还要去另一个班上课。但是学生她就不这样想，她总是认为老师是爱她的，每时每刻。稍有改变，就会表现出来。

所以教师应该特别重视“无意识”教育，所谓“无意识”教育，是指在教育主体活动之外，教育者与受教育者双方在教育惯性的作用下，进行的一种不事先约定的、没有明确教育目的和对象的教育。这种教育是衡量一个教师是否敬业、是否优秀的标尺。我一直是很尊敬湖北的宋芳蓉老师，作为一个山区教师，很多时候教育是露天进行的，有时是在厨房，有时是在打柴，有时是在割草，甚至有时是在躲雨的时候进行；一点儿也不像贵州二中的一位 45 岁女教师，教育之外忙着找学生情人，成了我们教育界的又一大耻辱！

所以也期待学生能够心怀感念。不要认为什么都是应该的，家境再好、条件再优越，都不是自己挣来的，对人、对事、对物，都要记得别人对自己的好，常怀一颗感恩之心。记得李丽在诉说完自己不幸的遭遇后，白岩松好奇地说，李大姐，听你讲你过去的遭遇，不像在诉说苦难而好像在诉说一段幸福？李丽说：是的，因为别人都对我好。李丽能够感动中国，就是能够记得别人对自己的好。

教育无小事，所以崇高。学生都在点点滴滴中潜移默化着，所以应学会珍惜，学会感激。当一个老师在不经意间送给你一个微笑，别忘了说一声"老师好"。而若干年后，你在遥远的大学，或者在他乡，或者在异国，你将某一天我们共同的默契形成文字，变成纸片飞抵老师的身边，就变成了一个老师最为宝贵的精神财富，让自己、让他人，都深深感动。

比如这个考取了东北大学的原莱！

附：东北大学学生原莱的来信（节选）

现在已经三月份，高考又一步步在逼近，想起去年，这段时间却是我人生的重要转折时期。也许您作为一位极为负责的老师，已经忘了您对学生做过的那些具体的教育，但是，我却无法忘记，也就是这个时候您让我受到了我一生最受感动、最震动我心灵的教育。

那次是下学期开学以来的第一次月考，我的语文考得极差，只有80分，那天晚上，您把我留了下来，给我进行逐题的分析：为什么会出错，哪方面存在问题……您不厌其烦地讲，而且是对一个在以前的每次考试都不理想的学生讲，每讲一题还归纳出做这类题的方法和技巧，当时的我已经很感动了，末了，您还对我说："作为一个理科女生，语文学不好，其他也就没希望了。你是有能力、有实力学好语文的。"其实，我一直都记得这句话，但我一直都以为这只是一位负责的老师向一位学生所说的一句普通的鼓励的话而已。然而万万让我没想到的是您居然说："这句话是我对你说的第二次，上一次也是在这个时间，这个地方，是在十一月份。"我的内心被强烈地震撼了，听到这句时，我才知道原来您对我一直是怀有希望的，我怎么会让对我有希望的老师如此失望呢？就在那一刻，我相信在我平生所有的老师中找不出第二个有您这样关注学生，而且是关注一个在当时并不优秀的学生。既然我有幸遇到您，我下决心不会让您再失望了，在接下来的时间里，我抓紧时间学习语文，一想到您的希望，我就充满了强烈的动力，这种感觉终于找到了，语文成绩也突飞猛进，相应地，我其他科的成绩也在慢慢进步。这对我是如此的重要，因为在那以前的日子，我的成绩始终徘徊不前，也就是从三月份开始，我的成绩才开始有了起色，完全是您对我进行的那次刻骨铭心的教育。

我只是您众多的学生中很普通的一个，若干年后您也许会忘了我。但我却会时常想起您，因为——恩师难忘！

♪ 音符 2 平等话语权 ♪

其实学生是非常希望拥有平等话语权的。

按社会学家的分析，每个人都是生而平等的，每个人都有说话的权利，一个和谐有序的社会正是依赖人与人之间的思想交流，达成沟通，从而化解矛盾，形成社会平衡稳定的状态。易中天在自己博客里留言："思想和言论的自由是每个人都不可剥夺的基本人权，任何人都不拥有思想和言论的裁判权，都不能因为别人和自己意见不同，就声称或者实际上把对方打入地狱。这是全人类在经过了多次灾难、苦难和磨难后达成的共识，不容挑衅！"这话掷地有声。今天，随着互联网时代的到来，一个开放、文明、民主、和谐的时代开怀拥抱着她所有的社会成员——她要真诚倾听每一个阶层的声音，她要真实了解每一个公民的处境。尽管今天也还有人会把民间话语鄙视为"杂音""噪声"，但这毕竟封锁不住大多数人想要说话的愿望，因为全新的互联网络，是民意表达的利器。据国务院前总理温家宝讲，他经常在闲暇时上网浏览，倾听网民声音，了解社情民意。两会期间，网民通过网络提出了几十万条意见和建议，时任总理温家宝在会见中外记者时告诉大家："我从群众的意见中感受到大家对政府工作的期待和鞭策，也看到了一种信心和力量。"同时他再度公开肯定了这种"民意直达高层直通车"的沟通方式。

在这种背景下，学生话语权尤其应该珍视。在西方，其实是没有严格意义上的教室的，大多像我们的圆桌会议室，老师站在一边加以组织，有的课室，根本就没有桌椅，学生在课堂上可以自由举手发言，教室总是十分热闹而乱哄哄的。民主的思想，其实早在学校里就得到了充分的张扬。而在中国，情形是大不一样的，中国的老师太注重说教，往往把该说的不该说的全都灌输给孩子，老师成了无所不知的神明，担负着太多太多不必要的责任。而教师的全权代劳所形成的学生盲从、依赖心理，已经让很多中国学生产生了心理亚健康或者心理畸形，学生长期缺乏平等的话语权或者缺失平等的话语权，一旦走向独立就意味着被淘汰，因为我们的"孩子"还没有学会独立思考，更谈不上独立面对生活。

在湖北，我常常把自己的教育对象称为学生，而到了广东，大家都不叫学生，反而把十七八岁的学生称为小孩，有点肉麻。现在的娱乐界，二十好几了甚至三十好几了还卖嗲地称自己为男生女生，我是有异议的。其实，我们管得那么多是因为太不放心孩子，可是有时孩子就不领我们的情，有的甚至变本加厉，弄出一些让我们始料不及的事端来，中国的教师与中国的家长，自然成了全世界最无私而又最倒霉的群体。所以我常常把这些大学生的来信念给下一届的学生听，想通过这些大学生的话语去启迪他们的同龄人，少说教，多一些讨论。让大学生成为中学生的“学习伙伴”，进而尽量取代老师的说教话语，这个周洋，语文高考得了128分，源自她的语文见解，要比老师来得更为直接，而这种平等的“生生交流”，当然比老师刻板的说教要好。

一段时间，我想实施开放式的语文学习，希望学生拥有更多的话语权，不料出了很多状况：

教导处主任找我谈话了说：你班的语文考试明显落后了；

学生家长给我打电话了说：我家的小孩不会学语文了；

几个学生开始埋怨我了说：胡老师，你得认真备课，我们做学生的，上课就得听讲。

“听讲”一词，特别耐人寻味！

附：大连海事大学学生周洋的来信（节选）

胡老师，我过关斩将进了院学生会的外联部，还加入了军乐团、海潮文学社、海大青年杂志社，这丰富了我的生活，也锻炼了我各方面的能力，苦恼的是大学居然没有语文课，现在是多么想听一堂您的课啊。您这届的学生和我们往年不一样，他们都是经历过一次高三的人，累积的学习方法和经验很多，我建议大家多和父母老师交流，他们的爱会带给你力量的，而且在与同学的交往中，真诚热情地打开心扉，自然平淡的友谊如水般能滋润你的心田，人是有感情的，在高三，有亲情友情的陪伴会让你把事情做得更好！

进高三了，作文是很需要下功夫的，也要请胡老师的学生都放心，跟着胡老师走，你的作文绝对会得高分的。当然巧妇难为无米之炊，丰富的材料、深刻的见解是必不可少的，这就需要我们阅读和摘抄，我高三定了半年的《中国青年报》，每期必看，上面的很多东西都值得一看，能激活我们的思维，丰富我们的语言，您不妨建议您的学生多看看，还有诸如《视野》《散文》《读者》也都是很不错的杂志。对所获取的东西要能灵活地运用，这是最关键的。（我的高考语文128分）

胡老师，我现在很希望您的学生能理解您，理解您发自内心的一种真诚的责任感和关怀。我们一中在大连读书的人聚了几次，我看到熊英姐了，和她谈及您，都有一种感激与想念之情，希望您一切都好。

♪ 音符3 浙大研究生的曾经 ♪

我想起了我的大学生活。

那天我的父亲送我坐火车去上大学读中文，在专业上，我多次获得了一等奖学金；在文学上，当时是学院文学社的社长；在工作上，我是中文（2）班的班长，学院办公室的主任。大学四年，我没有浪费时光，我的成就是我的父亲当初送我上学时不曾想到的。我大学毕业后，就直接到当时的湖北省重点中学教高中语文，这在当时是分配最早、单位最好的。

大学里是需要慎独精神的。慎独是什么？就是有没有人监督你的时候都要始终如一地去面对学习和生活。没有人监管，还是一味地沉迷，这是考验一个学生最终能否取得成功的一道分水岭。最近我读董桥的散文，读到他写给他子女的信；读巴金，读到他写给外孙的信；还读曾国藩，读到他写给孩子的家书，感慨很多，意识到一些最为传统的教导方式，在现实生活中是多么的重要。

传统的求学方式是什么？是踏实、是勤励、是真诚、是得法、是激情，是始终把持一种严谨的生活态度，是始终如一地坚持。我曾在湛江师范学院（现岭南师范学院）面对即将实习的中文系学生演讲时说："你既然选择了做一名语文教师，你既然爱她，你就要好好地对她。你别对她朝三暮四，不要脚踏两只船。你娶了语文，你把语文当成皇后，你就是皇帝。在任何时候，你就应该像刘清远所认为的：'万物为我所用，达到语文教学的最高境界。'刘清远是谁？广东省第一届语文特级教师。"

做学生当然也应该这样。认准的事情就全力以赴地做，不求样样第一，但求样样精彩。要么不做，要么就做得最好。我曾在华南师范大学做的问卷调查中就"怎样做一个优秀教师"的回答时说："心无旁骛，用一生去做一件你值得做的事情，你肯定优秀。"我是赞成鲍君君的做法的，大学里的各种活动、各种诱惑太多，如果没有发展的头脑、明确的目的，是很容易随波逐流的。能不能认准一条适合自身的道路，在提升自己必要的实践能力的同时，真正做出一番学问来才是关键。

历史学家范文澜在自己书斋中悬有一联，用以自勉："板凳要坐十年冷；文章不写一句空。"现实中的大学，浮躁之气蔓延，这和社会风气有关。现在，网上经常拿大学生说事，什么搞传销的、被大款包养的、在媒体上故意炒作的等，但也不能以偏概全，绝大多数学生依然在象牙塔里刻苦奋争，在没有人监督的时候，依然表现出非常自强的姿态。

中国要成为一个真正的大国，就要有一大批忘我奋斗的精英们，他们知识渊博、头脑灵活、遇事有主见，不浅尝辄止，能够在任何时候、任何地点，发挥一个"主心骨"、独当一面的作用。我想起了方源，凭着高度的慎独精神，现在在浙江大学读研究生。

而她，当时连做我的语文课代表也差点难以坚持。

附：浙江大学学生方源的来信（节选）

学校给我们提供了很好的学习环境，宿舍里每晚十一点熄灯，但教室里24小时不熄灯。有许多学生在教室里待到很晚，只要在宿舍楼关大门之前回去就可以了。我现在每天尽量把时间排得满满的，我们的课很多，不像原来已经上大学的同学们说的那样，我们每天都上四节大课，上午、下午都排得满满的，中午只有一个半小时休息时间，通常这个时候我会在宿舍里，中午休息一会儿，下午才有精神上课，下午课上完了，去食堂吃完饭，再回宿舍收拾一下，六点半之前，我会去教室晚自修，一直到十点半左右才回去，我觉得这样挺好，活得充实一些才会有意义，这里流行一句话："不在空虚中沉沦，就在空虚中恋爱。"我可不想这样子，大学生活并不是不美好，只是没有想象中的悠闲。

高三一年的经历真的让我明白了许多，让我更加珍惜读书的机会，而这些是很多人体会不到的，我想起五月统考结束以后，董老师发给我们每人一个信封，让我们写一封家书，就在那次班会课上，我隐隐约约地听到了不止一个人的抽泣声，后来回寝室才发现大家的眼睛都是红红的。读高三感觉最对不起的还是父母。现在回头想一想，这一年的经历很让人难忘，虽然其中有苦涩、有痛楚。现在这个班上，只有同寝室的一个好友知道我的过去，尽管她一再地对我说："现在没有谁在乎你是否参加过补习。"但是我仍然没有把这个事实公开。我不是把这一年当作耻辱，只是我不想让别人用另一种眼光看待我，我只是想简简单单和大家一样。说了这么多，感觉好多了，已经很久没有把自己的心里话痛痛快快地说出来，憋闷得很，谢谢您给了我这样的机会，因为您不仅是我的老师，您更是我的朋友。

♪ 音符4　快乐的理由 ♪

老师的一言一行是多么的重要啊。

"学为人师，行为世范。"2000 年，我在北京师范大学的教学楼前再次感受到了为师的庄严与神圣。这八个字，涵盖了为师的精髓。当时考取北师大的学生岳雯，活泼而灵性，聪慧而开朗。她是适合做老师的。当时我作为湖北的老师，一直对北方这所师范名校，抱着非同寻常的向往与期待。启功先生是北师大的教授，去世前题写的这八个字，将一代国学大师的风范永泽人间。

我最初做教师的那几年，是在长者的批评中度过的，懵懵懂懂，不过因为勤奋，颇得人缘。我一方面将自己的特长展示给学生，另一方面不断提高自身的业务水平，虽累却终生难忘。对于黄茜，我是很内疚的，因为我只是将我高中的周记借给了他，并没有在他身上投注太多心血，但是没有想到他考取大学了，给我写了封真情信笺。有这样的学生相随，是动力也是压力。

这不比大学，早在西南联大，大哲学家金岳霖先生可以当着学生的面捉身上的虱子；闻一多先生可以叼着烟管上课；朱自清的表达含混不清、啰唆肤浅；在北京，鲁迅不标准的普通话，都给人留下笑柄。现在的大学不同了，老师也更规范。华南师范大学教“接受美学”的教授，课上完了，对我说，老师，借个手，带我去电梯间，我才突然发现，这个教授竟然是个盲人！让我吃惊了好几天。还有易中天，这个略带有湖北方言的厦门大学教授，颇有文化遗风。大学生是不比中学生的，他们有更强的评判能力、识别能力和自控能力。对教师的要求往往也宽松得多。

中学教师就不同了，中学是学生身心发展的重要时期，学生的可塑性极强。对于“玩”语文我有自己的保留意见。“语文味”是程少堂先生提出来的，作为深圳市的教研员，能够每学期给全市老师讲一节公开课，本人非常敬仰。他的《程少堂教育理论与实践探索》正在编辑出版中，他把“理论型的实干家”作为自己的奋斗目标，本人亦非常钦佩。他的经典的公开课，比如《荷花淀》《人民英雄永垂不朽》等，给人留下了深刻的印象。而“语文味”的核心词是“玩”，“玩”虽是一种境界，却有点孤芳自赏的味道，对于学生心志素养的提高，却未必会带来春风化雨的佳效。因为语文，实在承担了太多的育人功能。

我初中的一个化学老师，粉笔字写得非常漂亮，所以他教我们的那一年，我们班在书法比赛中得了集体一等奖；在高中时有个漂亮的女老师教语文，喜欢穿红毛衣，结果搞得我们班几乎每个女同学都有一件红毛衣。有经验的老教师总是说，有什么样特点的老师，就有什么样特点的学生；有什么性格的班主任，就有什么性格的弟子。这话，我信。

所以中学教师简直是育人的化身，没有什么比中学教师更神圣的了。黄茜因为热爱文学，因为喜欢我的文字，进入吉林大学后最终兑现了他当初的诺言，他主办了在内地颇有影响的刊物《花季·雨季》，并向我热情约稿。我当时就高兴地答应了。

我稿子的题目是：快乐的理由。

附：吉林大学学生黄茜的来信（节选）

很容易看出您的周记还有人看过，也许他们跟我一样，知道您是一位好老师。您的周记是我迄今为止看见的对我最有价值的东西，它的出现将改变我今后对生活的态度。我以前接触的书都离我很遥远，那些书有99.9%是我不认识的人所作，我根本不了解他们，只是把那些人的作品当作故事来读，有没有感触我自己也不知，像您的周记，既贴近生活，又写出了对生活的态度，平凡的语言道出了青年人的心声。它对我的鼓动是无法用任何东西来衡量的。

现在回想起来，您对我们说的每一句话都是那么的有分量，而当初我们却毫不在意您的话。您的良苦用心我现在才真正地明白，我想不会太久您就会看出我的变化的。一直以来，我忽视了许多的东西。包括许多关心我的人对我勉励的话语、关心我的人为我付出的东西，还有我自己。任性的我站在镜子旁竟觉得自己的面容很陌生，任性的我以前从不喜欢听忠告的话语，任性的我认为自己才能给自己做选择，任性的我忽视了太多的东西。

可以说我的成长是一帆风顺的。至少社会、家庭没有给我施加任何压力。我是在顺境中成长起来的孩子，我也曾有过小得不能再小的挫折，可这些与您相比，就不算什么了。我所受的所谓挫折是自找的，根本与他人无任何关系。但顺境中成长出的我与逆境中走出来的您也有许多相同之处。比如我渴望我的理想生活，我渴望我能了解的每一个人，包括把我自己都用文字装进我的集子里，我还渴望再创造一个以内地青少年成长为题材的《花季·雨季》。如您所说“实话不如实做”，我想实做，可我又丢不下其他，我只能在日记里记下一个个小小的生活决心。

♪ 音符5　姚静的一件小事 ♪

姚静是我刚参加工作后的第一届毕业生，她的个头并不高，略胖，家住在湖北省化肥厂附近，就在学校旁边。那时候阮丰华做班主任，后来阮丰华到市里组织部从政了，也是和我一起分配来的。与我们一起分配来的，还有教化学的石雪山老师，石雪山老师现在做年级主任了。当时我们三人一起教一个班级，那是在1996年，而姚静就是我们的学生，一个很爱文学的学生。

姚静属于那种重文轻理的学生，看过很多名著，口才很好，很能表现自己。但是教物理的阮丰华和教化学的石雪山就不怎么喜欢她，我们三个老师，当时住一个集体宿舍，我曾经写过一篇名叫《室内邻居》的文章，发表在市里发行量最大的报纸上，笔调幽默，充满调侃意味，那篇文章后来在转辗中丢失了，很可惜。那时年轻，就有很多学生喜欢，阮丰华和石雪山当然是帅哥，他们却反而说我最风光，一开始就有像姚静那样的铁杆粉丝。我说，你们也得努力，别让我们班的女同学全都从文了。

姚静的文字清丽滚热，有时风行水上，有时力透纸背。她写过一篇《小帆小语》的文章，我现在还保存着，她在语文课上学语文，在数学课上也学语文。所以语文出类拔萃。有一次，我们学鲁迅的《一件小事》，找姚静起来朗读，她读着读着就哭了，把大家的情绪一下子就调动起来了。后来，她给了我一沓文章，我一看标题全是《一件小事》，一共五篇，叙述的方式都不一样，但事情的情节都是一样的，我很诧异，她说：胡老师，我为了把记忆中那件难忘的小事写好，我就采用不同的方式写了五遍。说完，眼泪珠子在眼眶里直打转。看着她有点颤抖的身体，我被深深感动了。

我对她说，我一定尽力给你修改。但你必须同时也要学好其他学科。她答应得很爽快，后来这篇文章发表在《小帆文学报》上，我在前面加了长长的按语，对她这种痴情给了极高的褒扬，《小帆文学报》当时是全校人手一份的，学生读后写了很多读后感，都直接或间接交由我阅读，我把这些读后感都一并交给了姚静，姚静从此更爱文学了。她的语文成绩，一直在年级一览众山小。

快毕业了，我跟姚静说，要认真学好其他学科，争取考个好大学。姚静很认真地听着，所有的动力全都在高三一年被激发出来，那样的努力程度是很少见的。其实阮丰华和石雪山包括我都不教她的班级了，她还是经常来找我，有时手里就拿着一本数学书，看到她那样欢欣雀跃的样子，我们都暗暗地高兴。

姚静最后考取了湖北大学，学的是历史专业。这个专业她不是特别喜欢，所以很苦闷。我给她打了个电话，希望她好好地把握。

一路有好学生相陪，生命也无悔。世事无常，阮丰华结婚了又离婚了，石雪山依然光彩如雪山，只有我，一个人流落岭南寻梦。那个姚静，据说已经考取了湖北大学的研究生，毕业了吧。

一晃，都十多年了。

附：湖北大学学生姚静的来信（节选）

胡老师，您是知道的，我一直都梦想成为一名资深的记者。昨天的班会上，班主任苦口婆心地劝诫我们："不论你们是否热爱自己的专业，毕业后，你们中间绝大多数人是要从事教师工作的，做好当老师的心理准备，从现在开始，用一名老师的要求来严格要求自己；如果你想考研，那么，也必须从现在开始着手准备……"

上个星期六，中央电视台著名的记者兼节目主持人白岩松来武汉大学进行了一场讲座。武大的一个同学星期五深夜打电话告诉我这个消息，第二天一早，我就给家教所教学生的家里打了电话，临时把下午的家教时间移到了上午。做完了家教，我又搭了一个多小时的车赶到武大。我见过这样一句话"只要不是置我于死地的，都会使我更加坚强"，现在的我已经不是当年那个小女孩了，对我而言，更多的可能是来自生存期望值带来的压力。我需要读很多很多的书，我还要学很多很多的东西。

胡老师，接到您的电话，才知道您在百忙之中还惦记着我这样一个成绩不好的差生，激动了几夜都睡不好觉。现在，我安静地坐在自习厅里，一笔一画地给您写信，内心满是感恩与不安，感恩恩师的关爱；不安是恐日后姚静终将无为而不成大器，辜负了胡老师一片心意。

♪ 音符6 把心刻在桥上 ♪

一个学生就是一个故事。有时一封信也是一个故事。

最近翻阅卢梭的《两情人·新爱洛绮丝》，全书完全以书信形式为结构，卢梭站在启蒙思想家的角度给我们阐释了世上最纯洁的爱，以及一些捉摸不定的姻缘。翻译家韩中一说：这部长篇能使读者在欣赏艺术的同时，获得人生中难得的才、胆、识。这话我是信的，书信从某种意义上来说，比任何文字都来得真切、直接、坦率、真诚。我喜欢卢梭，不是他的清高，而是他的真诚。

我常常把学生的书信当成一个个鲜活的面孔。有的也是终生难忘的，比如这个考取了华中农业大学的杨春玲，她之所以对一个高中老师念念不忘，洋洋洒洒写了3000多字的信，是对老师充分的信任与感念。当初，她是一个对语文特别着迷的孩子，这个对语文特别着迷的孩子在最关键的时候得到了老师力所能及的帮助，然后她对语文考试就胜券在握了。道理很简单，我却赢得了她长久的尊崇，这应该是做老师最欣慰的了。前几天，文科班的一个学生总有问不完的问题，说实在的当时我有点不情愿，因为我的很大一部分时间被她一个人占据了，而其他的同学想问我问题却没有了时间。不料那个学生晚上给我发短信说："胡老师，对不起，之所以不停地提问，是因为我对语文很虔诚。"我一下子就想到了杨春玲，我为我的不情愿感到惭愧。

这样的学生，我一定要帮她。

一篇《您就是我的永远》的征文，我没有机会读到，但我可以想到杨春玲在写这篇文章时的良苦用意。我有一个博客，名字叫"永远的心心桥"，是专门为学生开辟的，我只想看看，我教出来的学生，在若干年后将会有怎样的发展。老师的一生，其实除了学生就是学生，如果不能和自己的学生产生联系，我不知道，这样的老师又有什么意义。所以，我常常不把教师当作一个职业，而是一种生活方式，或者说是一种存在方式。如此，教师的清贫已经不再那么刺眼，迎接我的始终是满目的繁花，生命从此摇曳多姿，它跨过时代的重重迷雾，优雅成一种始终年轻的美丽！

最近读到大学问家钱宰，他说："何时遂得田园乐，睡到人间饭熟时。"这句话我真是喜欢，充满了禅宗智慧。老师常常被比作园丁，园丁自然离不开田园，钱宰说"一觉睡到饭熟"时，那是何等的惬意，可是老师就是老师，睡不得懒觉，所以常常要自己起来做早餐，所以老师最懂得人间的烟火，所以当我掂量着这一封封的来信，心有千千结。我曾在博客里写道：

一个老师，一群学生，一个叫"心桥"的名字。

生存状态有许多种，我固执地保持着你们当初的原样。你们别介意。

既然我们经历过，那么都应该有勇气去面对。

不为什么，就是希望我们的人生，有足迹存在。

我可能很主观，但是爱的本质是明朗的。

希望我的那些花儿，在若干年之后，能够找寻到她当初的花蕾。

没有很时髦的语言，却字字有声。

没有很时尚的声音图画，但是深沉。

我把心刻在桥上，你从桥上过时，注意把心带走。

附：华中农业大学学生杨春玲的来信（节选）

很长时间没听过您的声音，心里总觉得缺少什么。也许对我来说，您曾经给我的鼓励真正地支撑着我不断地努力奋进，以至我今天回想起来觉得对我影响最大的老师莫过于您了。刚进大学的时候，我们学校有一个征稿启事，关于老师的征文。当时我就决定写一篇，希望征文能获奖，然后给您写信告诉您这个好消息。因为那篇文章是写您的，题目是《您就是我的永远》。可是不知什么原因，学校里的这个征文评比不了了之了，所有的稿件被封存了，一点消息都没有。当初我一直在等，直到一个月后我们环境信息部副部长告诉我征文至今没人评比，我才知道原来那篇文章就那样被无辜地留在了学校。我真的很后悔没有留下底稿，不然可以给您寄回来，那篇文章是我花了好长时间修改了一遍又一遍的，真的很可惜。

现在我正在积极地准备期中考试，22 号开始考，我心里有点虚，因为工作耽误了很多时间，以致学习时间保证不了。有时，宁愿回到高中，那时有老师细心的教导、父母无微不至的关怀，还有同学都能在一起学习。可能您所带的班上有同学开始讨厌紧张的高中生活，您可以把我们的切身感受告诉他们，远离了高中时代，你们就真正开始了一个人的行程，可能你的周围没有那么多的老师来鼓励你，找你谈心，帮你上进；可能你的周围没有那么多熟悉的朋友来安慰你，听你诉苦，听你发脾气；可能你真的远离了父母，没有他们的声声叮嘱，你会觉得孤单无助。一切的烦恼、一切的疲累、一切的心酸、一切的感悟都可能只有你一个人去品味，没有人再像他们一样来耐心地给你意见、给你温暖、给你爱了。而无形的竞争和压力只能靠自己来承受、来面对。我也觉得您可以给他们一点建议，在好好学习的同时，多注意提高其他方面的能力，进入大学才会发现那些是一笔财富，即使还不那么精通但也应该多少懂一点。

现在回忆高中的时候，总有一种失去了便永远找不回的感觉，包括很多，但又数不清。而对我来说，您的教导无疑给了我莫大的支持。高二时我成绩不好，那时您教我，对我的语文成绩给予了充分的肯定。从那时开始，我才清醒过来，为什么自己要那么轻易认输呢？其实当一个老师正在关心你的时候，你就有了一种特别的动力。那时的我下定决心，一定不让您失望。很可惜，我的第一个高三您没有教我，当时我很难过，可我就想，您还在我们这个年级，这就够了。虽然我的第一个高三败得惨不忍睹，可我也觉得是一种福分。因为复读时您又来教我了，那一刻我有了很大的勇气去面临难熬的复读生活。日日夜夜地埋头学习，真的很累，各个方面的压力就这样扛着，然后带着伤痛和希望继续着。高考我没考好，语文成绩也不如意，真的让您失望了。但从另一方面来说，我也因为复读的一年懂得了许多，应该算是思想上的进步吧！有得必有失，失中也有得。

♪音符7　校园文学的温度♪

以前读林杉编著的《一代才女林徽因》，当读到梁思成为了给林徽因看病而当卖派克笔和金表、林徽因带病为梁思成的《中国建筑史》整理资料，并一起在简陋的农舍里办文学社刊的时候，非常感动。他们从抄写、绘图、石印、折页、装订，都是亲自参与，最紧张的时候，连家属和孩子们也都参与了进来。一期刊物漂漂亮亮地出版的时候，就成了他们最快乐的日子。最近再读贾植芳编撰的《中国现代文学社团流派》上下两卷，我亦深受启发。这些代表了先进思想的知识分子，总是不遗余力地找到一个公众交流的平台，随之在中国形成的各种文学流派，亦受到了深远的影响。

中学生的文学社团是不能与之并论的，参加的都是文窦初开的花季少年，远比不上那些学富五车的知识分子，但一腔文情是天地可鉴的。以前我读高中的时候，参加了学校的阿波罗文学社，做的是社长，那时候我们也出版社刊，都是刻蜡纸。每到星期六，我们一伙人轮流刻，一直刻到手心发麻，满手油污。到了大学，我又参加了学院的文学社，最后也做了社长，天天组织社员看稿子，然后一个月评一次奖，用大红纸写了贴在大学的宣传栏里，有莫大的成就感，我的钢笔字、毛笔字还过得去的重要原因，就是参加文学社刻蜡纸、写光荣榜练出来的。

我一直这么认为，对文学的热爱程度，常常可以看出一个学生对生活的热爱程度。一个漠视生活的人，必然行文生涩，情感枯燥，大学问家往往有文学艺术的爱好。作为语文老师，我刚工作的那几年，负责的就是学校的文学社工作，那时候已经流行办正规的校刊，每月出一期，每期10余万字。我们的刊名叫《小帆》，发行量很少，但是影响很大，全国各地的文学社团评比，我们得了“十佳”，我也被省中语会评为优秀辅导教师。我在湖北工作的8年，有人戏说：“胡老师你是八年抗战。”我想也对，点点滴滴，皆是财富。

圣静是我文学社的学生，当时我们文学社有100多人，各年级的人都有，每周两节文学辅导课，包括文学创作、社员讨论、观看视频、校际交流、文学采风等内容，做得非常好，后来湖北省中语会教研员史绍典先生、北京的《中学语文教学》主编史可为先生、《语文教学与研究》的主编晓苏先生、《中学生》杂志的张旭东女士……都亲临学校指导工作。我现在还保存着《小帆》的几本样刊，虽然离开湖北千里万里，但文情依旧，不敢怠慢。

对于圣静同学的这封信，我是最及时回信的。不为什么，就是因为文学。其实，文学社团组织的什么都不重要，重要的是一颗文心。只要有心，怎么做都行。现在的中学生，对文学越来越缺乏热情了，总认为搞文学没有出路，那些即使因参加《萌芽》杂志发起的全国竞赛而进入大学的，后来几乎都远离了文学。好多当代的诗人，都特郁闷，有的甚至自杀了。还有一些作家居然“用身体写作”，“80后”甚至“90后”的所谓作家，带有很明显的网络文学的浮躁感。一个民族，如果淡化了文学，远离了书本，就会变得更加无聊与虚空。

美国的图书馆，据说比政府的办公室还漂亮。

瑞典的小孩、以色列的小孩、俄罗斯的小孩……书是最重要的朋友。

而在中国，许多小孩最喜欢的是智能手机。

附：华中师范大学学生圣静的来信（节选）

我是枝江一中九八级毕业生，几年前我离开了一中，考入了华中师范大学中文系，几年后我和您一样成为一名语文教师，只是在遥远的浙江。刚到学校，校长就给了我一个任务：把文学社办起来，我构想种种方案，很想干出一番事业来，但苦于没有经验，不知从何下手，仅有的一点经验恐怕是当年参加枝江一中的小帆文学社，如果我没记错的话，我读高三那年您刚分到一中不久。作为一名新老师，小帆文学社在您的指导下蒸蒸日上，这是我后来在《语文教学与研究》上看到的，当时我很惊讶，也很高兴，以后每次我翻阅杂志时都会小心翼翼地查看有没有枝江一中的同学发表的文章，每每看到我都觉得非常的高兴，因为曾经我也是“小帆”的一员，您也是我的老师。在短短的几年时间内，“小帆”能取得这样的成绩，恐怕与您的教导是分不开的。今天我写这封信是来向您取经的，很是冒昧唐突，不知您能否给昔日的弟子建议，如何开展活动、如何传授写作方法等，我只知道当年自己上过几次小帆文学社的课，每隔一个月交稿一篇，但具体的运作情况我一点也不懂。对于我们学校而言，一点底子都没有，凡事都要从头开始，而我一个刚毕业的新老师要打开这个局面真的很难，希望母校能给我一点帮助。如果您能帮忙的话，能否给我一些关于“小帆”的资料，或是“小帆”的工作计划表等，当然邮资费我会如数寄给您。倘若，我校的文学社能办起来，我会一如既往与“小帆”交流经验的。

世事难料，我从来没想过有朝一日会成为老师，但依我的性格成为老师似乎是最好的选择，9 月 1 日我就开始正式上课了，心中有点惶惶然，又有些兴奋。在您的记忆中，可能对我没什么印象，但我非常欣赏您的文笔，每次“小帆”出报刊，总会见到您的文章，当时我特佩服：为什么您才思泉涌，而自己总写不出自己的满意之作。或许不久，我会有些感触，但愿有吧！

♪ 音符 8　文心无价 ♪

我培养了一大批爱好文学的学生，方江滔就是其中一位。

我也爱文学。

我在《高中语文新课程写作教学的维度与效度》一书的“自序”中曾经表达过这种心情。当文学不能在我身上得以延续，我只好将这种情结传递给我心爱的学生。《高中语文新课程写作教学的维度与效度》是我的写作论文的汇编，都曾经在省级及其以上刊物发表过，60 余万字，是心血所凝，字字如数家珍。在作文教学这一块，我很欣赏《作文成功之路》的前任主编王浴海先生，他对作文的思考与理解可以通过这本杂志反映出来。我以前不怎么关注这本杂志，引导我关注这本杂志的是周世忠先生，这位湖北的、以作文教学见长的特级教师，2008 年春节前刚好离休，在校园网上看到他的离休教育报告会，他曾在《语文教学通讯》上做封面人物，说“平生总恨才学浅，书窗常焚继晷膏；男儿坐爱十八盘，玉皇顶上风光好”。读着这些句子，我便热泪盈眶！

我对文学的爱好是从初中开始的，没有什么因由，到了高中，整整写了三大本随笔，还专门请班上会绘画的同学进行了装饰，效果很好。最近静读《唐宋词讲录》，发现周邦彦、黄庭坚，包括柳永、李清照等人，文学慧根早现，让人感叹。我没有什么文学细胞，只是爱好而已。到了大学，师从湖北著名中文教授金道行先生，他的两本专著《写作心理探索》与《写作心理探微》，让我终身受益，这两本书都由刘锡庆教授撰写序言，先生现已离休，前段时间还关注着我这样一个流浪岭南的学生，不知先生现在移居北京，身可安好？

有热情，就有效果。语文首先是文学的，文学是需要热情的。解读教材如此，面对爱好语文的学生也是如此。因为热情，所以我一直珍爱着学生的优秀作文；因为热情，所以我始终保持着与学生的文学交流。我高中阶段的随笔，打开了很多喜欢文字的学生的心扉，我常常说：文学好比绣花，有的人一绣就是一辈子，绣出来的花也未必朵朵娇艳。有的人心灵手巧，一绣就是一朵奇葩。而校园文学的绣花人，常常要走一圈又一圈的弯路，有时是拆了绣，绣了拆，最终才合力地绘了这么不起眼的一小朵。但是，就是这样不起眼的一小朵，成了一个文字爱好者最初的骄傲。

方江滔的基础是扎实的，他读天津大学，始终以一颗平静的心去应对，经受住了大学种种的磨砺与考验，最终成功了。想起他中学时的努力和拼搏，那种对语文的执着劲头，常常让老师佩服。文学价值是不能用分数来衡量的，他的方块字、他的文章，成了他大学里的第一笔财富。

真的，在茫茫尘世间，在纷乱的生活之余，文学的交流是最要珍视的，文学的朋友往往也是最不计得失的。

附：天津大学学生方江滔的来信（节选）

一直因为有您这样一位语文老师而庆幸，直到现在，您还细心地收藏着我们高中时写的文章，特别感动。有时候我也在想，现在的平静是将来的资本，现在平静的生活、学习，把知识与技能掌握得精通而且熟练，当毕业时我能拿着一叠厚厚的、充实的、有价值的简历时，那时平静就会变为一种财富。

生活本身就充满了矛盾，有所得就必定有所失，造一方静如止水的心境，还真的需要对性格、情操不断地进行改进，高中时您不仅教会我们求知而且教会我们做人，回想起来那些都是我成长历程中的重要转折，我通过你们的教诲以及环境的熏陶真的改变了许多，现在我还要不断改变直到有一天我满怀信心地走出这大学校门。我还会经常练笔的，虽然目前进展不大，可能是因为我对生活的观察、体味还不够，若您有最新发表的文章，可以寄一两篇给我吗？我很欣赏您的文风以及文中洋溢的一种灵气。

第三节　拯救大学

♪ 音符 1　语文粉丝是怎样的 ♪

写作是一项创造性的精神活动，也是语文教学的重要一环，上海和江苏已经在考虑把高考作文增加到 80 分或者更高，将占整张语文高考试卷分值的一大半，我认为这是大势所趋，也是语文学习的本质使然。

我们这样一个泱泱文化古国，古代大多凭一篇科举文而踏上仕途，自有它的道理。语文的字词句篇，听说读写用，其实一篇文章是可以进行综合评估的。而一些基础知识，比如一些汉字的读音、写法，每个人其实在使用时往往是相对集中的，不必要在高考中非得找一些大家生疏的字词来考，然后来选拔人才。这样的人才考查其实是失真的。2006 年我去扬州开中语会，蔡明用一腔不标准的普通话说：“我带领学生进行高考复习，就不重视字音的学习，因为我的普通话不好。但是别忘了，我依然是特级教师。”

想起了华南师范大学的陈建伟，他是搞中教法的，也是硕士生导师，他说：“我不明白，小学生为什么要不遗余力地教汉字的笔顺？一个汉字，先写什么后写什么真的就那么重要吗？”我是赞成陈教授的观点的，他也是我的老师。我觉得语文为什么很难让中学生感兴趣，就是在一些基本要求上过于死板，对学生的考查是僵硬、非人文的。有时，我们在课堂上好不容易培养出来的一点语文热情、一点文学细胞，却因为一些考试命题者扼杀得体无完肤！

高中语文的学习，我认为应该是个性的、多元的。我比较赞成上海的肖家芸先生推出的语文活动式的教改试验，这和我的语文探究学习的试验在初衷上是一致的。语文是什么？我觉得根据不同的学习阶段可以进行不同的定义，但很少有人这样来思考，总是企图一劳永逸地来定义语文，这是不科学的。我认为高中阶段的语文应该把主要精力放在“人文性”的凸显上，高中语文教师应该把更多的视角投注在各种文本的精神内涵的解读，充分调动学生的情感，在分析鉴赏探究中沐浴语文的风华，真正提升文学素养，从而在审美、思想、情感、人格、人品上获得长远的发展，在写作中广聚而薄发。

滕丹是我当初的语文科代表，是一个品学兼优的学生。她是学理科的，但对语文尤其是写作有极大的热情，这使她在刚进大学就尝到了甜头，其实，学好语文的甜头何止于此！国务院前总理温家宝是学理科出身的，但是他老人家的诗词学养也是非同一般的，在纽约会见华人的时候，几句诗词就把大家感动得眼泪汪汪的。人格魅力就一下子提升了好几倍呢！

写作是什么？对学生而言，我认为应该是精神家园的一个展示平台，是一个理解自我与提升自我的惬意空间。这里的喜怒哀乐都应该是珍贵的，所以应该格外珍视！可是，我们的中学生最怕的就是写作文了，各种考场作文的技法与条条框框把学生仅有的一点热情全部抹杀了。我刚走上教师岗位的时候，当时的湖北语文著名特级教师周世忠先生就对我说：“研究语文，最好先从研究学生的作文开始。”我觉得非常有理。

所以，从工作到现在，我在省级以上发表高中作文研究的文章200余篇，100余万字。

所以，我培养了滕丹这些真正的语文“粉丝”！

附：哈尔滨工程大学学生滕丹的来信（节选）

高考已过去许久，却犹如昨日刚发生，永远记得您在教室给同学们细细讲解的身影，永远记得您与我们面对面坐在办公室里轻松地闲聊，永远记得您一次次对我的鼓励与支持、关心与帮助……我知道，您寄予了我很大的希望，在我身上倾注了您很多的心血……我现在才明白其实高三每天不应该太关注成绩，对成绩太敏感只会影响自己原本平静的心绪，其实我们只要做到每天有计划地复习学习，完成预定任务，踏踏实实地严格按自己的方式走下去，再用月考成绩检验一下自己的复习效果，即时调整就够了，哎！算了，坎坎坷坷走过来也算是一种难得的人生经历、一笔珍贵的财富吧！

军训时，我写了一篇稿子交给了辅导员投到军训杂志社，意想不到地发表了，并且杂志社与我约稿，所以又接连写了三篇。竟百发百中，可能是我的名字频频在杂志上出现，班长（教官）、连长、辅导员对我特别关注了，而且连长还给我优待，发表一篇稿他帮我叠一次被。这种效果是我万万没想到的，写作上一点点小优势竟成了我在大学里的第一个精神支柱，也让我因此担任了本班宣委、本系宣委部员，及通过笔试、面试成为209人中被录用的9人之一，成了学校杂志《青春校园》的一名新编辑。真的好感谢您的教导与帮助。让我的写作能力有如此的提高。给了我一个小优势，树立起我的第一面自信的旗帜。

♪ 音符2　让学生记住的谈话 ♪

我很少找学生谈话，但学生会永远记住我们的谈话。

我一直认为，语文老师是不应该多找学生谈话的，语文是靠悟性的。我也反对批改作文，作文的提高不是老师批改出来的，是反复读，反复写，最后练就出来的。

有些老师天天找个别学生谈话，最后谈得自己都没有信心了，跟我抱怨，学生怎么这么笨啊，刚刚讲过的东西一下课就来问，我每天最怕下课，我累不累啊。我说：“你叫学生把问题写出来，再把为什么要问也写出来，来问老师时再想一想自己的解题思路，试试看。”结果，来问问题的学生大为减少了。其实，这里面没有什么诀窍，就是告诉学生学会思考。

语文是需要独立思考的。我是反对在课堂上动不动就来个小组讨论的，还美其名曰：“合作探究。”我在湖北时听过史绍典先生评课，也旁听过余映潮先生的课，觉得湖北的语文课堂真诚而灵动，一直十分欣赏武汉六中的语文特级教师胡明道先生的课，那一年在宜昌课堂上讲《春鸟》，莺歌燕舞，满堂春风。语文是什么？是感化，是洗礼，是熏陶，是内化，是释放……好的语文课，是让人终生难忘的。而有些语文课堂上发言积极的学生，其实语文素养常常不容乐观。所以我有时喜欢打消这些孩子的积极性，说：“回答胡老师的问题，一定要思考之后再说。”

我指的是语文老师抛出问题要讲究方法与技巧。

说到上课的技巧，目前我们是绕不开余映潮先生的，我最早是从20世纪90年代中期开始关注《中学语文教学参考》的，有的东西是现学现用，依葫芦画瓢，有时画的是一个歪瓢，但依然有效果。现在大家比较热衷的“课堂自然生成”，其实余先生很早就付诸实践了。“课堂自然生成”教学其实不是人人都可学的，但传达了一个重要信息：即尊重学生的思考！

讲海明威的《老人与海》的时候，一个同学突然问我：“胡老师，那个圣地亚哥发现鲨鱼群了，为什么不用刀把那条大鱼的肉割下来放到船舱里，而等着与鲨鱼群搏斗呢?”为了一这问题，我把所有的教学设计全抛开了，足足用了两节课让学生思考、发言、讨论，详情见《人教版高中语文学生探究文集》。这本书30余万字，由我主编，受到了顾之川先生的好评，我的这本书，也被他介绍到人民教育出版社主编的《试教通讯》（2006年第12期）上。我常常说，语文学习是需要天分的，有些学生可以通过短期行为获得成绩上的提高，但不能真正形成语文素养，语文素养需要长时间痴心地浸泡和濡染。而痴心，首先就要有不灭的兴趣。

高平是个非常认真的学生，她的“苦读”源自语文基础不扎实。高考前她的心情很糟，而语文又是第一场考试，我找她谈话，不外乎两条主旨：一、语文在考场里主要考的是心态，文字都认得，谁的心态好，谁就胜。二、做语文试卷要用数学思维，因为改卷老师是用数学方法来加减分的。其他的，我自己都忘了。

附：中南民族大学学生高平的来信（节选）

虽然我们只相处一年，您却在我心中烙下深深的印迹。忆起您第一次走进教室时那生动的面孔，忆起课堂上您抑扬顿挫的声调，忆起您提醒我们听课时一遍又一遍敲打黑板的声响，忆起星期天中午您给作文36分以下的学生讲解，忆起我们整个班在一起照相的时刻，看着那张照片，我觉得您的笑容最甜，您的姿态最美，你的神情最自然。

但令我终生难忘的还是您对我的帮助，尽管在高三这一年中，许多老师给过我帮助，但终究，没有谁的帮助能胜过高考前您找我的两次谈话。也许您已经记得不太清楚，因为您找过太多人，帮助过太多人。但那却是我人生的一次转折。六月月考后，我的心情很不稳定，几乎要退学，更不用说高考，心理压力很大，您找我谈话的前几天我一直睡不着觉，自与您交谈后我心情好多了，那一夜睡着很香，第二天就要考试，在进考场之前，您又询问我的睡眠情况，让我轻装上阵，不要畏惧。胡老师，真的好感激您，只可惜，我不知如何才能把我最最诚挚的感激之情表达出来。胡老师，不知道您现在是教应届生还是复读生，总之我会替那些您所教的学生感到庆幸，因为他们有一位爱岗敬业、无私奉献、关心同学的胡老师!!

♪ 音符 3　精彩语文无需考试 ♪

张蕾是个语文学习尖子，但她的语文高考成绩只有 110 多分，出乎我意料，却也在情理之中。想起前几天广东省教育考试院到湛江来进行高考命题调研，湛江二中的语文科组长对省教育考试院的人说，我每年几乎都带高三，最担心的往往不是成绩最差的学生，而是语文成绩最好的学生，因为高考的种种不可避免的流弊，好成绩总是出不来。这个语文科组长叫刘军，粤西教师。

我想起了韩寒，这个一度引起广泛争议的人物，连复旦大学都不屑一顾，也想起了金陵的校园作家不能通过高考的事例，我又联想起前一段时间凤凰卫视组织的高考改革的争论，最终这些话题不了了之，原因只有一条，那就是中国地大人多，不可能采取更为科学的人才选拔改革方法，稍有变化，必将耗费不可计算的成本。也难怪，连春季高考也被逐渐冷落下来了。

语文考试怎么考？题目该怎么出？试卷将怎么改？我一连带了五年高三，加上今年六年，各种考点我可以脱口而出，我也编制了很多高考模拟试题，甚至还兼职做了某出版社的语文科试卷的审定专家，我很多模拟试题都受到了中文核心期刊的欢迎，但说实话，我的内心是非常忐忑的，一份试卷，一个语文老师都难以得高分，拿去考学生，到底意义何在？

老作家王蒙曾站出来说话，说自己不会做小学的语文题；更有被编进教材的课文作者站出来说话，说我当初写这篇文章，压根儿没有像语文教参分析得那样深刻，我只是一吐为快罢了。所以魏书生就站出来说话了，我一般只给一两周让学生学教材，其他时间就去弄“知识树”了。你说我这样教不行？呵呵，我一年大部分时间都出差在外，学生考试成绩依然遥遥领先！——当然，魏书生是个教育家，一个不可模仿的教育家！

我要说的是，不科学的人才选拔体制，不仅让一些有文学素养的孩子在关键时候败给平时不怎么学语文的孩子；而且让一大批有语文素养的教师在高考面前“无所作为”！学校讲究的是升学率，一个老师，平时课上得再好，一旦考试学生成绩上不去，就被一票否决了。特别是一些刚刚从教的年轻大学生，当初满脑子里充满了对教育的向往，踏入工作岗位就将一些鲜活的教育思想付诸实施，可是一个学期下来，或者一个学期不到，刚刚过期中考试，就受到了学校各种领导的一致批评，说：“别玩花架子！”

所以，本来有些天分的语文教师，就这样被轻易地抹杀了。

我常常跟自己的实习生或者师范学院的大学生（我兼职教大学的《中教法》）说，做个语文老师，一定要顶得住压力，对得起学生。“顶得住压力”是说一定要坚持做好自己，做一个个性飞扬的老师，做一个有特色的老师；

“对得起学生”是说要熟悉语文考试，给学生一些语文考试的小窍门，让那些爱语文的孩子充分尝到甜头。好的语文老师，在中国的现阶段，必须学会戴着脚镣跳舞。

好在张蕾现在已经考入了东南大学的研究生院，我也不再那么自责了。她给出的那些语文学习的方法以及对我的充分肯定，说明曾经的胡老师在尽力做好一个语文备考老师。而我恰恰认为，语文的精彩，不在于考试！

甚至，

与考试无关！

附：东南大学学生张蕾的来信（节选）

我在学校还不错，东大在南京名气挺大的，有“学在东大”之称，所以学风很浓，这点我觉得好像又回到了枝江一中。或许学风在各方面是最为重要的，每天晚上，得提前在6：00到图书馆占位，否则就没座。我现在还是6：00—9：45晚自习，一点也不比高中轻松啊！我现在的想法就是想读研。可能是在一中苦惯了，现在倒觉得习惯，没有空虚的感觉，也不会觉得太累。

现在回想起来，我的高考路走得很崎岖啊。面对高三，首先，我觉得最为关键的是心态因素，记得当时每听到师兄师姐提到这四个字我就会挺害怕的。说实话提起语文我是很不甘心，如果语文和平时差不多的成绩，总分就可以过600了，我在高考时语文只有110多分，基础做得不行。作文应该分数还比较乐观。基础知识的掌握很简单，一句话，跟着胡老师走，绝对没问题，不要认为平常的语文练习多，那是在减轻考前的压力。胡老师复习很有系统，基本上能保证基础知识在考前复习完三遍！

♪ 音符4　高考明星的背后 ♪

有人说，一个人只有经历了高三，才算成熟了，这话我信。

我亲眼看见一些学生因为不能适应高考的重压而一蹶不振，甚至神经衰弱而不得不休学治疗。2003年，有个学生叫孙淮，高一、高二时还是尖子班的学生，到了高三，压力突然加重，上课精神恍惚，甚至不能控制自己的行为，搞得其他学生不知所措；2001年，一个学生不敢去上课，高三级的老师几乎都找他谈过心，就是没有效果。在我读高三的时候，班上的一个学习尖子，突然对什么都疑心重重，学习成绩马上下滑，最终在高考前夕退学，非常可惜。结果这些学生等到高考一结束，上述症状马上消失，健康人一个！

有人把这叫作考试综合征。

考试综合征的产生自然是与高考的重要性分不开的，一个家庭、甚至一个家族都把期望放在孩子高考的一搏，而十七八岁刚好是一个懂事的年龄，自然，外力与内力同时作用于年轻的身心，往往会出现大家都不愿意看到的结果。很早就有人质疑高考的合理性，认为高考需要改革，因为没有其他像高考一样的考试在人生中这样决定一个人的终身发展，中学生除了高考就是高考，其他的几乎没有。而通过三天的考试，几张试卷就轻易决定一个人今后的人生，这是很不负责任的表现。但是“尺水微澜”，制度不可能轻易改变，学生的心情也因此更加紧张。

我一直认为，学生考一张试卷绝不是仅仅考查知识和能力，相反，我认为在高考中更重要的是考查一个人的心态和品格。2007 年，湛江一中的陈挺被保送到清华大学，这个学生的平时成绩一般，包括几门重要学科，他最终能获得奥赛一等奖并且顺利通过清华的面试，恐怕主要得益于他的自信。一个自信的人——特别是在重要时刻能保持自信的人，就不会产生犹豫和懊恼心态，会用自己的果敢和敏锐的判断去面对困难，反而会获得意想不到的结果。

在考试竞争面前，人人都会呈现人性的弱点，这些弱点是一个高三学生必须去面对的，谁能针对弱点对症下药，谁就会走得更远更精彩；谁被自己的弱点打倒了，谁就会败在自己手里。这是一个很残忍的矛盾。所以我有时候不得不承认考试的重要性，虽然就是那么几张试卷，但透过试题的表面，已经直接或间接地考查了多少能力和品格，比如：耐心、细心、勇敢、果断、自信、坚持、执着、大胆、无畏、退让、沉稳、定力……所以我进一步认为，高三的复习备考，应该分两步走，第一步是知识、能力的备考；第二步就是心理品质的备考。

2002 年，我给远在上海的鲍君君同学写了一封信，希望她能够给自己的师弟师妹们谈谈自己的高三，我想通过同龄人的渠道来帮助学生完成心理品质的备考，她的回信简约而厚重，我于是把这封信贴在班级的宣传栏里，并在相关的句子下面画上波浪线，我跟全班同学说：“抬头先埋头，胜人先胜己！”

那个高三（12）班非常不错，全班 62 人有 57 人考取重点大学，是当年的湖北省高考明星班级！

附：华东理工大学学生鲍君君的来信（节选）

您让我谈谈高三的酸涩与美好，谈谈自己当初的方法和心理，我真的不知说些什么。高三对我来说是一笔财富，现在重新回想我的高三，似乎站在河的这岸遥遥地望着对岸，一切都显得那么遥远，其实只过去了一百多天，而内心里还能想起的只是心酸和辛苦，每天埋在大量的题目中，不让自己有一刻的放松，不是不想而是不能，当然，这种感觉不是每一个经历高三的人都会有的。

高三要不断地改进学习方法。这一年要学的都是以前学过的东西，所以最关键的就是不能产生厌倦情绪，不可以认为我原来都掌握的东西现在不用下太多功夫，哪怕是一遍遍的重复也要认真对待；其次，要注意查缺补漏，对原来不熟悉的知识点要弄清楚，注意在这一年里不能再放过什么，要尽一切可能掌握该掌握的东西，不把遗憾带到下一次考试。

对于每一次的考试不能仅仅看分数、名次，要去思考那些错题，要做到每多一个月的复习，成绩就应该提高一个层次；对每一次的考试都要认真分析，尽管原来没有这样的习惯，但是这很必要，只有分析清楚了，才能知道后一段时间应做些什么，下一步的目标是什么，回想我在那一年里，在学习习惯上纠正了很多，这对高考的胜利是很有帮助的。有时候觉得，高三的目的真的十分功利，就是高考，但是现实如此，不要觉得自己是在无奈地适应现实，应该积极地去改变它，既然你已经选择了这条路，就应该走好它。

♪ 音符 5　高考语文的分数论 ♪

语文的高分是怎样形成的？

这个问题很难回答。在平时的考场上，语文成绩是最玄乎的，得高分的学生具有非常强的不确定性，甚至有时还光顾一些“差生”。每次考完语文后，那些“糟透了”的学生，却考得还可以；而那些“感觉不错”的学生，恰恰得了低分。华南师范大学中文教授陈妙云说：“语文搞得不好就会让人‘安乐死’。”语文考试常常给人以心理上的“安乐”，不像数理化，做不出来非得留空白，心理上很痛苦。但语文“安乐”的背后，很可能就“死定”了。陈妙云何许人也？目前是广东省语文高考作文评卷组的大组长、负责人。

语文尖子的不确定性很少引起我们的思考。我们往往只是按照作文能力的好坏来发现学习尖子，但事实是，作文能力强的学生，语文的基础知识是相对较差的。而且，语文综合能力强的同学，往往数理化成绩差，其中的原因我分析主要有三：一是语文能力的提升是需要天长日久的，心急吃不了热豆腐；二是语文注重的是形象思维，而形象思维与逻辑思维是对立又统一的，两者需要均衡发展；三是语文是重认知的，大多考查的是学生对世事的洞察力。这三种，都非一日之功。

其实我是很欣赏巢宗琪先生关于语文的见解的，最近几年的发言，他是真正对语文新课程有心得体会的，讲话从不用讲稿，说得头头是道，但一旦涉及考试，他老先生就恰到好处地回避掉了，好像专家们不谈考试，已经成了一个不成文的约定。这一点，不如我们“土生土长”的老师，他们在教学一线，既研究教学又研究备考，红红火火。记得江苏如皋的刘国良先生，在

2006年苏州会议上的精彩评课，那年我正好评上“教改新星”，我也有个发言，在那次会议上我们得以认识，之后他就和蔡明先生到河北的《语文周报》出席编委会的年会去了。《语文周报（高三版）》我每年都组织学生订，最近看刘先生的博客，2007年一年发表文章50余篇，编书多本，真是个“牛人”！

是的，高三复习备考得靠自己，得靠一线老师整天抱着高考模拟试题反复研究琢磨，我们的学生只有我们最懂。

高考表面上是考学生，实际上是考老师。赵崇奇那年考了个市状元，语文139分，非常人能及。有什么诀窍？我觉得以下三个方面是很重要的：第一，充分熟悉考点；第二，做经典练习；第三，多次反复。赵崇奇的语文基础较好，学习语文有悟性，善于接受老师的建议。其实，语文备考是非常简单的，因为考点和题型是一定的，只要有恒心、有耐心，是很容易对付的。

而我要说的是，语文考试只是非常狭隘的语文检测，真正的语文内容是无止境的。语文139分固然能够说明一定的问题，但远远不是全部。现在的语文新课程，对学生提出了更多更广的要求，语文学习更要立足于终身发展！

语文水平低的同学有时可能会考出很高的语文成绩；

但是大家不要忘了，语文水平高的同学通常是不会考出低分的。

附：清华大学学生赵崇奇的来信（节选）

在高中的时候，老师们都说“现在吃苦到大学就轻松了”，曾经的我，对此深信不疑，因为周围的人都这么说，但是到了清华才发现当初对这句话盲目相信是多么可笑！在这里不但不轻松，甚至可以说比高中还辛苦。在清华，有两个很流行的词语，一个是“郁闷”，另一个是“faint”，只要在清华走一圈，这两个词出现的频率绝对是最高的，由此应该不难想象出大多数清华人的心态。

清华号称“聚半国英才”，而这些精英有很大一部分集中在我们电子系，当然，这是我们系的主任在系迎新大会上说的。我不知道是否属实。我们系的各届前十名的共有七十多人。而那些数学、地理竞赛中进入冬令营、国家集训队，甚至获得国际金牌的人更是不在少数。我们宿舍就有一个是在数学联赛的冬令营中保送进来的，隔壁还住着两个物理竞赛国家集训队的。一日，观看我们系新生篮球赛，见一人打得还不错，就问旁边一人（我不认识）他是谁，那人便介绍说，他是数学冬令营中第三名。又问：“你怎知道？”他说：“我们以前在冬令营中认识的。”他自己是第二名，我连忙表示了我的佩服之情，结果他说：“其实没什么的，我们班还有两位获得物理国际金牌呢！”……那天我简直都要晕了，生活在那么大一群牛人中间，感觉无法用语言抒发我的情感。

现在我感觉虽然不是很轻松，但也绝不压抑，主要原因可能是我现在还没有太远的具体奋斗目标。甚至，我每周都还要抽几个小时去上网，看看电影，听听音乐，和原来的同学聊聊天，在校友录上发表一大堆留言……借此机会可以“颓废”一下，放松一下。有时候，我会感觉这样不好，同寝室的人都说我现在是“补课”，他们说的也是，高中时我都不知道上网该怎么样，现在补补课，只要不“陷”进去就是了。

♪ 音符6　叶圣陶父子 ♪

李进是个很本真的学生，她的眼里容不得沙子，直到她毕业，考取了大学，才将她的想法写给老师，其实，她在中学时是写不出或者不敢写这类文章的，她看不惯同学之间争位子、插队、漠不关心，以及老师对差生的歧视等不良现象。这些文字，让老师读了，心酸。让21世纪的中学生读了，一定会觉得好笑。

前不久，一家网站放出了一群广州中学生集体殴打一女学生的视频，那女学生的裤子差点被扒掉，有学生问那女学生：“快说，跟几个男人有过关系了?”那被打的女学生很严肃地说：“两个!”不知这个视频是否属实，看后令人不寒而栗！现在的中学生，在重点中学应该还好一点，在一些普通的中学，早恋已经不是什么新鲜事了，上网QQ聊天已经是小儿科，打怪升级、游戏赢装备、网上结婚那才来劲。在我们学校——省重点高中、国家级示范高中，有一个家长说：“我的小孩读书不行，但我还是想尽一切办法要他读一中，因为他的同学成绩好啊。同学今后考取大学了，我的小孩就多了一条门路啊。”有一次我外出讲课，那所学校领导给一个优秀班级让我上，后来在一起吃饭，酒过三巡，该学校的一个小领导偷偷对我说：“胡老师啊，跟你讲个笑话，有个家长要他小孩来读高中，你猜猜家长的要求是什么？哈哈，就是给他找一个儿媳妇回去!”我一下子不置可否。

有些中学生，其实主要目的不是来读书的。

不知李进看了这些，做何感想。

毋庸置疑，时代的发展、思想的多元、社会风气的良莠不分，让我们正处于一个浮躁的年代，这让当代独生的学生一方面脆弱不堪，另一方面特别任性偏执。什么都以自我为中心，这种习性的养成，就能很好地解释插队、对人漠不关心的举动了。再加上学校的管理，大部分精力都放在提升学习成绩上，这也就难怪出现成绩好的学生不注意道德品行修养，或者差生无心向学的事实了。

据说我们现在进行的新课程改革，就是为了充分体现学生的个体差异，在素质教育背景下提出的。新课程通过高中阶段必修模块与选修模块的学习，真正培养出具有不同爱好、兴趣和特长的合格高中毕业生。但是三年的新课程实践下来，我觉得语文模块的增加，却因为高考的作祟，反而让我们的学生什么都学，什么都没有学好，学生和老师都累得一塌糊涂。我总是在想：中国教育这一块，为什么课程设置、课程标准、考试选拔不能充分有效地整合起来？为什么不能统一起来提出一揽子方案？难道是为了多设几个部门以增加就业职位？

叶圣陶先生说，如果一个学校的教师都能为人师表，有好的品德，就会影响学生，带动学生，使整个学校形成一个好校风，这样就有利于学生的德、智、体全面发展，对学生的成长大有益处。叶圣陶的话言短意长，李沁认为××学校教育的失败，我也不是没有责任。好在她依然是感激我的，能够把我当作可交谈的朋友来对待。唯有不断鞭策自己，德成至善。

叶圣陶的儿子叫叶至善。

叶氏父子，山高水长！

附：苏州科技学院学生李进的来信（节选）

如今坐在宿舍里给您写信，没有高考前所期待的兴奋与酸甜交织的感觉，也没有高考后所认为的无奈。的确，这次失败对于我来说是我生命中一个转折点，这次考试，让我想了许多我以前从未想过的问题。也许，如果没有这次失败我永远不会想得那么深，那么专注，永远也不会走向真正意义上的成熟，永远只能捧着一颗脆弱的心在角落里默默流泪。

当一片白菜被放入泡菜缸中时，它就不该再去回味新鲜空气的美好，而是该放下过去走向一个全新的未来。而我以前就从来不明白这一点，于是，我走得很累很倦，很伤心。人所能面对的只有现在，当凋谢的花回想着以前的美丽与娇艳时，它会心碎，因为在它的眼中盛开是美的，它无法面对现实与理想的差距。也许对于花来说它不能创造一次再盛开的机会，但是，人却可以为自己创造一次“再盛开”的机会，不要对自己说现在的环境恶劣，不要试图去改变环境，要改变的就是自己。

我以为作为一个老师，最幸福的时刻不是班上有多少人考名牌大学，而是当学生们怀着感恩的心情来到老师身边探望他（她），有别人来访时，可以骄傲地说：“这是我的学生，他们来看我了。”抑或是握着学生的信说：“我的学生又给我来信了。”

♪ 音符7 不思量，自难忘 ♪

我带过两年的补习班。

补习班常常是不受人尊敬的。教补习班的语文应该是中学语文教学的一个新课题。高考的报名不限年龄了，所以各种补习班在全国遍地开花，我以前在湖北还天真地认为只有湖北的学生耐得住读书的寂寞，哪知到了广东，才发现全国一盘棋。今年我在校外和另一个语文老师一起兼带补习班的语文。我们私下里诙谐地说，幸福的家庭都是相似的，不幸的家庭各有各的不幸。另一个语文教师叫董建华，全国中语会优秀教师，广东中语会理事。

参加补习的学生各种学习层次的都有，但大都不服输，有骨气。属于那种懂事稍晚或者走过弯路的人。下面来信的张晓同学，通过一年的补习，认认真真过了一个 365 天，突然发觉这一年是多么的可贵。“失败后才懂得珍惜”，我作为班主任，这一年大概也可以载入史册，因为全班 63 名同学，有 57 名考取了重点大学。这个数字，可直逼任何一所重点中学的重点班。

补习生的弱点在哪里？心态和基础知识。补习生语文的弱点在哪里？阅读与写作。有的学生，天生不会考试，有的学生，平时阅读和作文都拔尖，一到考场就失策，真真让人惋惜。我不由得想起蒲松龄，一个卖大碗茶的；想起曹雪芹，一个纨绔子弟；想起鲁迅，一个学医的；想起魏书生，曾经一个代课教师……似乎在文学和语文教育方面有点成就的，都不是正宗的科班出身。或者说，在语文习得方面，一个自由人更有收获。这真是一个奇怪的现象，难道语文真的就那么不可亲近吗？是不是我们在语文的教育教学中存在着一个未知的天地？或者说我们在进行语文教育教学时，集体忽视了语文的一个重要的本质？这种本质在教学中不能很好地得到张扬，而在考场中又形成了某种真空？

从成绩上说，我的补习班教学是成功的。因为语文考试无论是考点还是考试内容都是明确的，只要有时间，是可以训练到位的。但我要问的是，语文真的就只能进行点对点的训练学习吗？

是不是我们的语文老师在集体偷懒，仅仅只是按照教参教语文呢？或者说，我们的语文老师只是根据参考答案教语文呢？前几天一个学生跟我说，我们那个英语老师，天天一上课，卷子一发，黑板上 ABCD 地写答案。我说你们喜欢吗？他们都吐吐舌头说，幸亏，这不是我们的老师。有高三的老师说，我连续教了这么多年毕业班，现在不知道怎么教课文了。没有上过毕业班的老师说，高考语文原来这样考，我自己都做不出来。从这样的对话中，我们不难发现语文“教”与“考”的脱节，也可以看出年轻老师的“天真”！

以前常常上 K12 论坛，那里的版主是清华附中的语文老师韩军，现在他不做版主了，据说到苏州大学读博士去了。我很羡慕他为了语文而孜孜以求的精神，他关于语文的论著我是一个字一个字地认真拜读了，但还是觉得太理想化。所以我觉得关于语文探索的道路还很漫长，后来，我在 K12 论坛上的用户昵称也改变了，你们猜猜是什么？

呵呵，语文课代表！

附：宁波大学学生张晓的来信（节选）

说实话，在××一中复读的这一年是我有生以来收获最大的一年，在这一年中，我不仅让自己的学习成绩得到了突飞猛进的发展，更重要的是，在这一年的磨炼中，我变得更成熟，从前的我总是心浮气躁，以致第一年的失败，现在的我更多了一分稳重，才有了第二年的些许成功。这已经够了，这足以让我感觉到从 2002 年 9 月 2 日到 2003 年 6 月 7 日的每一天都是充实的。有一天，我的数学作业没做完，您让我翻译了一篇文言文作为反思；还有一天您把我叫出教室，语重心长地对我说："曾经取得的好成绩，只能代表过去，不要忘乎所以，小心跌下来。"您知道吗？这句话在我耳边回荡，直到高考。还有一天，我在寝室顺口说了一句脏话，恰好被您撞个正着，您只说了一句，"寝室里说话，还是要注意一点啊"。我却羞得面红耳赤……每当回忆起这一年，一幕幕画面都连续不断地浮现在我眼前。带过一届又一届学生的您，可能已经忘记了这些闲杂小事，但我不会忘，因为就是它们组成了我充实的复读生活。

奇人很少，也很难遇，我很庆幸，这一年我认识了两位奇人，一是最会玩又最会学的人——学习委员，二是最严厉又最好的老师——那就是您，很遗憾我和学习委员的关系并不怎么要好，这可以说是我这一年中唯一的遗憾。正如您的《那一年……》中所说"学习委员总是踏着铃声进教室，但是每次他的考试成绩总是把人吓一跳"，我发现学习委员什么都会，台球打得好、足球也挺棒、篮球他反手投篮特准！简直棒得没话说，哎呀！扯远了，现在该说您这位奇人了，最让我惊奇的就是您的那句话："当你认为我不在你的身边时，我恰恰就在你的身边。"简直神了，我们能被您教到，真是莫大的福分。真的！

♪ 音符 8　大学，我该拿什么爱你 ♪

一句"大学不是玩的天堂，如果你是个有进取心的人，大学的学业绝对比高中繁重"，小渊用了大半个学期才深刻地感受到，我为这个孩子所付出的代价感到深深的遗憾。毋庸置疑，大学四年是人生最为宝贵的四年，在这四年里，一个学生要顺利地完成由一个学习者到一个社会工作者的转变，竞争的社会强加给了孩子太多的负累，而高中教育与大学教育之间的落差，如果都让我们的孩子用上半年来适应，是不是太不应该了？我为没有告知孩子如何进行大学学习感到内疚。

大学生该做什么？想起了北京大学校长蔡元培先生的三句话，一是“抱定宗旨”；二是“砥砺德行”；三是“敬爱师友”。抱定什么宗旨，当然是“埋头于学问”，不计功利；什么是德行，当然是能够“以身立范”，做时代的脊梁；什么是敬爱，当然是“行以礼，爱以行”。怎么做？各大学自有其规范，有其学习生活准则，因大学情形不大一样，在此不能一概而论。我想说的是，大学不应是“规模、表象”意义上的大学校，而应该是追求学问、培养大师的精神大苑。当前，中国的高校已经陷入了盲目扩招的囹圄，学生水平能力的参差不齐，大学教师的良莠不分，使得大学的教学、大学的管理水平一落千丈，这就导致了高中阶段最为优秀的学生，也一下子难以适应。

中学应该做什么？中学是学生全面打基础的黄金时期，但前面横着一道高考的“龙门”。高考的存在让所谓的素质教育一下子失去了亮丽的色彩，因为中国的老百姓认准了“考取了大学”才是成功，老百姓为什么这样认为？因为中国的体制是这样的，只有考上大学，国家才认为你是个人才，才有自己的身份和地位。如此，我们的中学教育是全世界最强调应试的教育。什么培养特长、培养兴趣，有时一面对考试成绩，所有的举措就马上归零。现在有些报刊、媒体披露学校将升学率纳入党政绩效评比，因此而闹出刑事案件的“新闻”已经不止一宗。中学似乎都这么认为：我能够将孩子顺利地、高分地送入大学，就行了；至于他们到大学了怎么去学习和生活，那就不是我们的事情了，我们没有那么多的精力去瞎操心。

所以首当其冲的依然是学生。刚刚经受了高考暗无天日的严格的“应试”洗礼，马上又接受“天堂”般大学的“自主”性学习，当然无所适从了，而且，在高三形成的学习惯性，到了大学突然无法联结，这种心理落差、这种无聊是极容易毁掉一个人的。有的学生从此迷上上网、玩游戏、谈恋爱等，等到自己明白过来，已经造成了无法弥补的遗憾。

大学是什么？我觉得高中学校有必要、也有义务去宣传、去指导学生，为了学生将来更好地可持续发展。中学是什么？我觉得全国的大学有必要、也有义务去帮助学生认识，为了让学生更快地适应大学生活。切实做好这些工作，不为什么，就为了我们的孩子，我们的未来！

附：武汉理工大学学生小渊的来信（节选）

今天在写英语作业查字典的时候，字典里掉出三张纸条来，那是高三时您的提醒与鼓励，写的时间比较长了，但它们的余温仍未褪去。原来您帮我的有许多许多，谈过的话也有许多许多，在这里我不想大篇大篇地叙述，或许有些事情您已然忘却，但他们已印入我的脑海里，难以抹去。在这里，我除了说声感谢，也不知道能用什么方法来表达我的感恩了。说老实话，开始时这信我不想写，因为写得太迟了！（寒假的时候由于时间的原因，在枝江那边一夜没睡，第二天颓废得要死，我不想就这样糟糕地出现在众人眼前，所以聚会也没有去。）但最终还是决心提笔了，因为迟写总比不写好。不知道您有没有发现众多信件中少了这封信，有没有想起那个高考前脚骨折的孩子。

一个人静下来的时候，就会不自主地想起那些日子，面对高考，压力很大，很苦，有众多相同命运的兄弟相伴相随相知，很甜，真的很甜。现在很后悔当时不在意。那一丝丝感人的情愫让它们不经意地消失，是多大的损失啊！现在寂寞的时候、无聊的时候，慢慢把它们理出来，就编织成了份份感人的情怀，感人心扉。

很怀念和兄弟们在寝室乱侃的日子，那片爽朗的笑声，没钱找人蹭饭的日子，无奈地写语文作文的日子，偷偷上网的日子。一堆男生挤在阳台上，看路过的漂亮女生的日子。好好体味，高三并不枯燥。

♪音符9 追梦香港♪

香港最适合追梦。

大陆但凡能够考取清华北大的学生，都可以被香港的大学录取，并且可以得到全额的奖学金。2007 年，我校的王姗姗被香港科技大学录取，获得 40 余万港币的全额奖学金，一时成为美谈。2008 年 1 月，阿超和王姗姗回校进行演讲，足足让一中的学弟学妹们激动了好几天。香港对内地学生的感召，可见一斑。

香港意味着机会。2007 年年末，阿超作为港澳台青年学生代表赴清华北大交流，感受到了不同精英们的生存状态，他的这封信，反映的就是这种心情。有奥赛班的学生问阿超：你当初为什么报考香港的大学？阿超说："因为香港可以作为瞭望世界的窗口，你想出国深造，最好先从香港开始，香港是个言论、思想、学术十分自由的地方，特别适合追梦的年轻人。"有人说，那你为什么当初始终追求北大？他说："要了解中华民族的精神动脉和文化底蕴，最好去北大。没有上北大，我很遗憾；能上香港的大学，我又很幸运。因为但凡一个人，随时都可以有多种选择。"

香港的中文教育我是不敢恭维的，在教学中主要采用英语和粤语授课。香港的中学语文教学基本上是学广东的，而广东的中学语文教学基本上是学内地的。香港的中学语文教材基本上都是由老师自己编写的，包括教案。教材是不统一的，语文老师的普通话水平较差，上课仅仅满足于教案，不像内地的语文课那么生动。有时大陆的一些很容易理解的篇目，比如朱自清先生的《春》，香港孩子由于缺乏体验，始终住在高楼大厦之间，没有什么想象力，上起来都很费劲。不过非常值得借鉴的是，香港对学生的学业管理是非常科学到位，对学生学习情况的把握和辅导都是一流的。

经常上语文的相关网站，十分了解方帆老师，他是一个在美国教中学华文的老师，十分热衷于国文在异域的教学与研究，写了《我在美国教中学》一书，由华中师范大学出版社出版。这本书带给我们的借鉴意义是很深远的。现在有一首流行歌曲叫《中国话》，随着中国国力的增强，外国人学习中文越来越热，很多有水平的中文老师逐渐走出国门，将中国语文带向世界。现在全国的五所国家直属重点师范大学，基本上都开设了“对外汉语”专业，我是非常看好这个专业的。

但大学就不一样。香港对大学重视的程度远远要比内地高。近几年来，又加强了对大陆人才的引进，像阿超这样优秀的学生，被香港大学录取的不在少数。大学是留住人才的最后壁垒，美国的中学教育是赶不上中国的，中国的中学生可以轻松地获得奥林匹克竞赛的国际大奖，但这些学生基本上都到美国读大学去了，这就是可怕的流失！办大学首先应该是赢得智力支持，而不是盲目地扩大校舍与建筑面积，不如把这些乱建乱扩的钱拿来留住人才。

如果一个国家辛辛苦苦培养出来的大学生是失业的，或者说一个国家培养出来的大学生都去基层了。我就想知道，这到底是一种富裕还是一种贫穷?!

大学应该是精英教育！

附：香港理工大学学生阿超的来信（节选）

近来很少夜里在宿舍度过，“理大”号称全亚洲第一的包玉刚图书馆让人流连忘返，尽管英文书读起来没有中文那么自如，但是眼见那浩如烟海的书籍资源，心里剩下的就只有无尽的幸福了。每天走出图书馆都已11点了。走在通往宿舍的天桥上，丝毫没有夜阑人静的感觉，车流还是奔腾不息，人流依旧络绎不绝，我在此时早就忘记了一天的疲惫，变得异常的亢奋。长长的甬道，通往那座灯火通明的宿舍大楼。Common Area的窗户透出了金碧辉煌，仿佛也飘出了local们异常欢快的谈笑声。这种香港年轻人特有的活力，通常整夜整夜地燃烧着九龙这座不夜城，直到晨曦再度降临……

这些日子来，常常忆起从前的岁月。看着中学的自己，就像但丁《神曲》里的鬼魂，活得异常的盲目和痛苦，高中的最后半年里，却渐渐地开始享受高三了，因为在我最落魄的日子里，是父母、是老师、是同学，支持着，鼓励着，最终从那无底的深渊走了出来。老师，也许您在开导我的时候，无法知道我那冷漠或沉重的面容背后的心情；也许您在鼓励我报考北大的时候，不会知道北大就是我十几年的梦，我从来就没有动摇过。有一天，您问我，有没有因为错过北大而怨恨您，我记得我是这样说的，这是我自己的梦，不管结果如何，我从来没有后悔，也许全世界都不相信我，但是我还是要走下去。不知道我的答案，您满意吗?

人的一生实在短暂，梦想还在前方，如何能停步？无论在世界的哪一处，无论在生命的哪一段，只要不放弃梦想，生活就还在延续……

第三章

文化语文

章节导读

“观乎人文，以化成天下”“文化语文，以文化人”的提出，有其学科属性和时代背景，同时也可从“核心素养”与“立德树人”的教育追求中得到佐证。一个有情怀的语文教师，不可避免地将课堂引入文化的最深处，让孩子们在文化交流中感知文化现象、领悟文化精神，接纳优秀文化的滋养。本章节，从地域文化开始，以“以文化人”收束，比较概要地呈现了我的文化语文教学的基本理念与思想。

主旋律：做一个有文化味的语文教师

语文教师越来越具有应试化的价值取向了，这和语文教学的应试不无关系。经常有年轻语文老师问我说：“胡老师，到底什么样的语文课才是好的语文课?”我说，好的语文课因人因课而异，但是，一个好的语文老师，应该有一定的文化味。

语文教师的文化味，是指语文教师在生活中有一点文化味。平时穿衣打扮，儒雅大方，有那么一两套民族服装；案头，常常摆放一两本庄子、钱锺书或者朱光潜的书，平时翻阅一些对联、诗集或者一些年历民俗杂刊；有时，看一些“名家讲堂”“成语故事”，有时看一看戏剧，听一听歌剧，来一两句京剧；打开电脑，喜欢下载一些诗画，看一段相声，听几句朗诵，或者，看一点《功夫熊猫》，学一两句粤语，听一首客家民歌，甚至看一看周立波的上海清口；节假日，去感受一下佛家文化，看一看徽商故里，走访一下江南古代才子，凭吊一下帝王文化，把玩一下葫芦丝和马头琴，品评一下唐画和泥人张；和家人在一起，可以做一点本地的美食，有时拉拉二胡吹吹笛子，兴致起时，可以临摹一下齐白石甚至王羲之的佳作，独享融融氛围；和同事在一起，聊聊校园的励志故事，对联的音韵平仄，校园掌故的源流虚实，校园文化活动的真味；尝试着给自己的办公桌取一个诗化的名字，甚至给桌面上的盆景赋一首小诗。

语文教师的文化味，是指语文教师在教学中有一点文化味。课前三分钟，不妨让学生读读诗词，写写对联，评评学生身边的文化现象；在课文的讲解中，有时抓住一两个字词，写一写“篆体”甚至来一点“甲骨文”，追溯一下汉字的源流演变；有时抓住一个词语，查一查《词源》，讲一则关于“词语”的古代故事；有时碰到一种“礼仪”、一种“风俗”、一种“习惯”，可以翻阅一些文献，讲一讲这里面的来龙去脉，讲一讲文化背景；有时谈到风花雪月、物是人非、喜怒哀乐，谈到一些很有磁性的方块字时，不妨引经据典，来一点课外拓展；在教学对话中，有时让学生用一用成语，说一个优美的句，甚至来一点铺排；碰到好节日，让学生来一两句文雅，写写祝福词，写副对联，来一则有韵味的手机短信；在作业批改中，不妨结合学生姓名来点鼓励语，给自己设计一个有文化特色的艺术签名；在和学生谈心中，讲讲文学流派，说说志得意满的演讲家和半途潦倒的诗人，说说郭德纲的相声和赵本山的小品，针砭一下热门的“穿越”文化与经典恶搞，多一些文化品位。

文化博大精深，而现实教师的生活，却有点支离破碎。教师的幸福很难定义，笔者认为与生活质量、教学质量密切相关。生活要有品位，自然是文化的品位；教学要有品位，自然亦是文化的品位。而品位需要涵养，气质需要养育，文化需要熏陶。“语文”以前称“国文”，是说她最能彰显本土“文化”，传承民族的文化传统。作为语文教师，走进与我们一衣带水的“民族文化”，带领学子在文化的河边取水畅饮，也未尝不是一件赏心乐事，这里面，其实也是一个教师现实的担当。

现实中，很多中学生已经不再对本土文化感兴趣了，大量同学把外来文化当作炫耀。手里拿着“苹果手机”，脚上穿着外国名鞋，嘴里吃着肯德基，口里说着网络热词，外加一些不中不西的组合语。而这些人，恰恰是校园里的“时髦人物”，受人追捧，正潜移默化地影响着其他人。中国文化、本地区域文化、语文的文化传承，在这些孩子的眼里都成了“老土”“丢人”“虚无”的代名词。其实，这里面自有时代的原因，却也有我们语文老师失职的原因。那就是，孩子们很少或者没有感受到“语言文字”的美妙，没有体察到文字的背后，伫立着怎样高贵的灵魂，孩子们很难从应试中感受到中华文化的源远流长，没有从一开始就养成一种崇敬与膜拜，没有激发起他们对本土文化的认同感与自豪感！

做一个有文化味的语文老师，是一种高标，也是一种现实姿态。至少，对于我们语文教师教导的生活，学生能够发现，原来，走进丰富的文化世界，生活可以更美的。

第一节　地域文化教学

♪ 音符 1　缘起——地域文化 ♪

我的文学心态是在中学时代奠定的。当我 1996 年夏天以一名语文老师的角色走上枝江一中这所省名校时，我肩负起了学校小帆文学社的辅导工作，一干就是 7 年，其实我并不快乐，因为文学社的文学作品直指心灵，性灵而自由无碍；而同时，作为一名要出教学业绩的语文老师，我不得不结合当时湖北的高考优秀例文，不厌其烦地教导学生怎样写好高考作文，当我 2004 年将学生的高考成绩教得出类拔萃时，我已然失去了一个语文教师应有的文学心态，于是我去寻找一个关于语文教师梦想、关于语文教师尊严的未来。

2004 年夏天，正值广东省进行新一轮语文新课程改革，我毅然辞去了湖北的工作，来广东湛江一中做了一名普通的语文教师。我希望通过了解新课程、践行新课程，去兑现语文应有的精彩，湛江一中的学生是聪明的，2006 年，我主持研究的“高中作文教学研究”获得市科研成果二等奖；2009 年 12 月，我主持的“紧扣新教材，践行新作文”，获得了广东省科研成果二等奖。2007 年、2008 年、2010 年、2011 年、2012 年、2013 年，我都担任了广东省高考阅卷老师，其中 2011—2013 年连续三年担任高考阅卷组长、副题长，在担任高考作文阅卷组长期间，我并不感觉快乐，因为学生在考场作文中体现出来的“假大空伪套抄”，深深地刺痛了我的心，我觉得，一个好的语文教师，应该让孩子在最能体现自身情感世界的作文方面上有所建树，而不是凭着某一种或几种模式，进行空洞麻木的“假太空”和“仿套抄”式的写作。

一直以来，中学的作文教学是我研究的重点。每年都参编很多的作文资料，同时也密切注意着其他省市的高考作文，进入广东工作以后，我觉得高考指挥棒之下的作文教学，有着惊人的一致性，老师们大都忽略了作文最本质的引领，而常常在技巧与方法上层出不穷地落实，以至于高考作文常常以流水线产品的形式出现，而鲜有佳作，学生害怕作文甚至讨厌作文，这对于我们的母语教学，真是一个莫大的讽刺！

于是，从 2007 年我参加完高考改卷回来之后，我就进行了深刻的反思与追问，我们的作文出路在哪里？在这个迅速变迁的当下，当图画与视频正在走进学生常规生活的当下，我们的阅读与写作将何去何从？我们如何能激发起学生的内心，就像当初的我一样，能将写作作为自己生活的一部分，甚或迷恋乃至痴迷文字带来的愉悦和感动呢？因为我们真的不希望，自己辛苦教出来的学生，成为一进入大学，就彻底抛弃语文的“负心人”。我在想，怎样才让我们的语文教学同样立足于学生的40岁？

2007年，我接手高一，第一单元就是陈佳民先生编写的写作活动单元——认识自我，我曾参与了这个单元的教学录制光盘，并且和教材配套发售，是很有心得的。课后，我要求学生结合这个单元的思想，采用活动的方式，先去采访自己的身边人，围绕你最喜欢的某一种美食，去写一个身边人。话题就叫“从自己喜欢的一种美食，认识一个身边人”。为什么要拟这样一个题目呢？原因很简单，就是想从孩子最喜欢的东西入手，去调动他们写作的内驱力，就是这样一个作文题，重新激起了我对中学作文教学新的希望。

符培威同学在作文中这样写《奶奶与年糕》（片断）：

煮年糕的过程中，总要定期添加一些水，这样才能保证既熟得快又煮得香，于是我们又回到厨房继续蹲在火灶前。无意间我发现，在火光的映衬下，奶奶的满头银发竟全染上了红光，飘逸之间却是那么美丽。由于用的是原始土灶，厨房里充盈着朦胧的烟雾，我抵挡不住它们的袭击，不停地流眼泪。奶奶的眼睛本来就是沙眼，现在更是泪眼模糊，她却丝毫不在乎——第二天，我看见奶奶的眼里布着血丝，略显憔悴。当奶奶揭开锅盖的那一瞬间，一股浓厚而不可抵挡的香味扑鼻而来，和奶奶身上熟悉的气味一样，奶奶笑了，笑得那么舒心，我也笑了，夹着些泪星子，终生难忘。

每个人都离不开吃，对于青少年而言，对吃的理解是最直观也是最有记忆的，由“吃”而走进另一个人的内心，自然就会引起味觉与情感的贴近相濡；符培威写奶奶，从煮年糕出发，在儿孙共处一室的亲密相处中，他笔下的文字不再那么生涩枯燥，没有了考场作文的正襟危坐，没有了“假大空”的标签，有的尽是爱的传达与亲情的弥漫，当最后一句“我也笑了，夹着些泪星子，终生难忘”，情感是多元复杂的，体现了作文的真性情，正如他在之后的自我评价中说，写奶奶煮年糕，我突然有一种一吐为快的冲动，而当我想起白发和血丝，憔悴和笑脸，我心里却像打破了五味瓶。我把这篇文章念给奶奶听，她的笑容同样令人终生难忘！我喜欢这样的作文方式和作文内容。

再来看吴一智同学写的《舅公与海鲜》片断：

舅公是一位土生土长的渔夫。他黝黑却精神，整个人像一阵海风般爽朗。他胳膊上的肌肉疙瘩结着一层盐霜，在阳光照射下闪闪发亮。舅公每次出海，都会捕回许多海鲜：海星、大蟹、龙虾、石斑、海鳝、软唇、比目、鲇鱼……我看得眼花缭乱，却见舅公从中挑出六七斤重的大鱼，扔回了大海。他边扔边说：“十斤以下的鱼我都看不上眼，你们城里那一两斤重的鲫鱼也敢叫鱼？我今天让你们真正尝一下海的味道。”他随手一抓便是一条十几斤重的大石斑，操起刀娴熟地起鳞。我看到除去内脏的石斑放入锅里煮时，还鲜活得将要跳出来。“有时我们打鱼饿了，干脆就随手捡起一条鱼起鳞后就切生鱼片吃。那才爽口，真叫过瘾，再来两杯湛江的米酒，比神仙还有滋味呢。”舅公无不陶醉地讲道。

在湛江，舅公就是“舅舅”的意思，吴一智同学的舅公是个渔夫，他豪爽、健康、阳光，浑身充满了正能量，这样的职业、这样的生活方式，是很鲜见的；但是在吴一智的眼中，却是再熟悉不过的——我们一直认为最难得的作文个性，包括最难表达的作文真性情，或者新颖别致的作文内容——其实就在孩子们的生活空间之中。那为什么我们的孩子们总在自己的作文中出现千篇一律的作文内容呢？为什么写老师，就一定是在灯下忘我地批阅？写爸爸妈妈，就一定是推开房门给我一杯牛奶？写爷爷奶奶，就一定是回忆那遥远的过去？……我在想，是不是我们的确太忽略了孩子的生活实际，而过于注重写作技法了呢？

最后我们来看郑贝奇同学写的《舅母与萝卜田艾米粑》片断：

那天，舅婆带了自制的田艾米粑，我一听说是田艾米粑，便觉得索然无味，到处有买的东西又有什么吃的价值呢？最后，还是在外婆劝阻之下塞了一口。嗯，韧而不硬，柔而不软，让人想把舌头也一并吞下去。田艾皮上连着一丝丝艾叶，可以清晰看见，而且那里面的馅也不同于往日所见的椰丝、花生那一类的东西，是……是腌制的萝卜！田艾米粑的皮一向都甜，而萝卜的咸味恰到好处，一个，两个……我把仅有的五个都吃掉了……日子这样一天天过去，那天，我在校旁边看到挂着“萝卜田艾米粑”的牌子，一旁坐着一位老人，我看着“萝卜”二字，不禁怦然心动，买了一个，却觉得相差甚远，硬邦邦的，萝卜又少馅。不知何故，我看着手中田艾米粑，又想起舅婆种种的好，一时不能下咽。

这个片断，郑贝奇同学主要在写美食带给自己的味觉感受，是一种独特的家乡味道、亲人味道，它在每个学子的心中挥之不去，所以郑贝奇在谈她的写作体会时说，我从来没有这样一种感觉，那就是这种普通的食物能带给我这么强烈的震动，以前，我不怎么记得舅婆对我的好，可是我的味觉提醒了我，这是一种非常神奇的提醒，是身体——它提醒我去爱，让我终身难以忘记！我非常赞同郑贝奇同学的观点，在这次作文中，有很多同学都有同样的体会，后来我们把这次作文编辑成一本文集，叫《美味叫我爱》，在年级传阅。无疑，这是一次很成功的写作尝试。

之后，我就在想，是什么让我们一下子投入这么多的写作热情呢？而且，在写作中，一下子生发了这么多美好的情感？原来，是因为学生写作涉及的极具地方特色的美食，是属于湛江地区的饮食文化，由此，我开始进入了地域文化的语文教学研究。

♪ 音符2 不妨讲点地域文化 ♪

语文的外延与生活相等。不同地域儿童成长的生活背景是不一样的，往往带有鲜明的地域文化色彩，美国人克拉克认为“不能离开文化传统的基础而求变”，英国人马林斯基谈到“文化上下文”，强调对象所生活的社会文化背景和文化特征。而作为教学主体的教师和学生，生活在同一文化地域内，生活习惯、思维方式都受到当地习俗、文化心理等因素的影响，这就决定了教学过程其实是很难绕开地域文化的，尤其是语文教学。《新课程标准》也有这样的表述：“各地区都蕴藏着自然、社会、人文等多种语文课程资源。要有强烈的资源意识，去努力开发，积极利用。”这意味着，以语文教学的视角去关注地域文化，也是一种教育使命和文化担当。

不妨讲点地域文化，是指在阅读教学中，要么结合作者生活的地域文化习性，比如可以讲讲苏轼为什么到了山东密州就词风大变；要么结合文本实地考察一下相关内容，比如可以讲讲你感受到的“胡同文化”；要么来个地域文化对照，比如可以讲讲《祝福》与本地节日习俗的禁忌有何异同；要么在讲一些文本细节时，关涉一下地域文化，比如可以讲讲为什么在中国北方，“砧”或“捣衣”就象征闺妇的思亲怀远；为什么朱自清的《背影》，父亲“买橘”暗含“买吉”的意味；为什么《社戏》把唱得没了兴致，说成“懈了”，把“空地”说成“白地”，把回家看望父母叫作“归省”，把已经出嫁的女儿叫“姑奶奶”，把过夏天叫“消夏”等。这些地域文化因子，其实透射着满满的语文真味！

不妨讲点地域文化，是指在写作教学中，要么结合富有地域特色的方言，丰实写作的语言，比如可以讲讲粤语童谣和口头禅，讲讲岭南文学典籍里的精彩文字；要么结合地域文化精华，讲讲身边的文化写作素材，比如可以讲讲齐鲁文化的建筑风格、鲁菜特色、泰山的人文景观，讲讲地方戏剧剧种和文化名人等；要么结合地域文化的精神内核，讲讲本地域的文化心理与特质，比如可以讲讲庄子和屈原，讲讲楚文化包孕的“爱国、忠君、念祖”思想，讲讲其骨子里头的“强烈的民族意识和尚武精神”等。这些地域文化因子，对作文的“语言、素材、立意”都大有裨益，而且因为这些地域文化因子，学生可能亲历过、直接感知过，所以写进文章时可能更加用心、用情、用意！

地域文化就在身边，且具有极强的生命力，孩子们耳熟能详，常常津津乐道。有人说，信息社会正逐渐过渡到读图与读频的时代，教材文本也因此受到了时代的挑战。如果我们在教学中常常关联一些地域文化，甚至让孩子们去实证一番，这对于激发孩子学习语文的兴趣，提升语文教学的效度，无疑是一种不错的突围方式。

♪ 音符3　写作，不妨关注一下地域文化 ♪

——从岭南文化背景下的作文教学说起

随着高考作文命题越来越贴近生活，作为多年高考作文阅卷小组的负责人之一，笔者一直在思考，怎样的作文教学才是有效的，才是贴近作文本质的？答案最终归结在生活的体验、认知上。那么，怎样的生活才是有效的、作文时要特别关注的呢？笔者认为那就是地域文化。因为地域的、本土的文化是学生生活的母体环境，是与学生的生活密切关联，甚至就是学生生活的重要组成部分，而地域文化因为承载着地域民众的体认性、共鸣性、同感性，从而具有有别于其他作文素材没有的作文优势，那就是学生更能深入地沉淀到文化现象的背后，在有体验、有感悟的情况下，可能更容易去开掘文化现象背后站立着的人文精神。而文化本身，是具有底蕴及深厚的精髓的，更能激发人的共鸣的，能够增强文章思想底蕴厚度的。如此，只要我们长期坚持，就有可能在作文教学上找到新的突破口！而针对生长于斯的岭南人，怎样调动学生进行富有成效的岭南文化作文的写作，通过笔者大量的试验研究，觉得可以从如下三个方面去寻求突破。

一、立意——着眼于岭南文化的人文内核

1. 指导学生清理岭南文化的精神人文内核

岭南文化里面透射的文化精神内涵，是生生不息的，概括起来，岭南人主要有如下三种特质。

一是岭南人具有温和开放的胸怀。岭南人主要由早期移民与古越族杂处同化而成，故岭南民系的人民，性格相对温和，也相对具有开放性，比较易于接受外来新事物，敢于吸收、模仿和学习西方物质文明和精神文明。二是岭南人具有开拓创新的精神。广东得天独厚的地理条件，使它在唐宋时代已经成为我国重要的对外贸易区，以珠江三角洲为中心向外辐射，铸造了岭南文化讲求实干创新的开拓精神。三是岭南人具有敢为人先的性格特征。由于最早受到海外、尤其是近代西方先进文化思想的影响，得风气之先，富有冒险、创新的气质，在建立新中国以及改革开放、发展经济中，有一种“敢为天下人先”的最为宝贵的性格特征。

岭南人文化精神内核还有很多，在高考作文中，尝试着“勾连”岭南文

化的精神人文内核，会产生极为神奇的效果。下面，我们就以 2011 年广东的一篇高考范文《回到原点》的片断来进行分析：

……踏着青石板路，我缓缓步入巷的深处。映入眼帘的是久违的西关老屋。深红的趟栊门前是三级浅平的台阶，某户人家的家猫正慵懒地躺在石阶上，享受正午到来前温和的阳光。偶有微风拂过，老猫用前爪轻轻拨弄脸上的胡子，发出“喵”的一声后，打了个滚又沉沉睡去。我知道，这是在喧嚣大城市的深处才有的悠闲与宁静。而我人生的起点就始于这一片祥和中。

眼泪不争气地涌出我的眼眶，我多想呐喊：这条巷子拆不得，拆不得啊！它不仅仅是我出生的地方，也是培育我温和性格的地方，更是让我感受人间温暖的最初的开端。这里的一花一草、一砖一瓦都是岭南文化形成的开始。将这里拆掉，就是毁了我的根，就是毁了上百年广州老街坊的根啊！……

这篇文章，是 2011 年广东高考作文标杆作文 1 号卷，最终得分 59 分！是一篇当之无愧的 1 号卷！文章最大的亮点是对现实生活中“岭南文化”的观照！小作者先从“老巷”写到“西关老屋”，进而写“西关老屋”生活的“温情”，传达的自己生活“原点”——“西关老屋”的文化磁场，它“孕育”了我，培育了我，特别是文中的一句“它不仅仅是我出生的地方，也是培育我温和性格的地方，更是让我感受人间温暖的最初的开端”，是整篇文章立意不同凡响的所在，也是深受陈妙云教授高度评价的亮点，也是本文的点睛之笔！小作者从“文化”的角度，深刻分析出了文化背后“给予我温和性格”的初衷！这样的行文，就不仅仅是对故乡的简单游览，而是借助对故乡文化因子的捕捉，通过巧妙地融注，从而传达了考生更高境界的视野和更深沉的有关“文化”的群体忧思！文章也因此而顿时升华！

2. 指导学生认识岭南文化的现实问题

既然岭南文化是本土的、地域的，那么对于文化认知、感受以及对待的态度与方式上会存在极大的差异，这些差异有些是积极的，有利于岭南文化的继承与发展的；而有些是消极的，是不利于岭南文化的继承开创的。对于岭南文化面临的现实问题，主要是有如下几种问题。

一是政府部门的忽视。在以经济建设为中心的当下，政府的主要注意力都放在如何提高经济效益这一“显性”的杠杆上，而常常忽略了“隐性”的本土文化保护与开发，比如在对文化遗迹的保护，古迹的乱拆乱建，对文化习俗的傲慢与无视等。二是外来文化的入侵。随着世界经济的一体化，许多外来的文化逐渐涌入岭南，并且越来越占据了青少年的消费主导，使得很多年轻人逐渐淡忘甚至摒弃了岭南文化，比如外来的饮食文化，以前是“麦当劳”“肯德基”；现在都时兴“星巴克”“日韩料理”等。三是民众心理的误区。在一个物质居上的社会，社会民众越来越看重自身既得的物质利益。

所以老百姓在面对本土的文化现实时，要么更多地注入商业因素，要么因为无知而对其任意戕害。比如很多文化古迹的所在地都成了商业街；或者游客在文化遗迹上恣意留下自己的留言签名等。

二、素材——着眼于岭南文化的知名品牌

1. 指导学生进行文化素材的积累

要改变学生喜读怕写的心理，养成良好的写作习惯，首先还是要激发学生的写作热情，培养学生的写作兴趣。教师完全可以引导学生关注身边的知名文化品牌，比如粤语、粤菜、粤剧、岭南服饰、岭南盆景、岭南建筑、岭南画派、岭南民俗等，进行专题搜索积累，丰富学生的素材储备。

2. 指导学生学会使用岭南文化素材

一是在叙事中融注文化现象。在作文中，学生可以有效地融注相关的文化现象，使自己的文章因为岭南文化素材的介入，从而更加真实、真切，也更加动人。比如：有同学在写“悄悄”这篇命题作文的时候，就结合岭南特有的临海地域特征，写出了极富岭南文化特征的优秀作文，我们来看这一段：

后来奶奶告诉我“真经”，杂鱼汤的选料，火候，步骤都很讲究，选鱼要选文鱼、活米鱼、金古鱼、银米鱼、泥鳗鱼和流鲳鱼，其他种类的鱼不要，把水煮至八分熟，放入鱼和姜丝，盖上盖子后，等到看见有烟冒出来，就往里放入一条新鲜的虾；待到水开了后，放入盐和盐稀，一分钟后熄火，并让锅放在炉子上静置 4 ~ 5 分钟，这样煮出来的汤才鲜甜。

文章没有华丽的词语，却巧妙渗透着岭南美食文化的因子。这一碗不平凡的汤，是“我”喝了再多也依然留恋的汤。作者运用的语言朴实，却饱含着深情，因为“杂鱼汤”串起了奶奶对我“悄悄”的爱。在这里，岭南文化（美食文化——鱼汤）素材的融注，让一个平平凡凡的奶奶形象变得更加真切、真实，文章也更有感染力！

二是在抒情中设置文化背景。写人叙事，我们要抒发自己的感情，如果将这些人与事置于大家熟知的岭南文化背景之下，那么这些情感会因为自己生于斯、长于斯而更加生动、更加感人。比如有个学生写“怀念”这篇作文，就给文章设置了一个“年例”的文化背景，来怀念外公的可亲与可爱！我们不妨来看下面几段：

年例是农村除了大年初一以外最喜庆的日子，不同地方过年例的时间也不同。每到年例，每户人家都要回来聚会，杀鸡祭神、祭土地爷。另外村里也会举行游神庆典，各路“神仙”扮相各异。庆典中的“瑞狮”会到家家户户去拜年，我们会留下一个红包，祝愿来年一帆风顺。

……又一个正月十七，我随妈妈回外公家过年例。……外公依然呵呵地笑着，说："没事没事，你外公我还硬朗着呢！"随后外公拍了拍我的肩膀，说："孩子啊！要好好读书，长大才有出息呐！"我低着头"哦"了一声，点点头，完全没注意到外面噼噼啪啪的鞭炮声。

……现在，外公不在了，对外公的思念因为正月十七而更加深刻。我爱我的外公，因为每年见到他的时候，他总是给我全部的爱！

这个片段，因为将"外公"置于"年例"的文化背景下，小作者对"外公"的怀念就更加亲切，更具有岭南人的特质，文章也就更有感染力！当然，在纯抒情的文章中，我们也可以将抒情置于岭南文化背景下，正如电影《红高粱》《大红灯笼高高挂》一样，设置鲜明的地域文化背景，给人留下难以磨灭的印象！

三是在议论中援引文化素材。生活中存在很多关于文化的现实问题，如果学生在针对文化现象进行文化议论时，自然会叙议结合，并且会传递相应的文化责任和文化担当，里面自然也会涉及文化素材。比如，有位学生在一篇为"忧思"的作文中，是这样使用文化素材的：

……犹记得小时候，从牙牙学语起，外婆总是轻拍着不肯睡觉的我，嘴里轻轻唱着"月光光，照地堂……"我总伴随这轻柔的歌声入睡，获得一夜好梦。而外公喜欢让我坐到他大腿上，教我唱"拍大髀，唱山歌……"，稍大些，和玩伴们一起在大街上奔跑嬉戏，总少不了一起唱童谣。"点指兵兵，点着谁人做大兵；点指贼贼，点着谁人做大贼。"这可是最常提起的童谣了。可是在现今不少"00后"之中，流传已久的粤语童谣似乎失去了它的魅力。……一味注重推及普通话教育，传统的粤语文化还能一代代传承吗？逐渐消失，难道就是粤语童谣的最终命运？衷心盼望下一代乃至更下一代可以把这岁月流转中渐行渐远的熟悉韵律传承，使其口口相传，经久不息。……

这篇文章，先从现实的粤语童谣遭到普通话的冲击入手，表达了小作者对本土文化的忧思，读来让人倍感亲切，这样的素材使用，视角新颖，体现了考生难得的文化担当！

有了较强烈的岭南文化素材意识，学生在平时作文、考场作文中，都能自觉地向岭南文化方面进行牵引、拓展，文章也因为考生具有鲜活的生活体验、感受、认知，也进而能深刻地切入文化内核，进行文化方面的思考与开掘，再加上老师的指导、引领，在学生、老师的共同努力下，我们的文化作文教学，出现了很可观的气象。

三、语言——着眼于岭南文化的生动

中学的写作教学，虽然采用的是规范的普通话，但是作为岭南学生，在

写人叙事、抒发情感、甚至发表议论时，很多具有岭南文化生动的语言，也可援引进来，增强文章的生动性、趣味性，令语言的表达更加充实、亲切。

一是粤语童谣。无论粤语童谣还是国语童谣，从意义上来说都是一样的。童谣是为儿童作的短诗，强调格律和韵脚，通常以口头形式流传，极富童趣和生动性。二是粤语口头禅。口头禅是区域民众在长期的生活实践中，自觉形成的口头用语。比如粤语中的点睇、老细、有米、唔该、湿湿碎、有冇搞错、顶硬上……就能显现出岭南人机智幽默的市井人物的心态以及兼容并蓄、宽容进取、乐观豁达的民性。三是岭南文学典籍。比如黄遵宪：精卫填海般有赤子心的诗人政治家；康有为：戊戌维新的杰出代表；梁启超：行走于大时代浪尖的思想巨子；陈垣：被毛泽东誉为“国宝”的学界宗师等。他们的事迹成为作文丰富语言形式的一大聚宝盆。

下面，笔者就我所指导的一篇作文来简述使用生动的岭南语言精髓的效果，这是我教的高二（8）班的李云宇同学《回忆我的阿婆》中的两段：

我家位于佛山农村。小时候，父母下田劳作，我喜欢依偎在阿婆温暖的怀里。阿婆搂着我，轻轻哼着歌儿：“一只荔枝香又甜，一粒梅子涩又酸；问你想摘哪一粒？搞掂就回我身边。”我连蹦带跳地跑去后院，摘下几颗又红又大的荔枝，让阿婆挑选后，婆孙俩乐滋滋地吃起来。

阿婆是个勤快的人，家务活大半是她干。家门前流淌着一条清澈的小溪，阿婆去洗衣服时都带上我。她一边用木棍敲打衣服一边唱：“真冇修（‘冇修’指缺乏修行），实冇修，我条水裤（‘水裤’即裤子）着（穿）出油。日间想洗冇得换，夜间想洗冇热头（‘热头’为阳光）。”我喜欢跳到溪里捉鱼虾，因手脚太笨，只是把鱼虾赶得团团转，总是水中捞月一场空。阿婆笑呵呵地说：“鱼虾比我的孙儿还聪明呢！”

认真阅读这篇文章，这两段里面，有岭南歌谣：①“一只荔枝香又甜，一粒梅子涩又酸；问你想摘哪一粒？搞掂就回我身边”②“真冇修（‘冇修’指缺乏修行），实冇修，我条水裤（‘水裤’即裤子）着（穿）出油。日间想洗冇得换，夜间想洗冇热头（‘热头’为阳光）”；其他段落还有岭南语言样本：“食”大米不“食”稻谷（“‘食’稻谷”指务农）。要做“大世界”，光宗耀祖，回村里“威”给乡亲们看，等等；有岭南常用的民俗特色、俗语：年例，“年年有利，大吉大利”等。这些生动语言样本的加入，使得文章的文化气息更为浓烈；而整篇文章，因为这些语言的魅力，读起来更加生动、更有感染力！

通过笔者岭南文化作文的教学实践，学生应试作文“假大空伪套抄”的作文弊端得到了有效的遏制，学生变得“有话可说”了，且写出的内容较为充实，语言较为真挚，立意也较为深刻。同时，加深了学生对岭南文化的认知，养育了广东学生的文化气质。我们相信，只要长期浸染岭南文化，以文化的视角去关注社会与人生，去关注周遭的环境，可以不断据此修身养德，吸纳岭南文化的精髓，进而成为一个真正的文化人。

♪ 音符 4　阅读与写作教学的区域文化指向 ♪

随着高中语文新教材编写的逐渐区域化，教材关注的内容除了经典的名家名篇之外，越来越多地打上了区域文化的特质。就拿粤教版高中语文新教材来说，教材编写者结合岭南文化的精髓，充分考量了岭南文化“敢为人先，艰苦奋斗，宏阔大气”等精神内涵，教材中融入了篇幅不少的岭南名人、岭南风土人情等阅读文本，尤其在选修教材中，这方面的体现更为明显。毋庸置疑，区域性的教材更适合区域性师生对母语的习得，更能彰显语文教学的文化养育功能。

区域文化是一个地区民众得以延续的精神磁场，是流淌在骨子里的温热血液。而语文的习得从来就离不开具体母语环境，个体成长最直接的言语样本其实是来自本土文化，加强对区域（亦可称为本土）文化文本的阅读，更能激发学生对语文的兴趣，也更能直接感受到家乡风土人情的精神内核，形成有效的共鸣，在此基础上，进而形成热爱家乡、热爱祖国的宏大情怀，最终完成文化传承的历史使命。

明确阅读教学的区域化指向，进而带动写作教学的区域化，其实是一个很复杂的课题，是一项系统工程。这是因为，以阅读教学为主体的教材，遵循了语文作为“工具性与人文性”相统一的原则，要加强阅读教学的区域文化指向，显然是在实现语文教学“双基”的基础上，进行的区域文化濡染与引领，而这种文化濡染与引领，应该是对教材阅读文本的自然伸展，这对学生的知识迁移与文化感性，提出了更高的要求；对教者的教材处理与文化介入，相应提出了更高的能力要求。

对于阅读教学的区域性文化指向的研究，我们不妨以粤教版高中语文选修 4——《中国现代散文选读》为例，来进行相关的阐释。首先，我们根据文化的分类，结合教材的基本篇目，进行文化编辑，比如：《五猖会》包含民俗文化；《想北平》包含京都文化；《碗花糕》包含饮食文化；《命名记》包含中西文化；《这思考的窑洞》包含建筑文化；《汉家寨》包含历史文化；《听听那冷雨》包含中华文化；《道士塔》包含宗教文化；《秦腔》包含地域文化等。那么，在大的文化范围前提下，我们可以结合岭南文化相关的特色，进行必要的定向伸展，比如，由《五猖会》到民俗文化，再到岭南的“逛花市”“飘色游街”“万人宴”等；由《碗花糕》到饮食文化，再到岭南的粤菜；由《这思考的窑洞》到建筑文化，再到岭南的“骑楼”“碉楼”

“祠堂”等建筑特色……如此一来，充分调动了学生的生活体验甚至生命体验，对教材旨趣的把握，对文化意蕴的探寻，必将升华到一个更积极内驱的层次。

这种升华，激活了语文的研究性学习，增添了学生社会实践的内容，开阔了学生的视角，丰富了语文的活动课堂，甚至形成了独具特色的校本课程。学生们通过课堂内阅读教学的区域文化激活，课堂外则通过小组的“合作、讨论、探究”的方式，借助“采访、调查、查阅资料、实地观摩”等多种途径，将本区域文化的特色、文化精神内涵、文化意义和价值，进行亲历性的感知，进而内化为语文的文化素养和文化趣味，将课内与课外结合了起来，将文本与生活结合了起来，将间接感知与直接感知结合了起来，增强了语文学习的力度与效度。

阅读与写作是不可分割的。阅读教学的区域文化指向，必然对区域文化的写作起到很好的示范作用。写作立足于区域文化，也是对当前写作教学“应试化、模板化、僵化”的强力矫正，学生在应试作文体现出的“假大空伪套抄”，成了当前写作教学的集体困惑。要解决这个问题，应该从学生认识生活的态度入手，生活的范围有宽有窄，但都离不开与学生血脉相连、具有一衣带水关系的区域文化磁场。区域文化的无处不在，成了学子取之不尽用之不竭的写作源头。

结合阅读教学的区域化指向，我们在写作教学中也可以做这样的读写结合。比如，我们讲授了具有中西文化特点的《命名记》，进而结合中西方美食文化（比如吃麦当劳和粤菜），来写一篇《就餐记》；比如，我们讲授了具有秦地文化特色的《秦腔》，是不是结合岭南文化特色写一篇《舞狮》或《粤剧》；比如，我们讲授了体现亲情、渗透美食文化的《碗花糕》，能不能结合岭南文化写一篇《菠萝糕》《粤式月饼》……更自由地，我们可否指导学生写区域性文化名人、区域性的文化风物、区域性的衣食住行文化、区域性文化批评等，让学生深入文化的内核，深入他们生活的表象背后，去揭示一个地区、一个“点”上的鲜活文化因子，在调动其思维与体验的同时，以全新的角度、全新的态度去关注作文，从而让学生的作文因为关注了文化，而更富有写作的热情、写作的底蕴与境界！事实上，2011 年，广东省高考作文《回到原点》的第一篇满分标杆作文，就是写自己回到“西关老屋”，感受岭南文化温情与精神的佳作！

既然文化本身与自身的衣食住行、待人接物息息相关，更何况与自身耳闻目见的区域文化呢！作为高中的语文教学教师，我们更应该基于高中学生对文化基本的感知力，去引导学生关注“鸡毛蒜皮”之外的维系一个区域民众不断向前的精神纽带，去关注这些寻常百姓生活的背后，有哪些文化血脉在浇灌这片沃土，如此，我们的阅读教学的文化指向，才有更明确的落脚点，学生的文化养育，才会变得真实而富有意义；如此，学生的作文，才会从死记硬背作文素材中走出来，从僵化、套化的模式中走出来，用自己的“心”，带着某种文化责任感去写作文。

在海量信息化的今天，在读图与读视频普及的当下，我们的语文文本如果还是拒人于千里之外，如果我们不能有效地结合学生的生命母体（文化）来激活课堂，如果我们不能将教材的触角与学生的文化生活感知触角有机结合，那么我们不但会失去业已枯燥的语文课堂，而且根本无法提升新课标提出的文化情趣与文化审美，将阅读与写作教学带入新的困惑当中。

可喜的是，高考命题者似乎也认识到了这种情形。在高考命题权逐渐下放的今天，全国及各省市的高考语文命题也越来越多地关注本省、本地区的语文文化资源。比如，拿 2011 年广东省高考语文试卷来说，文学类文本阅读题《严冬海猎》，直接是广东作家陈秉汉的散文，文章出自《2004 年广东散文精选》，写的是在海边捕鱼的故事，反映了一种“海洋文化”；实用类文本阅读题《梁宗岱先生》，这篇传记的传主梁宗岱先生，就是广东新会人，属于岭南文化名人范畴；而高考作文题《回到原点》，自然可以让我们联想起滋养民众的区域文化精神了。当然，试卷当中还有其他题目也涉及文化，广东如此，其他省市的高考命题，也正逐步体现这一趋向。

总而言之，阅读与写作教学的区域化指向，是语文属性的使然，也是时代的大趋势，因为一方水土一方人，一方人一方文化，文化与人，相互促进，区域文化包罗万象，是语文教学可供援引的最鲜活的人文资源，而教材的区域化和高考命题的区域化，强化了语文文化养育的区域属性，如果我们能够智慧地预见这一趋势，在一段时间内，对于语文的教育教学，我们极有可能机智地达到突围目标。（注：本文写于 2011 年）

第二节　文化语文教学

♪ 音符 1　以文化人　文化语文 ♪

北京师范大学新近发布的中国学生核心素养，其中最重要的板块“人文底蕴”，其实就是对中国学生“文化精神”的重新建构，这也是对新修订的《中学课程标准》中关于语文学科“人文性”的深层次观照。毋庸置疑，关注并继承优秀的文化是“以文化人”的关键，而文以载道，“语文”文本彰显出来的精神价值，就是文化的“魂”。文化之魂，于是就成了我不断提炼自己语文教学理念的“初心”。不忘初心，是为了教化人、培养人、熏陶人。

文化精神中的价值观念、道德规范、人生智慧等，促成我在语文教学上，由“人文性”的理解渐变到“文化”意义上的深刻追求。于是，“以文化人、文化语文”，就成了我进行语文教学的基本理念。

“文化”是物质与精神的总和。“语文”本身就是文化的，作为“母语”，它也是民族的，民族的语言常常是民族精神的载体。高中的语文教学，应该着力引导学生关注“文字”背后潜藏着的“灵魂”，引领学生走进传统文化，感悟并吸纳民族的传统美德、精神及价值追求，进而让学生矫正并完善自身的人生观、价值观与世界观，让他们以更完善的人格、更健全的心智继往开来。我期待因为我的语文教学，能让广东这个“文化沙漠”之地，燃起星星之火。

理念往往是抽象的，要让抽象的理念落地，还得化虚为实、化大为小。众所周知，语文的外延与生活相等。不同地域儿童成长的生活背景是不一样的，往往带有鲜明的地域文化色彩，美国人克拉克认为“不能离开文化传统的基础而求变”，英国人马林斯基谈到“文化上下文”，强调对象所生活的社会文化背景和文化特征。而作为教学主客体的教师和学生，生活在同一文化地域内，生活习惯、思维方式都受到当地社会习俗、文化心理等因素的影响和制约，这就决定了我在具体的教学过程中，不能绕开地域文化，因此我在语文教学上，就以岭南的地域文化与具有粤派特色的“粤教版高中语文教材”为抓手，积极开展相应的课题研究与课程教学实验。

从2008年9月开始，我主持的“紧扣新教材，践行新作文”课题研究，该课题成果于2010年6月获得广东省科研成果二等奖；2010年，我继续主持的“粤教版背景下的文化教学与文化作文研究”，该课题是隶属中国教育学会“文化作文与文化教学研究”课题的子课题，该子课题2011年9月被总课题（总课题编号为0627925B）正式立项，该子课题的编号为0910528G，2013年8月已顺利结题。2012年，我撰写的课题研究报告——《阅读与写作教学的区域文化指向》；2014年，我撰写的《写作，不妨关注一下地域文化》被语文核心期刊——《语文月刊》全文刊登；2014年，我继续申报了“岭南文化‘三进课堂’教学研究”，被广东省教育研究院正式批准立项；2015年，我的专著《地域文化与中学语文教学》，由语文出版社正式出版……所有这些对教材的研究与建设性拓展，不仅让自身的教学理念更加明确、教学风格更加彰显，同时也因为地域文化的参与，让语文课堂带有更多的创新性、带有更多的可以预知的趣味性，大大激活了学生学习语文的兴趣。

明确的教学理念带来了丰富的教学体验。2010年4月，在广东省教育研究院举办的“广东省普通高中新课程语文选修课课堂教学观摩研讨活动”

中，我所执教的极富地域特色的“秦腔”课文，结合广府文化的“粤剧”进行教学，荣获广东省教育研究院阅读教学一等奖；2011年12月23日，在广东省教育研究院举办的“广东省语文教育学术研讨暨课堂写作教学优秀课展示观摩活动”中，我所展示的《走进经济》作文教学，结合“市场经济对地域文化产生的冲击”展开，荣获优秀课例一等奖。这两项奖励，标志着我在“文化语文”的教学实验中，针对阅读教学和写作教学，很荣幸地成为全省双料冠军。2010年，由我录制的《认识自我》单元教学光盘，主题即是认识一个“广东人”的“我”，也随粤教版高中语文必修一同步发行。2013年3月，在“第三届全国中学语文名师成长课堂展示研讨会”中，我所讲授的高中阅读课“等待散场”，由“天鹅湖”讲到“高雅文化”与“纯净爱情”，受到与会专家和教师好评。2015年，我开展了佛山市名师在线辅导活动等。近5年，围绕“以文化人、文化语文”这一教学理念，我在全国、省、市、区、县上示范课、辅导课、研究课、开设讲座共二十余次，广获好评。

好的课堂一定会产生好的教学效果。2010年，所带学生朱梦恩，语文高考成绩136分，为湛江市高考语文状元；2012年，所教学生郭楚琪，高考语文成绩130分，为佛山禅城区高考语文单科状元。2014年7月，我开创的“岭南文化与广东语文教学”课程成为广州市中小学教师继续教育的选修课程；2014年10月，我入选佛山市中小学特级、正高级教师培训；2015年7月，我被评为广东省新一轮“百千万”名教师培养对象……这些业绩的获得，我觉得均得益于“以文化人、文化语文”的教学魅力！

通过这么些年“文化语文”的教学实践，我觉得如下三个方面非常重要，现简述之。

一是教师要具备相应的文化素养和文化意识。教师要具备相应的文化素养，需要强调的是，教师应该系统深入地研究本学科的文化特质，同时与之关联，将学习的视野扩大到与之相关的文化现象上来。教师要具备相应的文化意识，在教学内容上能够“预见”到“文化点”，进而进行更为生动的文化提升，以独具特色的文化课堂来打造更为出色的课堂文化。

二是教师要善于积极探索“文化语文”的教学模式。众所周知，教学模式一旦形成，则必然具有一定的体认性、稳定性，而“文化语文”的教学模式一旦形成，教师的个人魅力与教材文本的魅力会同时显现出内蕴美的芬芳，从而实现个性课堂向文化课堂的转变。

三是教师要善于整合文化资源并长期坚持。文化语文教学风格的形成，对一位老师的教材资源整合能力、身边教学资源的搜集处理能力，都提出了更高的要求，并且，这种要求不是短期的，是常相伴随的，只有奠定在学科前沿、教学理念前沿的基础上，一以贯之地执行，文化才能在时间的淘洗中显现出夺人的光芒，我们的文化教学才能因为时间的佐证而真正富有生命力。

♪ 音符2 “文”何以化人 ♪

——兼谈文化教学的价值取向

中学文化教学在时代的助推下已然不可小觑，为了进一步探讨文化教学的价值取向，我们不得不关注“以文化人”的时代命意，因为无论是“由人化文，以文化人”，还是“以德润身，以文化人”，其逻辑节点还是“以文化人”，甚者还有人提出“以文养心、以文育人、以文化人”的三段论，但无论如何，探讨并厘清“以文化人”的内在属性与外在影响，对于顺利推展文化教学是大有裨益的。

要弄清楚“以文化人”，先要弄清楚“文”的古今流变。《说文解字》里说：“文，错画也，象交文。”意思是说“文”字的本义是指“交错画的花纹”。在上古时期，我们的先人有“文身”的习惯，古书中也多有记载，如《礼记·王制》中说：“东方曰夷，被发文身，有不火食者矣。”《庄子·逍遥游》中说：“越人断发文身。”这里的“文”字都是指“文身”。那么古代东夷之人为什么要在自己的身上刺纹呢?《史记集解》里说，因为那里的人们经常在水中活动，所以要剪掉头发，在身上刺上花纹，就像蛟龙的儿子，这样在水中就可以免遭侵害。

但“文”字的这一本义并没有始终保持下来，而是不断地被引申出其他含义，如由“文身”引申出“花纹”“纹路”的含义，《新序·杂事》里说：“屋室雕文以写龙”，就是说在房屋里雕刻出龙的花纹来。《庄子·马蹄》里说：“五色不乱，孰为文采?”《楚辞·九章·桔颂》里说：“青黄杂糅，文章烂兮。”这里的“文采”“文章”都是指颜色错杂而形成的花纹。由于“花纹”魅力悦目，又由此引申出“文采”的意思来，如我们现在经常还用的一个成语叫“文质彬彬”，这个“文”字指的就是“文采”，“质”是指“实质”，“彬彬”指“文”和“质”配合得很好，用来形容举止文雅，态度从容不迫。此外“文”字指“文采”的还有如“文情并茂”“文采风流”“文如春华”等。

后由“文采”“文章”又引申出有各种仪节组成的礼乐制度等一类古代文化，如《论语·子罕》里说：“文王既没，文不在兹乎?”这句话的意思是说周文王死了以后，一切文化遗产不都在我这里吗？后来，《易·贲》提出：“观乎人文，以化成天下。”这里最早提出了“文”与“化”两个概念，它们分别指的是“人文”这一实体及其“化成天下”的功能。化成天下，当然也包括“化人”或“人的自化”，只是“化人”其实是“人文”在化成天下过程中的自我提升。所谓“人文”，《易·贲》指的是“文明以止”，区别于“以察时变”的“天文”。如果说，“观乎天文，以察时变”指的是人们对“天下”的感知，那“观乎人文，以化成天下”指的就是人们以先进的价值观对“天下”的改造。这里的“人文”，范围更为广阔，意义也更为深远。

通过对上述有关“文”的源流的梳理，从文化教学的层面来说，应该可以有三层主导含义，一是基于“文章”的角度，主张对“文采”“文情”进行“教化”；二是基于“文化”的角度，主张对古代优秀文化进行习得传承；三是基于“人文”的角度，主张吸纳人类先进的价值观及规范。综合上述三层含义，笔者认为在文化教学中的“以文化人”，即是以文章为前提，立足于古代传统文化，积极传递人类先进的价值观与规范，从而以之教育人、熏陶人、感化人，最终真正达到“化人”的目的。而文化的本质即“以文化人”，我们提倡文化教学，就是为了“化人”。文化传统中的价值观念、道德规范、人生智慧等先进价值观及其规范，促成笔者建构起“以文化人”“文化语文”基本教育理念，前者是方式，后者是结果；前者是过程，后者是目的；而在实践中，前者又是价值追求，后者恰好是运作起点。

既然“以文化人”在文化教学中的位置如此重要，现在我们关注的问题是，文何以化人？有怎样的原则与方法，如何运作才能富有成效，笔者通过多年的研究与实践，认为可以从如下几个层面入手。

其一，凭借经典古诗文，来教化人。中华文化源远流长，上下五千年，经典的古诗文的文本可谓汗牛充栋，星光熠熠。从《诗经》到《乐府》，从诸子百家到唐诗宋词，从元曲到明清小说，从“建安风骨”到“唐宋八大家”，从《资治通鉴》到各代正史……而入选中学各个版本教材的经典古诗文，只是中华辞海文宗之中的凤毛麟角，拓展、发散的余地非常宽大，这些经典的古诗文，积淀了丰富的文化内蕴，其中饱含着中华民族优秀的传统美德、价值观念和人生智慧。读《诗经·氓》，读《论语》，读《逍遥游》，读《洛神赋》，读《阿房宫赋》，读《陈情表》等，可以教导孩子守信、仁爱、通达、爱国情怀和孝道等，海量的古诗文真是取之不尽、用之不竭的“化人”泉眼，是我们进行文化教学的最为难得的资源。

其二，凭借文化名人情怀，来感化人。中国古代的文化名人，群星璀璨。他们身上折射出来的人文情怀，无疑是中华民族最为宝贵的精神财富，也是我们进行文化教学的重要渠道。就拿诸子百家来说，首先是儒家。包括孔子、孟子、荀子三个代表人物，他们的思想精义是：仁、义、礼、智、信；其次是道家，主要是老子、庄子，他们的思想奥义是：道德，无为、逍遥；再次是墨家，代表人物是墨子，其思想主要为：兼爱、非攻、举贤、节俭；最后是法家韩非、李斯等人，他们的思想主要是君主集权、以法治国等。这些文化名人，因为其精神的光芒而烛照后世。在文化教学的过程中，以他们的精神感化孩子，让孩子在无形之中吸纳并自觉体认这些人文精神，无疑是非常重要的一环。

其三，凭借地域文化，来熏陶人。地域文化是孩子成长的母体环境，在文化教学过程中，积极引入地域文化的文本，引领孩子在耳闻目见的地方文化因子中，得到文化的熏陶，是非常有效的教学方式。比如河北、山西、河南地区，可以大胆引进中原文化；山东的语文课堂，可以大胆地引进齐鲁文化；两湖地区可以引入楚文化；苏浙地区可以引入吴越文化；两广地区可以引入岭南文化……这些地域文化，同属于中华文化，里面流变着丰富的人文积淀，本区域的价值取向、道德规范和社会道德都统属其中，而且，这些大格局的地域文化还可细分，比如岭南文化下属广府文化、客家文化等，甚至每所学校都有其独特的校园文化……这些地域文化的因子，时时刻刻影响着孩子的成长，是最能熏陶他们的文化母体，文化教师如果能够在这些方面有所作为，必将产生事半功倍的文化教学效果。

上述，笔者从三个方面浅论了“以文化人”的途径与方式，当然在实践中还有待进一步澄清与矫正，希望“以文化人”能够充分地承载起“文化语文”的价值追求，在文化教学的道路上，风光无限！

♪ 音符3　文化教学的边界 ♪

——兼谈我在台湾执教的那节课

中国学生核心素养中的“人文底蕴”为中学语文教学进一步关注“文化”，进而衍生出独具特色的“文化教学”提供了可能，与2004年推行的中学语文“新课程标准”相契合，“人文性”的语文功能更多地指向中华传统文化及中西方文化的精神追求，因此富有鲜明的价值倾向与时代特色。在这种背景下，文化教学已不再是冷傲生僻的概念捏造，而是作为一门生动的课堂运作形式，科学且艺术地呈现在我们面前。

中学语文文化教学的本质是“以文化人”，主要是基于传统文化的习得来熏陶人、教化人、培养人。为了达成这一点，我们必须立足于语文文本背后彰显出的伦理道德、价值规范、行为准则等文化元素，进行文化层面的解读与研究。这种解读与研究，无疑是宏阔壮美的，因为“文化”本身难以界定，它的现实指向与精神指向一直众说纷纭。而面对具体且独特的中学语文文化教学，“文化”的触角伸展到何方？我们该如何厘清“文化”？这里显然涉及一个“边界”问题，为此，我想结合我在台湾执教的那节《崂山道士》的课程，来具体谈谈文化教学的边界问题。

我们先来简述一下《聊斋志异》里《崂山道士》的基本内容：

富家子弟王七一心学道，于是到崂山拜师学艺，他坚持了一个月，因不堪忍受整日上山打柴的辛苦而想中途放弃。正当他决定离开的时候，他发现师傅有众多道术，比如“剪纸如明月辉室”“壶酒遍给”“掷著邀嫦娥”“践友于月宫”等，于是留下继续学道。然而苦撑一个月后，王七还是坚持不下去，临下山前恳请师傅传授一个小道术，以不虚此行。师傅念及王七不能吃苦，实属无奈，于是告一口诀，传授王七“穿墙术”，并且告诫“归宜洁持，否则不验”。王七“学成”归来，炫耀于妻，结果撞得鼻青脸肿，于是王七大骂其师傅。

台湾各高中所选国文教材版本不尽相同，有的版本还加上小说结尾蒲松龄的点评。作者认为，有些“不当需求”的人，总会赢得一些外来的“假意迎合”，结果这种人“不撞南墙不回头”，落得个让人耻笑的下场。

面对这样一篇课文，台湾教师是怎样处理的呢？台湾卫道中学从教三十年的国文教师是以七个问题的讨论来展开的，分别为：①请选出小说故事最精彩处，图解说明；②本文题为“崂山道士”，但主角是王生，你认为这样的命题意义为何？③文中道士对王生的考验与规劝为何？④文中的王生学道为什么失败？⑤蒲松龄写《崂山道士》的主旨是什么？这一篇故事给我们的启发是什么？⑥说说作者创作《聊斋志异》的目的何在？⑦请简要说明蒲松龄的一生局限与成就，你对这样的人生看法如何？给你什么样的启发？毋庸置疑，这些问题的有效铺展，气象万千，学生也能牵一发而动全身，对蒲松龄及《聊斋志异》会有全局的认知，无论如何，这都是一个非常漂亮的课堂设计。而作为同课异构的大陆的教师，笔者思考与践行的，却是如何对文本中文化边界的有效把握进而有效地进行文化教学。

从宏观层面来解读中学语文教学的文化边界，当立足于传统文化经典、立足于圣哲先贤所代表的璀璨文化星河。文化是现代的，更是传统的。传统的经典文化正是我们上下五千年的民族瑰宝。进行文化教学，教者应融注丰盈的传统文化意识，奠定丰实的经典文化情怀。面对鲜活的阅读文本，教者应该自觉地审视文本中可能凸显的文化基因，并尽可能地站在传统文化的制高点去破译文意的走向与文本的主题。《崂山道士》中的师傅为什么告诫弟子“归宜洁持，否则不验”呢？因为道家最为推崇的就是《道德经》，相传为老子（李耳）所著，被誉为“万经之王”，讲求“修身、治国、用兵、养生”之道，而首推“修身”，而传统文化中“修身”的本质即“洁”，“不存杂念私心，讲究内在干净无尘”，道士师傅深得道学奥义，自然对王七谆谆告诫，只是王七不解道教真意，略知皮毛甚或一窍不通，所以最终落得个自取其辱的下场，不足为怪。若从这个层面去解读文意及文旨，自然令文本的解读豁然开朗，且别开生面。这也是宏观的文化边界派生出的动人案例。

从中观层面来解读中学语文教学的文化边界，当立足于作家及其作品中的“人”作文化层面的研究与探讨。文化是由“人”创造的，“人”的文化格局决定了“文”的文化意味。从某种意义上说，文化教学的“知人论世”更多地体现为“知人论文化”，对作者及其作品中“人”的文化开掘，文化的教学目标容易锁定，文化教学的范围及广度容易操控驾驭，是文化教学的常态思维边界。比如写《崂山道士》的蒲松龄，19 岁参加童子试，却一生献身科举，在一个封建宗法的社会里，他输得一塌糊涂。“集腋成裘，妄续幽冥之录；浮白载笔，仅成孤愤之书”，在他身上，有传统儒学滋养，所以善于歌颂真善美，鞭笞假丑恶；有道家学派的精神空间，现实的不得志，所以寄托于作品中的花仙狐魅，寄托于虚幻的美好与自由。这就不难理解，《崂山道士》中的道士师傅，为什么会“上天入地，点石成金，穿墙过屋”等法术了，这是一种精神的绝对自由，是一种“无我、无形、无空间”的穿透。而作品中“人”越“神通广大”，也暗示着作者越痛苦，只能蜗居一隅“孤愤”不已。《崂山道士》也更像一篇寓言，作者就像那个倒霉的王七，想得到一些逍遥术却最终被现实撞得鼻青脸肿，这样的文化意味的品评，也是别有洞天了！

从微观层面来解读中学语文教学的文化边界，应该兼及地域文化。不同地域儿童成长的生活背景是不一样的，往往带有鲜明的地域文化色彩，美国人克拉克认为“不能离开文化传统的基础而求变”，英国人马林斯基谈到“文化上下文”，强调对象所生活的社会文化背景和文化特征。而作为教学主体的教师和学生，生活在同一文化地域内，生活习惯、思维方式都受到当地社会习俗、文化心理等因素的影响和制约，这就决定了在具体的教学过程中，其实是很难绕开地域文化的，尤其是语文教学。我所上课的台湾卫道中学，是一所基督教的教会中学，学校校长是由牧师担任的，校园的很多建筑，包括校园的环境布置都带有很强烈的基督色彩，这也是明显的地域文化（更具体地说是校园文化）特色。《崂山道士》，也很具有宗教色彩，而无论是道教、基督教，到倡导“清修、苦修”的宗教律令，作品中的王七因为不能“苦修”最终归于失败，这跟基督教的修行是一样的，正好可以做这方面的课外拓展，因为无论是做学生还是做基督徒，“清苦修为”“有所修为”均是共同的价值追求。如此，这节课又有了新的看点。

上述笔者围绕《崂山道士》，从宏观到中观再到微观的探索性思考，也恰好回应了文化教学需要掌控的边界问题，边界问题一旦厘定，文化课堂教学的思路便充满了源头活水。而这节同课异构课，笔者围绕文化教学，深入浅出地以“关于《崂山道士》几个有趣的问题”为课题，展开趣味性地探索。

1. 王七是不是崂山的道士？（是真道士还是假道士？）
2. 师傅是不是好师傅？（是真传道还是假传道？）
3. 蒲松龄是不是真耻笑？（是真耻笑还是真孤愤？）

这三个问题，涉及文化经典《道德经》，“文化人”同时也涉及地域文化等问题。课堂的效果，可以从卫道中学的牧师校长、广东省“百千万”名师班同人的一致肯定。

文化教学，是当前学科教学的一种尝试，作为一名语文教师，借助文化教学提升学科的文化素养，进而加强学生核心素养的培育，其价值与意义自不必多说。本文对文化教学边界的理解，也仅仅停留在探索阶段，个中不足，还需不断完善，也以小文问道于方家，以期文化教学发扬光大。

♪ 音符 4　文化教学的内容 ♪

新的课堂文化，是一种立足于当下学生的可持续发展，能够将新课程课堂教学的基本理念彰显出来的新型课堂文化，它所强调的“重过程、重体验、重探究”的新元素，有别于传统的课堂文化。毋庸置疑，新的课堂文化对课堂文化建构的理念与方式的研究，对推广课堂文化具有开山的意义；但是，既然是对一种现象的研究，那么对教育内容的文化研究就不可或缺；就课堂文化建设来说，我们对课堂教学内容的文化研究，已经显得十分必要了。

课堂文化离不开教学内容的“文化味”，我们认为，生动的课堂文化，不仅需要教师的教学智慧，师生双向活动的气场，全新的课堂教学理念与实践，而且教师的教学内容，也应该关涉到学科的文化内蕴，关涉到教学重难点的文化因子，至少，让自身的教学内容具有一定“文化味”。顾名思义，“文化味”是指在教学过程中，在教学内容的设计上，巧妙地关注或关联相应的文化现象、文化因子、文化源流、文化现状等，让学科知识的传授具有一定的文化味道。从某种意义上说，只有教学内容具有一定的“文化味”，再冠之以教学理念、形式的新颖、独到，我们的课堂文化建构，才能更富有个性化，也才能更卓越！

这是因为，中国的课堂教学有别于外国课堂教学的一个重要的资源，就是学科知识教学的背后，屹然站立着一个具有 5 000 多年灿烂文化的历史古国，那里有商周的礼仪、秦汉的雄心、魏晋的清傲、隋唐的胸襟、宋元的气势、明清的自信……我们构建课堂文化，如果能在区别传统课堂的基础上，立足于教学内容的“文化味”，净化文化的生态，传承文化的精神，探索文化的轨迹，重建文化的经典，培养文化的意识，拥有文化的良知，肩负文化的责任，养育文化的人格，是不是更具有“文化”的魅力，让“课堂文化”更具多元的美感？

那么，怎样才能让课堂文化在教学内容上更具“文化味”呢？笔者多年从事文化教学研究，下面就我所思考整理的东西一一呈现，也算抛砖引玉，以期完善我们的课堂文化。

一是教师要具备相应的文化素养和文化意识。

个性化和卓越课堂文化的生成，教师最好应在教学内容上体现“文化味”，“给学生一滴水，老师应该有一桶水”。广义的文化是指一切物质与精神的总和；狭义的文化包括日常“衣食住行”在内的校园文化、本土文化、区域文化和东西方文化。就学科而言，都有与本学科密切相关的科学文化知识、文化源流和文化走向。就中国的教师而言，教学内容是最容易与悠久的古国文化结合起来的，是最能体现一个教师的教学底蕴、个人气质与学养的。如果一位教师能够站在文化的高度，去思考、整合自身的教学内容，那么，无形之中自然会提升教学的高度、深度与广度，让学生在文化视角下审视知识的习得，则必然会增强学生对学科知识学习的认同感，进而对中国文化产生自豪感，产生更积极的育人效果。

教师要具备相应的文化素养，需要强调的是，教师应该系统深入地研究本学科的文化特质，同时与之关联，将学习的视野扩大到与之相关的文化现象上来。比如一位语文教师，在教学生习汉字的教学内容时，不妨从书法的角度，讲一讲作为一种最代表中国文化的方块字，不仅有音韵平仄美，还有“隶楷行草”的结构美，更有“象形会意”的意境美；比如一位数学教师，在讲勾股定理的教学内容时，可以站在中国灿烂文化古国的角度，讲述中国最早发现这一定理的历史渊源，还可以结合“圆周率”的历史掌故，给学生展示灿烂文化的风韵与神采；比如一位音乐教师，可以在教学生流行歌曲的同时，讲一讲中国的国粹京剧、岭南的粤剧，尝试着讲一讲京剧大师、粤剧名伶的人生故事，增强学生对音乐与人格的认识，进而增强对本土文化的认同感，形成文化传承的责任感……课堂形式的开放多元，课堂内容的文化熏陶，共同指向课堂文化的生成，则相得益彰，熠熠生辉。

教师要具备相应的文化意识，则是构建课堂教学内容“文化味”的“源头活水”。既然“文化”是无处不在的，而“文化味”又具有明显抬升课堂文化底蕴的佳效，那么，在教学内容的整合上，一个充满个性化与卓越课堂文化教学的教师，肯定会增强自身的文化意识，在教学内容上能够“预见文化点”，进而进行更为生动的文化提升，以独具特色的文化课堂来打造更为出色的课堂文化。比如笔者在执教贾平凹的《秦腔》这篇课文时，自然“预见”本土的“粤剧”；比如笔者在执教作文教学《走进经济》这一单元内容时，结合广东在经济大发展的同时，对是否取消“粤语”这一有关本区域文化的话题来展开辩论；如果是一位地理老师，也可融注“一方土地一方文化”的理念来展开教学；如果是一位历史老师，当然可以直接切入悠久灿烂的历史文化来进行文化教学……教师尽力让教学内容富有“文化味”，首先体现的是教学的个性化，其次体现的是教师驾驭教材的卓越水平。如此长期坚持，则课堂文化必然独具魅力！

二是教师要善于积极探索“文化味”的教学模式。

个性化、卓越的课堂文化，如果能在教学内容积极探寻“文化味”的教学模式，则会“风云际会，双向共生”，产生文化课堂与课堂文化的大风景、大气魄。众所周知，教学模式一旦形成，则必然具有一定的体认性、稳定性，而“文化味”的教学模式一旦形成，教师的个人魅力与教材文本的魅力会同时显现出内蕴美的芬芳，从而实现个性课堂向卓越课堂的转变。深圳特级教师陈少堂先生的代表课《荷花淀》，就是从文化的角度，来深入研究、探讨文本的文化内蕴美的，当时产生了极大的轰动效应；后来还听过陈老师讲《人民英雄永垂不朽》等课例，觉得其“语文味”更多地关注了“文化味”，具有其独特的个人魅力！

“文化味”教学模式的探索，有两种模式值得推荐。一种模式是在课前或者课后进行与教学内容相关联的文化拓展。最好搜集孩子们喜闻乐见的本土文化或地方文化。比如笔者围绕粤教版新教材，系统性地将教材选修 4 编辑成文化课堂教学模式：首先，我们根据文化的分类，结合教材的基本篇目，进行文化编辑，比如：《想北平》主讲京都文化；《碗花糕》主讲饮食文化；《命名记》主讲中西文化；《这思考的窑洞》主讲建筑文化；《听听那冷雨》主讲中华文化；《道士塔》主讲宗教文化；《秦腔》主讲地域文化等。其次，根据主讲内容进行课前或课后的定向伸展，比如，由《五猖会》到民俗文化，再到岭南的“逛花市”“飘色游街”“万人宴”等；由《碗花糕》到饮食文化，再到岭南的粤菜；由《这思考的窑洞》到建筑文化，再到岭南的“骑楼”“碉楼”“祠堂”等建筑特色……如此一来，充分调动了学生的生活体验甚至生命体验，课后完成的《文化散文》作文集，居然获得了科研成果奖。

另一种教学模式是在教学过程中将教学重难点赋予“文化味”，或者直接以文化的视角去突破教学内容的重难点。比如高中教材中的现代散文《五猖会》，一般教学的重点是放在“封建家长制对孩子身心的戕害”上，如果从文化的视角去解读《五猖会》，则会从民俗文化——“五猖会”本身入手，去解读这种文化顽强的生命力，是封建礼教阻碍不了的。如此一来，整个课堂更富有个性化、更富有底蕴和高度。再如鲁迅的文章《祝福》，大多数优质课都是从祥林嫂的遭遇来揭示封建礼教的害人本质的，但是如果从“祝福”这一特定的民俗文化背景出发，在祥林嫂的三次“祝福”过程中，在和这一民俗文化的纠葛挣扎中，得出落后“文化”也能杀人这一观点，让人耳目一新！华东师大中文系徐中玉教授说，传承民族文化，提高语文素养。如果我们长期进行有模式的“文化味”教学，必定让卓越的课堂文化更加卓越！

三是教师要善于整合文化资源并长期坚持。

个性化、卓越的课堂文化形成，对一位老师的教材资源整合能力、身边教学资源的搜集处理能力，都提出了更高的要求，并且，这种要求不是短期的，是常相伴随的，只有在奠定学科前沿、教学理念前沿的基础上，用行动一以贯之地执行，文化才能在时间的淘洗中显现出夺人的光芒，我们的课堂文化才能因为时间的佐证而真正富有生命力。所以，教师善于整合文化资源并长期坚持，是非常必要的。

教师要善于整合文化资源。也就是说，除了对教材进行文化角度的整合之外，还应该积极搜集、整理身边的其他文化资源。比如学生身边校园文化、班级文化以及他们生活所在地的地方文化。比如广东佛山三中，笔者围绕知名校友梁启超和校树红棉树等校园文化因子，结合人物传记教学，创造性地开设了“精英传记与文化传承”优质课，受到广泛好评；又如著名特级教师李镇西，结合独特的班级文化，在语文教学中，巧妙利用文化节日、文化仪式，启发教导学生继承和发扬“感恩、孝敬、有礼”等传统文化美德，产生很大的社会反响；再如前些年有名的“宏志班的故事”，其实就是非常独特的班级文化打造出来骄子……善于整合身边的文化资源，无疑会增强文化课堂的文化含量！

教师要善于长期坚持实践。“文化”一词本身，就是要具备一定的时间积淀，进而形成的物质与精神的总和。先进的理念、别开生面的课堂、教学内容的“文化味”，如果不能经过时间的考验，就不能称为“文化”，最多只能作为一种“尝试”；课堂文化的形成，不是一蹴而就的，而是秉持先进的理念、前沿的课堂教学方式、有效的教学内容，进行具有一定时间长度的贯彻，最终具有强大生命力的，不轻易为外在环境、人的变化而变化的存在，这种存在也是个性化的、卓越的，是轻易学不来的，是具有最佳育人功能的！

♪ 音符5 文化教学的深度 ♪

——兼谈我在中山的那节课

中学的文化教学立足点应是“人文积淀”，关注点应是“人文情怀”，发展点应是“审美情趣”，并以此来推展语文学科教学中的“人文素养”，进而将文化教学引入核心素养的培养机制，提升学生的文化基础。需要提醒的是，“文化基础”中的“人文底蕴”与“科学精神”，两者并不是简单的并列平行发展的，本文首先关注的恰恰是，“科学精神”中的“批判性思维”方法，有助于“人文底蕴”的习得与内化，进而提升文化教学的深度。

“批判性思维”一词从词源上说，是“建立在某些标准上的恰当判断”。最早可以追溯到苏格拉底的“助产术”。理查德·保罗在《批判性思维工具》里提出：“批判性思维是建立在良好判断的基础上，使用恰当的评估标准对事物的真实价值进行判断和思考。”中山市的正高级教师楼卫琴一直致力于中学的“批判性思维”的研究，她认为“批判性思维”是一种基于对自己思维的自我监控而作出判断的能力。这种能力，立足于质疑，通过质疑优化思维方式，由“可感”的判断来“获得理性”，强调的是“个体、自我”的思维主体位置。这种“获得理性”论述，更明朗直接，也更接地气，将“批判性思维”引入文化教学，无疑有助于文化教学走得更深。

这是因为，“批判性思维”首先要求有培养理性的思维习惯，基于“是谁（Who），在什么时候（When），什么地点（Where），做了什么（What），为什么（Why）”的五个“W”，是进行科学理性判断的基础与前提，而这些“批判性思维”习惯，正是我们在进行文化教学时，正确把握和理解文化进而分析评判一种文化的准则。文化不是凭空产生的，往往具有历史的延续性，从历史的层面来理解“文化”，这样的文化教学更能内化为学生的文化习得，产生真正的文化教学效果。

我在广东中山市上的“天地一容闳”课，是中山市教育教学研究室与中山市档案局联合编写的一套地方文化读本中的一篇，该文章首先是具有历史性的，它系统地介绍了容闳波澜壮阔的一生：幼年不甘平凡，走进学堂；少年不循父志，漂洋过海；他学成后不图安逸，毅然回国；回国后不再消沉，放弃买办；他从政不图功名，放弃爵位；他办厂不是初衷，志在洋学；洋学失败后不再幻想，立志维新；当维新不再幻想，支持孙文；当孙文革命成功，他却客死他乡。就是这样一个历史的“配角”，却是中国近代前期唯一一个全程参与过所有重大历史事件的传奇人物。作为一个语文老师，要讲好这篇具有史料性质的文章，确实有一定的难度。

因为这是“文化读本”的课文，从地域文化的角度来审读文本，应该不是一件难事。因为中山市隶属近代的香山县，而近代香山及其周边的区域内，前后出现了容闳、康有为、梁启超、孙中山等岭南名人，这些文化名人从某种意义上说成就了近代以来岭南的人文精神，岭南文化中的“敢为人先”“敢拼敢闯”“兼容接纳”等文化内核，在他们身上都有非常集中的体现，现在的问题是，如何让这些优秀人文精神与学生的精神心理形成同构，如何让他们从内在的理性判断入手，深刻且透彻地接纳这些优质文化品质？而当下唯一的切入点，就是这个历史的配角——容闳。

帮助学生以“史学”的角度来把握容闳并不难，难就难在“质疑”，在“质疑”中“批判思维”，在“批判思维”中“理性的热爱”，文化教学是否深入本心，应该牢牢抓住这一重心。这也是文化教学中，“批判性思维”产生的核心作用。为此，我先从罗博德的《大人物》中的一段话入手：摩西的伟大之处在于，他的理想与抱负远远超越了他所取得的成就，最后他竟认为自己失败了。所有伟大的导师都认为自己是失败的——他们所设定的目标远远超越了他们所能达到的地方。让学生质疑思考，容闳像摩西吗？这一质疑，让学生基于文本的史实，迅速得出容闳其实是个非常失败的人。因为他满腔热血报国，却恐怖相迎；他投身太平天国，对方却享乐无为；他热衷幼童洋学，却功败垂成；他转向维新革命，却屡遭通缉；他迎接革命成功，却客死他乡。

现在的问题就出来了，既然容闳在他的有生之年如此失败，像李零在《孔子与丧家狗》中论述的那样：话说当年孔子抱负不展，离开鲁国，带着弟子周游列国，几次遇到生命危险。在陈国的匡地因为长得像阳虎而被当地老百姓误以为是阳虎而受到围攻，被拘禁了整整五天。在宋国又差点被宋大夫杀了，处境非常危险……“丧家狗”非但没有丝毫的贬义，倒还有点寂寞英雄的味道，用来比照孔子的一生，也没有什么不妥。这段对孔子的论述，似乎也同样适用于容闳，可是为什么，孔子却被后人尊称为“圣人先师”，享有至高无上的地位？而容闳，中国留学生之父、中国早期启蒙的先驱、伟大的爱国者，这里面的悖论到底该怎样理解？

学生通过讨论回答说，归纳起来有两个层面的疑问，一是这些对容闳的评价有无事实上的道理？二是这些对容闳的尊称是不是“道德绑架”，往浅处说是不是“名不副实”？围绕第一种疑问，学生在讨论中这样认为：容闳虽然不把参与洋务运动作为自己的初衷，但是他的确因为赴美购买了100余种机器设备而使中国工业化得以起步，这是近代中国开先河的事件，其影响力是深远的，不可磨灭的；容闳虽然在派遣幼童赴美留学一事中功败垂成，但是这是中国第一次派遣幼童迈出国门求学，且这批留学生后来对中国也产生了非常深刻的影响；容闳虽然在维新革命中屡遭通缉，但是他锐意革新的精神、热切的爱国救国的信念，被后继者引以为范，且深受孙中山先生敬仰与器重。从这些客观的“史料”来看，因为容闳日月可鉴的“赤子情怀”，他的“敢为人先”的精神，应该在各方面给予尊敬。正如传统文化中，孔子说：“士不可以不弘毅，任重而道远。”庄子言：“至人无己，神人无功，圣人无名。”墨子云：“仁人之所以为事者，心兴天下之利，除去天下之害，以此为事者也。”文天祥写道：“人生自古谁无死，留取丹心照汗青。”孙中山的名言：“以吾人数十年必死之生命，立国家亿万年不死之根基，其价值之重可知。”……精神的力量，让容闳走向一个个高点！这里面，也印证了罗博德的观点，只是伟人们所设定的目标远远超越了他们所能达到的地方，对于他们自己来说，可能很多方面失败了，可是对于后人，对于当时的国家来说，早已经是人中龙凤了！

围绕第二种疑问，学生们基于文本及相关知识，认为“道德绑架”也是有如下认识：容闳回国后先是认清了清政府的恐怖转而去帮助“太平天国”，发现太平天国贪图享受后又转而投靠清政府，进行“洋务运动”，这里面，有大是大非，因为他后来又投入反清的政治运动中。再有，容闳在《西学东渐记》曾这样说，1894 年到 1895 年，中日之间因朝鲜问题爆发了战争，我的计划是什么样的呢？首要就是到伦敦去协商借款 1 500 万美元，买军舰；招募 5 000 人的外国部队，沿着太平洋海岸从背部攻击日本，形成一个牵制的力量。这个步骤落实中，第二个步骤同时并举，就是清朝政府准许并委任专人，把台湾岛抵押给西方某一强国，指的是美国，以借款 4 亿美元，用来组建国家的陆海军。这里面，以“台湾”作抵押贷款，是非常不合理的。尽管上述所有关于容闳的内容，因为当时国内国际的实际情况，人无完人，不能非常明朗地给他指明方向，但是从后人的角度来说，无论如何，都至少给他光辉的人格上留下斑点。这里说评价他是“道德绑架”，也不至于。

批判的“依据”可靠，学生通过“整合”自己的素材，来获得理性的判断，因而我们发现，容闳自我目标的失败并不意味着他经历的事件了无价值，相反，因为始终保持着救国爱国的情怀，他最终走在中国近代前期的最前沿，他的“敢为人先”，因为康有为、梁启超、孙文的集中表现，逐渐成为岭南的人文品格的象征，他不是一个完人，也不是一个做事很成功的人，但就是这样一个人，他的赤子情怀，他的精神品格，却像烛火一样照亮历史的天空，他的人文精神，也像璀璨的星星，因为不完美而更加走进人心，更让人膜拜！

课上到这里，似乎可以结束了。但是，我们别忘了为什么在近代的中国香山县是一个独特的存在呢？这里出现了包括容闳、康有为、梁启超和孙中山这样的先行者，这真是一个奇特的现象，同学们认为，这与香山县地理学意义有关，因为香山位于珠江三角洲中南部，珠江口西岸，北连广州，毗邻港澳，现在旅居世界各地海外华侨和港澳台同胞就有 80 多万人。而容闳也好，孙中山也好，他们都有远洋留学的背景，都或多或少地受过西方先进思想的影响，“得风气之先”“开风气之先”，具有得天独厚的优势。一方水土一方人，一方人一方文化，作为中山一中的学子，自然要吸纳并继承这块土地上的先进文化，继往开来，就像一中的校训那样，“追求卓越，做最好的自己”，将中山精神、岭南精神发扬光大！

应该说，这节课是成功的，从历史学、文学、地理学的范畴来展开，围绕“地域文化”中“人文精神”，借助“批判性思维”这一有力工具，牢牢抓住“有趣”的“质疑”，在立足事实、立足文本、立足自身的思维判断的基础上，进行一步步的“批判性”思考，正是这种思考，让这节文化教学从“文本理解”深入到“悖论理解”，进而深入到“文化理解”，增强了文化教学的深度，而这种深度，是任何感性判断所不能比拟的，因为问题直指具体的、感性的对象，学生获得的，恰恰是感性背后理性的判断，而越是理性，越是深刻；越是深刻，就越有教学的深度与效度！

走笔至此，再次感谢中山市历史教研室楼卫琴老师提供的这次上课交流的平台，感谢中山一中的大力支持与配合，祝愿地域文化深入人心，也期许文化教学越来越精彩！

♪ 音符 6　作文备考，不可绕开的传统文化 ♪

众所周知，中华优秀传统文化是党的十八大以来治国理念的重要来源，习近平总书记多次强调中华传统文化的历史影响和重要意义，同时表示应赋予其新的时代内涵。我们现在倡导的“立德树人”以及中学核心素养的“人文底蕴”，都兼及了传统文化。而作为高考命题精神指向的风向标，好的高考作文命题一定会充分彰显时代的主旋律，在这些背景下，优秀传统文化就成了我们高考作文备考不能绕开的重点。

为了强化这个议题的重要性，我们不妨细致展开来加以说明。如果你关注习近平主席动态，就不会为这样的高规格感到意外。从在孔子故乡曲阜参观孔府和孔子研究院，到“五四”探望国学泰斗汤一介；从政治局集体学习纵论传统文化与国家软实力，到在北师大考察时明确反对“去中国化”；从外事活动中阐释中华文明与海外文明的交流互鉴，到万米高空的专机上倡导学古诗文经典……习近平主席在多个场合展现对传统文化的重视。而我们讲的“立德树人”，其中的“德”，概而言之，就是一个国家、一个社会、一个人在发展、进步、演化、成长过程中积淀下来的文明、精神、价值、信念、规范等的总和。德不同，思维方式、行为模式、价值判断、目标追求就不同。国家的德决定了这个国家是一个什么样的国家、社会的德决定了这个社会是一个什么样的社会，个人的德决定了这个人是一个什么样的人。最后，我们提到的核心素养的“人文底蕴”，其实主要针对的就是要有传统文化的积淀。

既然传统文化这么重要，那么什么是传统文化呢？中华传统文化是中国5 000多年优秀文化的统领。它流传年代久远，分布广阔，首先应该包括思想、文字、语言；其次是六艺，也就是：礼、乐、射、御、书、数；最后是生活富足之后衍生出来的书法、音乐、武术、曲艺、棋类、节日、民俗等。具体来说，中华传统文化包括古文、古诗、词语、乐曲、赋、民族音乐、民族戏剧、曲艺、国画、书法、对联、灯谜、射覆、酒令、歇后语、民俗、节日以及传统历法在内的中国古代自然科学以及生活在中国的各地区、各少数民族的传统文化，都是中华传统文化的组成部分，它是我们生活中息息相关的，是融入我们生活的，我们已经或正在享受的东西。说它博大精深，我们不妨以“琴棋书画”为例，它包括“笛子、二胡、古筝、萧、鼓、古琴、琵琶”等；比如十大名曲《高山流水》《广陵散》《平沙落雁》《梅花三弄》《十面埋伏》《夕阳箫鼓》《胡笳十八拍》《汉宫秋月》《阳春白雪》《渔樵问答》；比如中国象棋、中国围棋，对弈、棋子、棋盘等；比如国画、山水画、写意画等，非一小文能穷尽。

既然传统文化如此繁杂，那么我们在作文备考中如何应对呢？笔者通过这么多年的关注与研究，认为其一应广积传统文化素材。素材是作文内容的血肉，考生在积累文化素材的过程中，必然会由表及里，增强对素材内容、思想的了解与把握，进而增强传统文化的写作意识。比如，最能代表中国文化的“长城、春节、龙、中国汉字、唐诗、宋词、京剧、凤、中国书法、十二生肖、中国结、印刷术、端午节、道家思想、毛笔、筷子、中秋节、茶、丝绸之路、对联、中国象棋、水饺、旗袍、瓷器和陶瓷”等，考生在积累的过程中，常常会自然追问，为什么这些最能代表中国传统文化？它们有什么来历？为什么能得到国人的体认与传承？通过对这些问题答案的追寻，其实就无形提升了文化底蕴的认知，具有相得益彰之效。

笔者曾命制过这样一道作文题，作文材料这样说：随着互联网的普及，人们逐渐离开了纸质文本，甚至有人预言人类将过渡到读图时代。可是在一次关于汉字的专家论坛会上，历史学家说，汉字是最古老的文字之一，它具有永恒的价值；书法家说，字如其人，中国的方块字变化无穷，具有独特的审美；人类学家说，汉字是中国的文化载体，了解中国人先要了解汉字；最后，文学家深情地说，方块字滋养着中国人的情感，浸染着东方人的性情，很多由汉字构成的著作，甚至篇章、句子、词语，读着读着就会让人拍案叫绝，令人往返。通过阅读上述材料，可以选择一个角度、一个侧面立意，写一篇不少于800字的作文。不得抄袭。就有同学这样写：

方块字的魅力渗透了东方人的飘逸性情，这一点在书法艺术上体现出来。王羲之那“飘若浮云，矫若惊龙”的笔法把方块字的神韵用艺术的形式显现，那潇洒的笔触令汉字的每一笔都让人感受到东方独特的审美意趣，古老泛黄的墨迹使汉字益发具有魅力。无论时代怎样变迁，不变的是中国汉字几千年的传承，在历史的长河中，汉字不曾褪色，岁月也磨损不了它一丝一毫的辉煌，它内在的意蕴已被深深地融入到中华文化的血脉中去。

汉字的魅力更辉映着民族之魂和铮铮傲骨，为纪念抗日战争胜利五十周年，韩美林挥毫写下“抽刀难入鞘”五个大字，这五个浓黑的大字背后是民族的浩然正气，每个字都如一座大山般巍然而立，唤醒了我们的民族和国家意识。我们说它是民族自尊、自强发出的强音，汉字正以它深刻的意蕴向中华民族，向世界无声地扬洒出它傲然的气概。韩美林让汉字的魅力把民族精神熔铸入每个人的心中，进而让汉字迸发出让人震撼的力量。

这两个段落，学生分别从“飘逸性情”和“铮铮傲骨”两个层面来理解“汉字”，援例典型，分别列举的是王羲之与韩美林的例子，不同的时代，不同境遇，不同的心态，几个汉字，就能窥见“审美意趣”和“民族气概”，可见，学生在积累“汉字”这一文化素材时，是由表及里，见“字”如见人，体现了中华“汉字”的独特魅力，这样的素材积累，无疑会完胜“传统文化”的作文！

其二，考生应充分把握中国传统文化体现出来的精神内蕴。这是最难也是最有价值的，因为无论是“立德树人”还是“人文底蕴”，无论是“社会主义核心价值观”还是“文化传承”，其实说到底，是精神的同构与共鸣，这也是考场作文在立意时最能见高下的部分。我们看看中国传统文化里体现出的思想，比如从诸子百家入手，一是儒家。包括孔子、孟子、荀子三个代表人物，他们的思想精义是：仁、义、礼、智、信；二是道家，主要是老子、庄子；他们的思想精义是：道德、无为、逍遥；三是墨家，代表人物是墨子，其思想主要为：兼爱、非攻、举贤、节俭；四是法家韩非、李斯等人，他们的思想主要是君主集权、以法治国等，如果考生能对中国传统文化的主流思想做个大致的梳理，自然就会让自己无论在写文还是在做人上，真正建立起传统文化的精神与气魄，也才能真正达到传承传统文化的最终目的。

2016年，广东佛山市曾命制了这样一道作文题，作文题这样说：阅读下面两句名言，自选角度写一篇文章。孔子说，道不同，不相为谋。帕麦斯顿说，没有永远的朋友，只有永远的利益。这道作文题，其实就是在考查考生的文化精神的体认能力，因为毫无疑问，孔子是中国的儒学大师，帕麦斯顿是西方的政客，考生如果没有较深的文化习得能力，是很难驾驭这道作文题的。好在有这样的优秀作文，我们不妨选取《择友以道》的一段来读：

孔子是东方的大儒，帕麦斯顿是英国的首脑。前者是中国儒家思想的奠基人，提倡“仁义礼智信”；后者是英国少数财团的代言人，追求的是利益的最大化。与人相交，看重“道”还是看重“利”，答案不言自明。所以，在中国，“见利忘义”的曹无伤遭人怒杀；“见风使舵”的秦桧遭人唾骂；“卖国求荣”汪精卫遗臭万年；所以作为资本家的周朴园，他的发家史也是工人的血泪史，作为曾经的帝国主义英国，其殖民地遍及世界几大洲。就好像《红楼梦》里的四大家族，以各种“利益”建立起来的表面繁荣，有朝一日“树倒猢狲散”，落得个“白茫茫大地真干净”，令人不甚唏嘘！司马迁说，“天下熙熙，皆为利来，天下攘攘，皆为利往”。在物质社会尤其发达的今天，择友以道，当为世人所铭记！

这个段落，就体现了考生非常精准的传统文化的思想表达能力。段落先从两个名人的身份及其倡导的思想价值观出发，言简意赅地指出他们之间巨大的分野，然后立足于“择友以道”的思想追求，援引了曹无伤、秦桧、汪精卫、周朴园、四大家族、司马迁等传统文化中的历史名人及文化经典中的典型人物，加以雄辩的佐证，整个段落，由文化思想发轫，恣意铺陈，琳琅满目但又切中肯綮，成为体现“文化意蕴”、烛照文化精神的典范之作！

其三，考生应在把握文化内蕴精神的基础上，批判性地继承发展。高考是选拔性考试，对传统文化的把握，不能仅仅停留在素材及思想的“习得”上，还应结合时代的要求，与时俱进地批判继承，在继承中发展创新。具体在作文中，应该针对传统文化现象，通过自身的体验及感受，调动自身的理性判断，在整合中发表自己的独特的、中肯的看法，这些看法应该充满客观性、预见性和建设性。如此，我们才能真正担负起有效传承文化的重任。比如这样一道作文题：

某驴友在网上发了几张偶然发现的一个古村落的照片，村子周边风景清幽，古建筑虽显颓态但仍隐隐透出当年的繁华。不少网友急切打听村子的位置，该驴友却不肯透露，说怕来来往往的人太多，干扰了当地人的生活；更怕村子出名后因为过度开发而破坏了它本来的面目。跟帖的网友议论纷纷。有人说，这样的古村落应该让更多的人了解它的价值；有人说，如果缺乏必要的开发性保护，这些古建筑过不了多久就会消失；也有人说，只有经得起时间的打磨而保留下来的才有意义，任何刻意的措施都不是办法。以上材料引发你怎样的联想、感悟或思辨？

毫无疑问，“古村落”“古建筑”因为承载了太多的“人文关怀”，自然统属于传统文化的一部分，对于这样消失殆尽的传统文化现象，作为当今的青年学生，持何种意见，如果仅仅满足于“判断识别”阶段，肯定远远不够，当然还需要提出自己的富有批判性的见解，从而真正起到建设性的作用，有助于传统文化的发展。有这样一个精彩片段，我们一起来看下：

无论是怎样的古村，都有其自身的文化传统及其特征。当游客来袭之时，游客们身上的文化特点很可能对村落原有文化造成文化的侵略。想起雪山脚下的丽江古城，灯红酒绿的酒吧街竟成主流，游客们的喧闹打破了苍山洱海的静谧，苍茫圣洁的雪上染上了尘世的喧嚣。然而，我们并不能认为旅游开发就一无是处，旅游开发能在一定程度上防止衰落的继续，但适应古村落旅游方式是倡导人们有目的地侵染文化，旅游远不是为了一张纪念照、一句“到此一游”，而应是一次心灵与文化的对话。旅游业的开发，应少一点功利，多一点实质性保护，更要配以文化的重视与坚守，这不仅是文化单位的责任，也是游客的责任。愿终有一天，旅人的目的地不再是旅游景点，而是自然与文化，在一片林或一座山之后，发现一片豁然开朗、古朴清幽的文化世界。

这个作文片段，小作者立足于古村落代表传统文化所在的文化传统及其特征，围绕“游客”“文化单位”进行了批判性的思考。认为游客应该更多地关注古村落的文化本身而非商业的、浮躁的赏景；认为文化单位应该坚守古村落的文化属性，进行必要的、实质性的、非功利性开发。如此，古村落的文化延续与传承，才能真正走进人的内心，无论对古村落、游客还是原居民，都是一大善举！这样的批判性思维的表达，也正是文化继承与发展的精神之光！

♪ 音符 7　文化语文之跨界 ♪

契合中学语文教学在教学立意、教学内容上的文化指向，我们建设性地提出了“文化语文”的教育思想。时至今日，我们讨论文化语文教学的跨界问题，已渐趋成熟和必要。这是因为，文化语文教学具有两重属性。

属性之一，即语文教学的“人文属性”。中学语文课程标准倡导的“人文性”，直接指向“传统的优秀文化以及人文精神”，中学生应该加强文化经典的习得与传统美德、民族精神的体认，可以结合中西方文化进行比较分析与鉴赏，也可以结合地方优秀的文化资源进行体验感知。中学“语文”的“人文属性”，强调的就是“以文化人”，注重文本熏陶人、感染人、教育人的旨趣。而教材文本的内容包罗万象，兼及了“政治、历史、地理、音乐、美术”甚至“理化生”等传统的行政课程。要使语文教学“人文性”得以贯彻落实，对语文教师的“跨界”学习提出了本质意义上的要求。

属性之二，即文化教学的“文化属性”。语文教学着眼于“文化”，从广义的角度来说，“文化是一切物质与精神的总和”；从狭义的角度来说，“文化”包括优秀的传统文化和现当代文化，包括地域文化和中西方文化，包括文化表征和文化内核。针对中学语文的文化教学，虽仅是“取文化汪洋的一瓢饮”，却也是丰繁多元的，其边界至少应该包括“传统的文化经典、文化名人及优秀的地域文化因子”等，而“文化”的丰富多元，自然就赋予了文化教学师者更多的使命，它需要教师从“历史流变、风俗人情、天文地理、衣食住行”等各个维度去抽取文化教学的课堂资源。

需要强调的是，上述无论哪一种属性，都在教学内容、教学立意上深刻影响文化语文教学的课堂。

现在来说“跨界”问题。学科跨界是新近出现的一个教育“热词”，随着 2016 年中国学生核心素养的研究成果的正式发布，标志着中国学生新的培养目标得到了国家层面的认同与支持。这项研究成果，是在对比西方欧美以及东方教育发达地区学生素养的基础上，由国家课题组历时 3 年完成的，进而明确了“学生应具备的适应终身发展和社会发展需要的必备品格和关键能力”，无论这项成果是否极尽完善，但是其提出的“核心素养”关键词，必将或正在影响当下教育的格局——既然素养强调了必备品格和关键能力——教育就不能无动于衷，于是，基于“核心素养背景”下，教育资源必将重新整合，学科界限也会因此弱化甚至消失。事实上，在西方甚至港台，学生的跨学科学习与研究，教师打破传统学科建制的壁垒，早已存在。因此，我们今天去尝试进行一些学科跨界的教育实践研究，其实具有深刻的时代背景。

从传统上意义上说，语文和历史两大学科相距最近，是谓“文史不分家”。2017 年 11 月由本人工作室和中山市楼卫琴名师工作室共同组织发起的语文、历史学科“同读一本书”学术沙龙活动，应该可以看作一次“跨界”的有益尝试。在我具体阐述学科跨界之于文化教学所产生的积极效应前，请让我先介绍一下基本情况。

情况之一：关于同读一本什么书的问题。我们这次选择的是由刘刚和李冬君合著的《文化的江山》（上下册），该书贯通文史，用哲学的思辨和诗化的语言将数千年中国史一气呵出。历史上的中国，有两个中国，一个是王朝中国，即十五史里的中国，乃治乱兴衰的中国；还有一个是文化中国，是一直在发展、从未衰落过的中国。世界文明古国早已衰亡，唯有中国仍在，其根源就在于中国的本体是文化中国，其现象才是历朝历代的王朝中国。该书可谓是基于作者生命体验的大散文，配图 500 余幅，由见解独到和富有思考力的作者于浩繁卷帙中细细择拣。虽是写史，但有相当的开放性，读者不仅可以对历史有概览，也有别种风情的了解，还可以更进一步体悟史实和史意，是一本兼具史料性和可读性的严肃读物。

情况之二：关于两个工作室的基本情况。我所带领的胡兴桥名师工作室，是新近成立的，成员有深圳龙岗区骨干教师、教学新秀和刚入职的教师；楼卫琴老师是中山市的名教师，所带领的团队基本上是市级骨干教师和教坛新星。我们两个工作室提前一个月发起读该书的动员，并提前做好了专题发言和沙龙的相应准备。在动员和准备的过程中，两个工作室的成员没有做任何交流，以期获得最好的碰撞效果。

这无疑是场饕餮大餐，珠江三角洲两名师团队面对此书都胸有成竹，虽然楼卫琴教授所主导的主题是“批判性的中学历史教学”，而我所主导的主题是“文化语文教学”，但是整场活动下来，依然气象万千，很多无法言说的精彩不是我这篇小文能够详尽的。我仅从“文化语文教学跨界”的角度，来阐述其产生的积极效应。

效应之一：增强了文化教学的历史本位意识。中国的文化经典、文化名人以及相应的文化精神，必须在历史的源流中准确定位与把握，任何断章取义或越俎代庖都可能误读文化或者亵渎文化。本次活动，单就咱们语文工作室的成员来说，回归历史本位意识应该可以达成共识。邱晶晶老师在《以史观文》中说，“它帮我打开了广阔的视野，让我看到文化的流脉”，“流脉”一词，是不断续的，是承前启后的。廖素婷老师在《解构我的读史方式，建构我的语文教学》中说，“《文化的江山》一书解构了我这一贯的定式思维，帮我重新建构另一种视角来看中国”，她认为的“另一种视角”，就是指“文化的江山及其中国”，正如魏巍老师在《文章、文人、文化》中认为的那样：“文章里的江山，就是文人的江山，也是文化的江山”……《文化的江山》这本书本身有个副标题——重读中国史，工作室的学员们通过读“江山”也是在读“史”，而读史，正是在厘清文化教学的脉象，坐实文化的根基，提升教师的训诂水平与实证能力。

效应之二：增强了文化教学中理性思维的介入。历史学科适宜用科学的方法加以研究与阐释，将理性思维（尤指批判性思维）作为一种工具或者一种目标植入历史教学与研究的现场，是楼卫琴教授关于历史教学最具战略性的眼光与情怀。在本次读书沙龙中，楼卫琴教授历史工作室的部分成员以理性（批判性）的视角来解读《文化的江山》，直接开掘了文化教学的深度与宽度。历史老师林佳在《文化教育者的文化自觉》中说，“《文化的江山》是一本让文本的、概念的、知识的和事实的历史回归到‘人’的历史”，她强调，“在儒家文化的视野下，中国本来就是文化意义上的天下，甚至是文人的天下”，“这本书给我印象更多的是回归传统中国，让我们通过儒家的‘仁者爱人’的人文关怀贯通历史时空去体验中国传统文化深处的传承，而非同构”，她认同语文教师魏巍在沙龙中提出的文化教育者应该“自觉、自律和自由”的观点。历史老师黄传昶也说：“有些时候历史中的直观、感觉、想象，那些诗性的美，似乎无法用科学的方法传递。当我们引领孩子们进入一个理性世界时，会不会让他们逐渐远离一个有温度、细腻的感性世界？”……这些争鸣与思考，无论是针对书的作者还是书的内容，无论是针对语文教学还是历史教学，理性（批判性）思维却让一个文化语文教育工作者更加聪慧与理性，懂得了在文化资源的“学”与“用”上“使用恰当的评估标准对事物的真实价值进行判断和思考”。

效应之三：增强了文化教学中史学文献拓展阅读的意识。读一本书，若单就书本的学术价值加以识得与体认，未免单一和偏狭。在此次读书沙龙活动中，楼卫琴教授工作室的历史老师们通过碰撞交流，引发我们对文化教学的学术视野的深度关照。历史老师袁志海在沙龙中巧妙地将《文化的江山》与刘启良的《文明中国史》进行对照阅读，并以黄爱梅《西周的历史遗产》、雅思贝尔斯的《历史的起源于目标》加以佐证，增强了自身观点的学术厚度与深度，无形中也增强了文化教者的史学文献拓展阅读的意识；历史教师陈建春围绕《文化的江山》系统阅读《美的历程》和《宅兹中国》，感叹自己“让扑朔迷离的历史多了一点被解读的可能”；林佳老师在论及“文化自觉”的时候，比较系统地关联了李泽厚的《美的历程》、陈寅恪的《柳如是别传》、葛兆光的《中国思想史》，并以维特根斯坦、冯友兰等话语来强调“我们在历史文化建构中的自由和自觉”；历史老师张昱在论及选书要克服“痛点”时强调，“不管是古代的《三国志》（陈寿）、还是现代的《殷墟卜辞综述》（陈梦家），抑或是海外的一些如《中国：传统与变迁》（费正清）、《中华帝国对外关系史》（马士），如果要把这一类纯学术或者半学术的著作强加给普通读者，恐怕都不太合适”，她批判性地提出要“考虑到碎片阅读时代获取知识的便利性”等，这些有益的交流与碰撞，使得我们文化教学的视野在史学文献中逐渐开阔，文化教师的文献研读动力不断增长，收获满满。

效应之四：增强了文化教学目标的现实指向性。现实中许多不明就里的教育者认为文化教学“太大、太空”，这是没有明确文化语文教学的“属性”从而产生的误解。这次沙龙，语文教师廖素婷围绕《文化的江山》中《庄子是一条想飞的至乐之鱼》，来解读高中教材《逍遥游》的逍遥至乐，令其茅塞顿开；语文教师邱晶晶以《文化的江山》的视角来解读教材《鸿门宴》与《春江花月夜》，认为“其词风流，其美无疆”；语文老师魏巍以该书为向导，细读教材中的唐诗和苏轼的“赤壁文”，最后感叹“我在课文的字里行间触摸到了深厚的文化气息”……这些交流，发轫于文化源头，坐实于传统经典篇章，让文化教学找到了现实的支撑。而楼卫琴教授的工作室成员袁志海老师，更是从刘刚与刘启良的专著出发，围绕两本专著相关的文化论断，系统地清理出了10多道高考相应的原题，涉及从2011年到2017年全国卷与地方卷，又尤以近三年的全国卷为主。最后在阅读反思中，袁老师认为，从理性（批判性）的视角去阅读《文化的江山》，并尝试把书中内容与历史教学、全国卷高考备考相结合，也许能为我们提供一种不同的阅读路径与思考。袁老师围绕这次沙龙，写了8 000多字的小结，令人感佩！其实，围绕文化尤其是传统文化来进行高考命题，在语文学科中也是无法绕过的重要主题，就以2017年全国高考Ⅰ卷为例，高考作文要求向外国友人介绍你心目中的中国，里面的关键词大多是具有中国文化符号意味的，比如熊猫、长城、中华美食、京剧等，通过本次沙龙，进一步增强了我们进行文化教学的务实性。

效应之五：促发了文化教育工作者思想的萌芽。关注教育并热爱教育，应具备教育的责任与担当，赋予教师自身以思想。这次沙龙，参与的大多是年轻的语文教师，而在沙龙中，我们发现历史工作室的很多教师正在用自己的思想启迪人与影响人。历史教师黄传旭这样开头：“本次研究的主题是‘跨界’，其中的潜台词是两个学科有一个各自的‘范畴’，那么这个‘边界’是什么？或者文史之间是否有一个明晰的‘边界’？”通过这一追问，黄老师最终得出《冰与火的变奏》这一主题；历史教师张昱在交流中说，“知识不等于认知，史料积累不等于历史智慧”，“我们要克服痛点带着批判性的思维去读书”，最后得出“历史有规律可循，出现‘不可预测’的意外才是常态”这样的观点，将阅读主体摆在首要位置；历史教师陈建春这样认为，“刘刚敏锐的问题意识从对‘中国’一词的细致梳耙中可见一斑”，他提醒我们“带着问题进行聚焦式的阅读会看得更远更透彻”……带着问题、带着思想走进阅读与交流的现场，在此次活动中随处可见。而这些读书思想的外现，正是产生教育教学思想的必由之路。难怪刚入职的语文教师蔡铭淳惊讶道，“我们往往只站在自己的立场上来思考，缺乏开拓性思维和创新的视野”，刚入职的郑粟壬也说：“突破思维的壁垒，冲破故步自封的心态，我辈新教师便当如是！”是的，“思考”“思维”“视野”“心态”均是产生教育思想的源头，作为文化教师，拥有完备教育教学思想，从而肩负起优秀传统文化的继承与创新重任，无疑非常重要！

关于这次跨界活动，产生的效应应该不止上述五点。楼卫琴教授在活动小结说：“语文和历史，是可以互补的，如果语文课堂，尤其是文化语文课堂多一些史证精神和理性（批判性）思维，无疑会让文化语文教学更加谨严深透；而如果历史教学课堂多一些文化的观照，也必然会让课堂富有温度与质感。这里面，有教学内容的问题，也有思维方法的问题。”是的，文化语文与历史学科的跨界，其效果在一次活动中只能初见端倪，但是碰撞与交流既是显性的，也是隐性的；既是表象的，也是内在的，无论如何，我们在这次活动中产生了诸多积极的效应，这些效应会进一步完善，增进我们对文化教学的理解，提升我们对文化教学的认知，促进我们对文化教学的热情。我们会一如既往地开掘文化教学的广阔边界，携手齐心地走下去。正如中山市教育教学研究室何晋中主任在活动评价时所说的那样，我们会让我们的工作，不仅变得有意义，还要变得有意思！

第三节　文化教学案例

♪ 音符1　文化小说教学代表课 ♪

——“祝福”教学实录

下面是笔者围绕高中重点小说篇目——“祝福”，结合地域文化背景下的语文教学撰写的课堂实录，现呈现如下：

“祝福”教学实录

教学重点：祥林嫂与祝福的文化

教学难点：造成文化悲剧的原因

教学过程：

师：同学们，在刚刚结束的寒假里，我们共同开展了题为“我爱佛山节日文化”的语文实践活动。同学们写了许多研究性论文，也制作了许多精美的幻灯片，老师在这里先跟大家分享一些同学们的作品。（展示学生作品，幻灯片）

在同学们所提交的关于佛山节日文化的研究成果中，大多数是关注春节文化的。当然这确实是中国最具特色的民俗文化。今天我们要讨论的正是春节文化，只不过地点是鲁迅笔下的鲁镇。而那时的鲁镇人不叫作过年，而称为什么呢？

生齐答：祝福。

师：好，就让我们一同走进“祝福”的文化世界。

师：请大家想想，“祝福”这个词的含义是什么呢？

生1：就是过年。

生 2：迎接福神的祭祀活动。

生 3：祝愿人们事事顺意。

师：同学们说的都对，其实“祝福文化”的特征，我们可以从造字法上去获取。它们是一对会意字。篆书的写法是 祝 福。（教师板书）我们看到“祝”字左边的“示”字旁就像一个贡台，祝的右边像什么呢？

生 1：像一个人跪着。（笑声）

生 2：很虔诚的样子。（开心）

师：你们说得很对，那“福”的右边像什么呢？

生：许多好吃的。

师：像摆在贡台上的许多贡品吧？（学生点头）因此我们完全有理由相信祝福作为一种旧俗、一种祈神赐福文化仪式是它的本意。而我们今天常说的祝人顺遂幸福，寄托许多美好愿景的意思则是它的引申义。既然“祝福”是一种传统的文化仪式，那么鲁镇的人们在“祝福”时约定俗成的会做些什么呢？

大家找到在文中哪里有集中的描述吗？

生：第 2 自然段。

师：好，我们一起来齐读第 2 自然段，然后请同学们归纳祝福的节日仪式内容。

（学生齐读第 2 自然段）

师：大家说，祝福时鲁镇的人们都做些什么呢？

生 1：女人们杀鸡、宰鹅、买猪肉，用心细细地洗，制作“福礼”。

生 2：男人们敬拜，放爆竹。

生 3：孩子们偷吃。（笑声）

师：原来，100 年前人们的祝福仪式跟我们今天的春节仪式很相似，看来节日文化真是具有很强的生命力啊。

大家知道，“祝福”是鲁镇最为盛大隆重的节日，那么大家想想，作为这篇小说的主人公祥林嫂，她参与了鲁镇的祝福仪式了吗？如果有，她参与了几次呢？

（学生中，有人说 1 次，有人说 2 次，有人说 3 次）

师：大家的意见很不一致。那让我们一起来看看有关祝福的相关段落，然后大家再告诉老师答案。祝福分别在哪些段落呢？

（学生很快找到三次祝福，分别在第 36 段、第 71 ~ 76 段、第 107 ~ 109 段，讨论分析）

生：老师，她真正参与应该只有一次。

师：呵呵，大家很快能知道，祥林嫂只参与了一次祝福，这似乎不难。

难的问题是，为什么祥林嫂在鲁四老爷家，可以参与第一次的祝福却不能参与之后的祝福呢？（学生产生好奇）

同学们可以这样思考，既然祥林嫂是鲁四老爷家的女工，那么她能否参与祝福是谁说了算呢？（师提示）

生齐：鲁四老爷和四婶。

师：好，或许大家可以通过祥林嫂的雇主鲁四老爷和四婶的想法来揣摩为什么祥林嫂在鲁四老爷家，可以参与第一次的祝福却不能参与之后的祝福？（学生思考，后举手回答）

生1：第一次鲁四老爷和四婶比较勉强，主要是看她还能劳动。手脚好。（学生笑）

生2：第二次就不同了，她的精神大不如从前了。

生3：老师，我觉得鲁四老爷和四婶都不喜欢祥林嫂是因为她是寡妇，而且克死了丈夫，不吉利。

生4：鲁四老爷说祥林嫂败坏风俗，因为她作为寡妇却没有守住寡，还改嫁了。

生5：其实，鲁四老爷最不喜欢她了，四婶其次。

师：是的，雇主是不喜欢她的，因为她是寡妇，那么，在当时的文化环境下，祥林嫂应该怎样呢？

生齐：从一而终。

师：所以我们说祥林嫂没有守住寡，她被人们说是败坏风俗因为她没有守什么呢？

生齐：“节”。（师板书）

师：对，她没有“守节”。那个社会不容忍她不守节，又不容许她守节，还要让她承担不守节的后果。对吗？

生齐：对！

师：还有没有同学把理由阐述得更给力些？

生：祥林嫂因为改嫁，所以鲁四老爷认为她败坏风俗，又因为祥林嫂克死了两个丈夫还有儿子，所以说她不干不净，不让她参加祝福。（掌声）

师：很好，答案的确很给力（师微笑），从内容上我们很容易就找到了祥林嫂仅仅只能勉强参加一次祝福的原因。原来从文化层面来说，名声坏的、不干不净的人，是不能参与“祝福”仪式的，那么，这是一种怎样的文化观念呢？

生齐：可悲！（教师板书）

师：是的，祥林嫂最终死了，所以是“可悲”的。看来，文化观念总是隐身在约定俗成的文化仪式中，那些落后的文化观念，常常会演变成可怕的

杀人利器啊！（掌声）

师：读了后面的文章，老师现在还有一个问题要问大家，第3次祝福祥林嫂未能参加，她的反应和变化为什么那么大？为什么不像之前那样，要么干下去，要么再去嫁人呢？请大家讨论一下。

生1：她好不容易捐了个门槛，结果鲁四老爷和四婶还是不接纳她。

生2：对柳妈的话产生彻底的怀疑，觉得自己被耍了。（笑声）

生3：鲁四老爷和四婶的态度很严厉，她有点不知所措。

生4：应该可以这样理解，她对捐门槛报有特强烈的希望，结果被很绝对的拒绝弄懵了，她不能实现到阴间侍奉一个男人的愿望，她其实生心俱碎了。（掌声）

师：大家的思维非常活跃，回答都非常好。在这次祝福中，“捐门槛”一事是直接的导火索，其实，这里面有一种落后的文化思想，是——

生齐：迷信思想！

师：对，“迷信思想”（板书），是完全存在的；我们还注意到，祥林嫂不能参与这次祝福仪式，其实我们可以归结为是一种文化——

生齐：陈规！

师：对，文化仪式里暴露了陈腐规则，这些规则充满了歧视、偏见、狭隘，活生生地让祥林嫂走向穷途！而这，是一种什么样的文化意识呢？

生1：可叹。

生2：可气。

生3：可恨。

（师板书上述三个词）

师：（微笑）同学们，大家通过祥林嫂是否参与祝福一事的分析讨论，不经意间我们明白了一个非常有价值的问题，那就是在当年鲁镇的“祝福”文化中存在着可悲、可叹、可气、可恨的观念和意识。这些观念和意识潜藏在“祝福”这一节日文化里，最终让祥林嫂死无葬身之地！可见，文化的悲剧是多么的触目惊心啊！（掌声）

最后，大家试着想想，鲁镇的节日文化所导致的悲剧是鲁四老爷主导的吗？（学生讨论1~2分钟）

生1：我觉得不是鲁四老爷，我觉得他是个善良的好人，因为祥林嫂名声不好又克夫，但他还是收留了她。

生2：（生1）说得不对，鲁四老爷家是因为没有找到更合适的女工才勉强留下祥林嫂的，而且还不让她参加祝福。我觉得他是导致祥林嫂惨死的主要凶手。

生3：只能说是重要因素，因为第2次祝福时鲁四老爷就没让祥林嫂参加，她也没死啊。但是后来柳妈让她捐门槛，结果她未得救赎，才最终崩溃，我觉得主要原因是柳妈。

师：现在我们同学对于这个问题产生了争鸣，这很好，还有其他意见吗？

生4：我觉得四婶责任比鲁四老爷大，虽然鲁四老爷不让祥林嫂参与，但直接拒绝祥林嫂的是四婶，而且祥林嫂既然已经捐过门槛了，就应该让她参与啦，她却对祥林嫂大喊大叫。

师：你怎么知道四婶是对祥林嫂大喊大叫呢？

生4：因为第2次祝福时四婶是慌忙地说："祥林嫂，你放着罢！我来摆。"第3次祝福时四婶是慌忙大声说："你放着罢，祥林嫂！"她用了祈使句，可见她当时态度一定很强硬。

师：非常好，你注意到了这个细节，这很难得。

老师想问，假如鲁四老爷允许祥林嫂参与祝福，这个悲剧还会发生吗？

生：会。

师：为什么呢？

生：四婶也会阻止她参与的。

师：好的，综合大家刚才的意见我们是不是可以得出鲁四老爷不能算是这一起悲剧的主导，只能算是重要原因之一？

生：是。

师：此外，在鲁镇封建的文化氛围中许多人都有意无意地将祥林嫂推向了死亡。这些人有鲁四老爷、四婶、柳妈、祥林嫂的婆婆、大伯、鲁镇的众人以及文中的"我"。因此我们可不可以说，当时的封建文化受众面极广、危及面极大，这里只是一个缩影？

生齐：对！

师：好，现在，老师又有一个问题要问大家，既然"祝福"是一种其乐融融的节日仪式，那为什么鲁迅要在"祝福"声中让祥林嫂悲惨地死去呢？（学生讨论，发言）

生：以乐景衬哀情。

师：嗯，从手法上来说是以乐景衬哀情，倍增其哀。从内容上来说呢？

生：我的理解是，是不是鲁迅先生在告诫我们，文化既然能够杀人，那么，要彻底根除落后文化，就要从体制与思想上彻底加以改变呢？

师：对！鲁迅先生应该是这个意思！（学生掌声）

师小结：（点头）祥林嫂只是个代表，而鲁镇只是一个缩影。同学们，今天我们通过对这些问题的探究与解读，收获很大。因为以"祝福"这一鲁镇的节日文化仪式作为出发点，在深入细致地探讨了主人公祥林嫂与文化的联系后，我们感觉到，当这样一个弱女子，遇到了强大的文化阻力时，她的任何挣扎都是那么的苍白，也都是那么的渺小！所以我们这样认为，祥林嫂的悲剧，是鲁镇地域文化的悲剧，可悲的地域文化源自落后的社会制度与陈腐的思想意识，所以这之后，人们是多么企盼“五四”新文化运动的到来，企盼在黑暗中，建立起一个崭新的中国啊！（长时间掌声）

这是一节比较新颖的小说阅读鉴赏课，从地域文化的角度对“祝福”的主题进行了全新的解读，上完这节课后，来自老师、学生，包括听课的专家、教授，都对这节课给予了很高的评价，其中，任职于华南师范大学人文学院的陈建伟教授认为，这节课是对传统经典篇目的又一经典解读，开阔了语文小说教学的新思路，并且因为“文化”的介入，文本的鉴赏更显力度与深度！陈建伟教授的这一评价，也是对这一课型的充分肯定。

♪ 音符2　文化诗歌教学代表课 ♪

——“将进酒”教学实录

这是一节从“酒”文化角度解读“将进酒”的最新尝试，其阅读价值在于：一是怎么通过一个文化因子进而解读全首诗歌；二是由一个文化因子进而进行专项的文化研究性学习。

“将进酒”教学实录

教学重点：“将进酒”的深沉感情

教学难点：诗词与酒文化

教学过程：

师：同学们，大家知道，李白是唐代最伟大的浪漫主义诗人，这个诗人写了大量浪漫主义诗篇。有人做过统计，认为李白80%的诗歌都或多或少与酒有关，大家再课前回忆一下，李白写过哪些与酒有关的诗歌呢？

生1：我们以前学过《月下独酌》：“花间一壶酒，独酌无相亲。举杯邀明月，对影成三人。”（掌声）

生2：我们之前学过《宣州谢楼饯别校书书云》：“抽刀断水水更流，举杯消愁愁更愁。人生在世不称意，明朝散发弄扁舟。”（掌声）

生3：还有《行路难》中“金樽清酒斗十千，玉盘珍馐直万钱”；《山中与幽人对酌》中的“两人对酌山花开，一杯一杯复一杯”！（掌声）

生4：有《客中作》中“兰陵美酒郁金香，玉碗盛来琥珀光。但使主人能醉客，不知何处是他乡”。有《梁园吟》中“连呼五白行六博，分曹赌酒酣驰辉”。有《答王十二寒夜独酌有怀》中“人生飘忽百年内，且须酣畅万古情”。有《把酒问月》中“唯愿当歌对酒时，月光长照金樽里”。（热烈掌

声）

师：同学们课外积累得可真多啊！（笑）其实，作为一位爱酒的大诗人，他同时代人杜甫以及他的后来人，都对他的爱“酒”有过记录，大家看投影，我们一起读一读。（教师放投影，学生读）

杜甫《饮中八仙歌》：李白一斗诗百篇，长安市上酒家眠。天子呼来不上船，自称臣是酒中仙。

郑谷《读李白集》：何事文星与酒星，一时钟在李先生。高吟大醉三千首，留著人间伴月明。

呵呵，李白爱酒，举世闻名啊！今天，我们一起走进他的又一篇写酒力作——《将进酒》，大家先听老师范读一遍，大家注意一下字音和停顿。（教师朗读）

君不见黄河之水天上来，奔流到海不复回。君不见高堂明镜悲白发，朝如青丝暮成雪。人生得意须尽欢，莫使金樽空对月。天生我材必有用，千金散尽还复来。烹羊宰牛且为乐，会须一饮三百杯。

岑夫子，丹丘生，将进酒，杯莫停。与君歌一曲，请君为我倾耳听：钟鼓馔玉不足贵，但愿长醉不复醒。古来圣贤皆寂寞，惟有饮者留其名。陈王昔时宴平乐，斗酒十千恣欢谑。主人何为言少钱，径须酤取对君酌。五花马，千金裘，呼儿将出换美酒，与尔同销万古愁。

（读完，热烈掌声）

师：同学们，这篇《将进酒》原是汉乐府短箫铙歌的曲调，题意为“劝酒歌”。作者这首“填之以申己意”的名篇，约作于天宝十一载（752年）。由于受到排挤，李白离开长安，开始了以东鲁、梁国为中心的第二次漫游。当时，他与友人岑勋在嵩山另一好友元丹丘的颍阳山居作客。他们登高畅饮，对酒当歌，畅抒满腔不平之情。此作就是他咏酒抒情的产物。下面大家根据老师的朗读提示，注意字的读音和行文停顿，自己尝试着读一遍。（学生自读）

师：大家读时注意“钟鼓馔（zhuàn）玉、斗酒十千恣（zì）欢谑（xuè）”等生字词，我们一齐将这首诗读一遍。（学生读，较顺畅）

师：大家读得不错，我们常说：酒逢知己——

生：千杯少！

师：那么李白是怎么劝酒的呢？

生1：会须一饮三百杯！

生2：人生得意须尽欢！

生3：将进酒，杯莫停！

师：呵呵，是的，这些句子可以看出诗人什么情怀呢？

生：纵情、放纵！

师：对！（板书）那大家再想想，李白为什么要劝酒呢？

生1：诗的第一部分有“人生得意须尽欢，莫使金樽空对月。天生我材必有用，千金散尽还复来”的句子，应该可以理解为“人生短暂，要及时行乐”才好，所以劝酒。（掌声）

生2：开头几句“君不见黄河之水天上来，奔流到海不复回。君不见高堂明镜悲白发，朝如青丝暮成雪”，采用了夸张和比兴的手法，更能看出“人生短暂”的悲叹！（掌声）

生3：我从“天生我材必有用，千金散尽还复来”感受到了李白的那种高度的自信、旷达与豪放。只是这种快乐是暂时的！

师：为什么是暂时的呢？

生4：因为诗的第二部分有“陈王昔时宴平乐，斗酒十千恣欢谑”句，是说自己像曹植一样备受排挤，怀才不遇，有志难展。这既是对陈王昔时宴饮的倾慕，更是对现实遭遇的愤恨与控诉。（热烈掌声）

我也看到的诗的第二部分，有“钟鼓馔玉不足贵，但愿长醉不复醒。古来圣贤皆寂寞古，惟有饮者留其名”的句子，应该是他有些“怀才不遇”，因而借酒浇愁！（掌声）

师：大家解读诗歌真的很有水平！我赞成大家的理解！胡老师现在明白了李白为什么要劝酒的原因了。但是胡老师还是不明白，酒能消愁吗？

生（齐）：不能！

师：那，对于李白来说为什么不能消愁呢？

生：我留意到，诗的第二部分有“主人何为言少钱，径须沽取对君酌。五花马，千金裘，呼儿将出换美酒，与尔同销万古愁”，他是个感性的人，他狂放不羁，是个浪漫主义诗人，这便注定他在官场上的失败！（掌声）

师：是的，李白一方面豪放自信，认为“生我材必有用”；另一方面却怀才不遇，“但愿长醉不复醒”；因此想用酒来排解这一矛盾，但是“借酒消愁愁更愁”，整首诗的情感线先是“悲”，然后“乐”，接着“愤”，最后“狂”，通过“劝酒”，诗人的情感“豪放”而“愤激”，深沉的情感借助“酒”得到了充分的张扬！（掌声）

最后，我们一起将《将进酒》齐读一遍，最好能够当堂背下来！（学生齐读，有的背诵）

师：很好，大家基本上都能背诵了。这篇课文，我们解读的一个核心字是“酒”字，其实，我们中国古代诗词，很多都与“酒”关联，形成了一种很特别的“酒”文化，课前胡老师要大家搜集整理一下中国古诗词与“酒”的关系，并且分了小组。下面，大家先分小组讨论交流一下，然后推

荐小组的发言人，课堂交流一下我们课外的探究结果。（学生分小组讨论交流，推荐发言人）

师：徐徐掀开历史的长卷，不难发现，历代文人墨客与酒结下了不解之缘。得意之时，酒来助兴，映出英雄本色胸襟；潦倒落魄之际，酒来遣愁，抚慰谪客征人忧郁凄怆心怀。中国古典诗词中的酒文化绵绵不绝、无尽无休，滋润着诗人或豪放或深沉或缠绵或愤激的心灵。那一首首浸润着生命本真的诗词如一坛坛佳酿，历久弥香、醇厚悠长，依然陶醉着品味它们的人们，也形成了独具魅力的酒文化。文人与酒之间，总是有着说不尽的种种情缘。酒及饮酒行为，已经被文人墨客注入了丰富的文化内涵。在文化人圈子里往往是诗增酒趣，酒扬诗魂；有酒必有诗，无酒不成诗；酒激发诗的灵感，诗增添酒的神韵。因此，酒文化也就一直影响着中国几千年的诗词创作，中国文学史上也出现了数不清的与酒有关的旷世名篇。下面，我们请各组的发言人总结他们的探究成果。

生1：我们小组探究的是“魏晋文化与酒文化”。魏晋文学，有以曹氏父子为代表的建安文学，以阮籍、嵇康等竹林七贤为代表的正始文学，和大诗人陶渊明。他们虽然文学主张不同、作品风格各异，但却都留下了与美酒有关的千古佳作。建安诗人通过饮酒，倾吐出慷慨悲凉的生命之歌。酒成为他们认识自我，并试图超越自我的手段和工具。其中的代表作，是曹操的《短歌行》：“对酒当歌，人生几何？譬如朝露，去日苦多。慨当以慷，忧思难忘。何以解忧？唯有杜康。”这首诗的格调慷慨悲凉，深沉雄壮，它表达了曹操的政治愿望和人生抱负，以及治理国家和社会的理想。虽然诗人感慨生命有限，但并不让人觉得消沉，究其原因，乃在于他的“对酒当歌”——正是酒力的烘托，使诗人的慨叹得以升华。

残酷而又富有魅力的魏晋时代，产生了一个特殊的名士群体。体现在他们身上的那种潇洒不羁、飘逸自得的精神气质，被后人称为魏晋风度。魏晋风度的一个重要道具和象征之物，就是“酒”。是否饮酒甚至成为判断一个人能否称得上“名士”的标准。《世说新语·任诞篇》有这样的记载：“王孝伯言：名士不必须奇才，但使常得无事，痛饮酒，熟读《离骚》，便可称名士。”这句话虽然颇有些调侃的味道，但也反映出了当时社会对饮酒的重视程度。

竹林七贤中的人物，都是能饮善文者，而其中的刘伶、阮籍更是与酒有着莫大的关系。刘伶嗜酒如命，常常大醉不醒，自称“天生刘伶，以酒为名”，还作了《酒德颂》。阮籍喝起酒来，能够一醉两个月。之所以会这样，和当时动荡不安的社会政治背景有关。对他们来说，酒是逃避现实的最好工具，醉乡是他们安全的港湾。在险恶的政治环境中，阮籍以酒买醉，佯狂避世："时率意独驾，不由路径，车迹所穷，辄恸哭而返。"（《晋书·阮籍传》）他其实是以酒来显示自己狂傲不羁、超脱世俗的名士之风。

晋末宋初的大诗人陶渊明，更是一个能饮善诗的大家。诗与酒，共同注解着他的作品和人生。他以酒作为媒介，将酒与人生密切联系起来，把饮酒提高到哲理和艺术的层次。陶渊明在《五柳先生传》里这样描述自己："性嗜酒，家贫不能常得。亲朋知其如此，或置酒而招之。造饮辄尽，期在必醉；既醉而退，曾不吝情去留。"其实他是在这"醉"的境界中，忘却荣辱得失和人生的悲喜。陶渊明所追求的是一种返璞归真、天人合一的境界。只有忘记世事、超脱现实，才可能达到这一境界。而世事又偏偏难以忘怀，现实更难以超脱，于是只好借助酒来使自己获得暂时的解脱。这正是陶渊明痴迷于酒、"期在必醉"的根本原因。

历代文人文化精神的积淀，尤其是陶渊明诗酒结合的生存方式，深深地影响了中国文人的文化心理。陶渊明之后，诗酒结缘的文化心态便在中国文人心里深深地扎下了根。"酒"不再只是一种普通的饮料，饮酒不仅是为了解渴过瘾，而是一项高雅的文化活动。酒成了文人骚客得以表现风流儒雅风度不可缺少的工具。(热烈掌声)

生2：我们小组探究的是"唐诗中的酒文化"。在中国历史上，诗与酒结合的最鼎盛时期，当是唐朝。可以毫不夸张地说，脍炙人口、流传千古的唐诗几乎有一半是在酒兴中写出来的。唐诗中有相当的名篇，都与酒有关。且不说李白的《将进酒》《把酒问月》《月下独酌》，杜甫的《饮中八仙歌》，王维的《渭城曲》，孟浩然的《过故人庄》，王翰的《凉州词》，白居易的《问刘十九》《劝酒》等一系列咏酒诗，即使那些并非咏酒的许多名诗，也大都是诗人酒后之作。

李白与酒，有着特别的不解之缘。酒使李白狂放不羁的个性得以尽情展现，也使诗人笔下的诗歌更富有激情和感染力。李白一生留下了大量的饮酒佳话，与之对应的，也留下了大量的饮酒诗。其中最具有代表性的当数今天学习的《将进酒》，酒力的刺激，使诗人的创作天赋得到充分的发挥。虽然感叹岁月蹉跎，功业未就，但语句却无比雄奇，充满豪气，看不到任何颓废之处。在醉饮之中，诗人忘掉了现实世界所带来的孤独、痛苦、悲伤、忧愁与迷惘，重新回到物我两忘、自在逍遥的状态。在这种情况下，诗人的个性和才华才能获得充分的发展表现。(掌声)

生3：我们小组探究的是"宋词中的酒文化"。随着时代的变迁，词渐渐兴盛起来。宋朝的词酒关系和唐朝的诗酒关系比较起来，也有了一些变化。唐朝咏酒诗所表现的内容范围较广，表现忧国忧民、重大题材的占主导地位；宋代饮酒词在内容上则主要集中表现词人的生活及围绕个人生活而产生的种种情感。唐朝诗人主要是借酒来激发昂扬雄壮的胸怀，抒发渴望建功立业的豪情，宋代词人更多的是细细品味酒中雅趣，再用词来徐徐倾诉人生的种种际遇和情怀。总的来说，唐代酒诗豪放雄浑，宋代酒词含蓄秀雅。

范仲淹“酒入愁肠，化作相思泪”，酒力发散的是思乡之苦；“浊酒一杯家万里，燕然未勒归无计”，边关豪情因为酒的催化得以加强。而晏殊的词多写四季景物、男女恋情、闲情逸致，反映富贵悠闲的生活。他的几首《浣溪沙》词，写得高雅富丽，带有一种凄婉的情调，最为人所称道：“一曲新词酒一杯，去年天气旧亭台……小园香径独徘徊。”在这几首词中，酒是一个不可或缺的意象。正是因为酒的催生、烘托与陪衬，词人才能够把自己的闲愁暗恨和离情别绪表现得如此含蓄、隽永、深沉。

大词人柳永的《雨霖铃》，描绘了一幅酒中作别、酒后痛苦相思的画面：“……今宵酒醒何处，杨柳岸、晓风残月。此去经年，应是良辰好景虚设。便纵有千种风情，更与何人说。”分别当时已经不胜酒力，伤感不已，酒醒后更加难以忍受这种离别之苦。在这里，对酒事的描写，不仅仅停留在饮酒的那一刻，而是延伸到酒醒以后，这是一个创新。同时，大文豪苏轼也爱酒。他把酒称作“钓诗钩”，并且还亲自酿酒，甚至专门著有《东坡酒经》传世。几乎他所有的名篇都与酒有关，比如《水调歌头》，在词中，苏轼发出“明月几时有？把酒问青天”的询问，抒发了“但愿人长久，千里共婵娟”的美好情怀。而这一问也因为酒的醇化具有了永恒的意义。

在被贬到黄州时，苏轼写出了著名的前后《赤壁赋》，还写出了《念奴娇·赤壁怀古》等许多不朽诗词，其中都离不开一个酒字。比如《念奴娇·赤壁怀古》，词人面对如画的江山，追想千古风流人物，思考如梦的人生，产生出无穷无尽的联想和感慨，最后只好“一尊还酹江月”，把一尊薄酒倾洒向东去的大江和空中的明月。酒后的人生感慨，也因此具有了更广阔的时空意义。（热烈掌声）

师（小结）：同学们，中华民族的文化源远流长、博大精深，酒文化是古代民族文化的重要组成部分，它醇香浓烈，别具一格，自古文人墨客都喜欢将喜怒哀乐倾倒进酒中，于是在酒中飘逸出一首首脍炙人口的诗篇，或抒发建功立业的豪情，或表现淡泊明志的旷达，或抒写离愁别绪的寄托，或寄寓闲情逸致的潇洒。酒是催化剂，“自古圣贤多寂寞，唯有饮者长留名”，自古多少文人，演绎了一段段精彩的人生篇章！让我们从酒文化中去理解大师们的喜怒哀乐，也从大师们的喜怒哀乐中去体会悠久的中华酒文化！（长时间掌声！）

♪ 音符3 文化散文教学代表课 ♪

——“秦腔”教学实录

实录之三所展示的“秦腔”，是粤教版高中语文选修4《中国现代散文选读》的课文。该课获得2010年广东省阅读教学大赛一等奖。该课例的阅读价值在于：一是从地域性的戏曲文化角度重新编辑教材，操作教材，富有新意；二是将阅读教学与写作教学糅合起来，以读促写，将学生间接的地域文化感知化为直接的地域文化关照。

“秦腔”教学实录

教学重点：一方水土一方戏曲

教学难点：探究文化散文的写作方式

教学过程：

师：同学们，今天老师带领大家去做一点深度探究，课题是“探究地域文化散文的写作方式”，这是一个很大不着边际的课题，别急，我们还有一个副标题呢，(“精读《秦腔》”，教师放投影)《秦腔》是著名作家贾平凹的地域文化力作，原文较长，我们的课文是节选，来来来，我们先来做一个游戏。(教师接着放投影)

显示：一、玩游戏，加定语。“秦腔是______、______、______……的戏剧艺术形式”。大家先翻开课文，迅速浏览全文，尝试着给“秦腔”加定语。

生速读课文3分钟左右。

师：好，大家的定语时什么呢?

生1：我加的是：历史最悠久、文武最正经、是非最汹汹。第1段的第三行。

生2：我的是：产生于秦地。

生3：由秦人创造的。

生4：说“秦地”太宽泛，准确地说是“秦川的西府”，主要是第3段。(掌声)

师：说得好，还有吗?

生5：高亢响亮。

生6：悲凉。

生7：震撼人心……

师：从秦腔的“唱腔”和“情感”角度去归纳，好!

生8：深入人心。

生9：最受当地老百姓欢迎。

师：从秦腔的影响去思考，好。老师把大家的定语整合一下，我们可以这样给秦腔下一个定义：秦腔是产生于八百里秦川、由当地劳动人们创造的、历史最悠久、文武最正经、是非最汹汹、高亢响亮、沧桑悲凉、震撼人心、最受当地人欢迎的戏剧艺术形式。（投影）大家齐读一遍。（学生齐读）

师：现在的问题出来了，上面我们归纳的是“秦腔”的地域文化概念，那么，贾平凹是怎样将这一地域文化概念演绎生成一篇脍炙人口的地域文化美文的呢？换句话说，作者贾平凹围绕“秦腔”这一极富地域特色的地域文化现象，着重从哪些方面来写的？大家看看课文，再分组讨论一下。看看大家是否可以看出来。（学生再读课文，讨论）

生1：我们小组觉得，贾平凹在写秦腔的时候，主要写了产生秦腔的“陕西这块土地”，可能作者认为“这块土地”很重要。（笑声）

生2：“这块土地”很辽阔厚实，应该是在强调秦地“厚重的空间”。

生3：我们觉得土地上的“秦川公牛、叫驴”“白杨、苦楝、紫槐”都极富象征意义。

生4：有句话说“一方水土一方人”，我突然想到“一方水土一方地域文化”。（热烈掌声）

生5：这种水土的特点是生机、苦涩、厚重、粗犷的，很特别。（掌声）

师：我归纳一下，大家说的是不是“环境很重要”呢，我也突然记起美学家丹纳的一句话，“精神文明的产物和动植物界的产物一样，只能用各自的环境来解释”，大家说对不对呢？（掌声）

生6：我们小组认为，贾平凹在写秦腔的时候，还着重写了“秦地的人”，这些人很有特点，特“二愣”，也很丑！（笑倒一片）

生7：我们不这样认为，其实“高个、眼与眼间间隔远、手脚粗大、肌肉结实、蹲着卧着吃饭”，其实很酷很帅！（笑声、掌声）

师：我提示一下，文中有“演员出来骂一声：谁说不好滚蛋！”（第6段）；第7段中“宪兵”如“凶神恶煞”一般，也很酷吗？

生1：地域文化程度低，不文明，很垃圾！（嘘声一片）

生2：应该可以这样理解：作者贾平凹笔下的秦川人，是和秦腔这种戏剧艺术形式的特点一脉相承的，这里的秦人，应该要理解成“豪爽、敦厚、粗犷”，不能贬义地理解！（热烈掌声）

生3：我们还注意到，秦人“生时落草在黄土坑上，死了被埋在黄土堆下”等内容，应该说秦人还具有“质朴、苍凉”的一面！（掌声）

师：同学们通过讨论，发现了“人的环境”非常重要，这正如大作家茅盾所说：“如果作品涉及的地点是世界上实有的地方，作家就应该写出该地方的个性，该地方人物的个性。”人是有创造力的，精神文明产品离不开人的创造！同时，我们通过讨论发现，什么样的人就会创造什么样的艺术！

生：老师，我突然发现，文章的第6、第7、第8三段写得特别精彩，但不知作者为什么要这样写？

师：呵呵，你想到老师前面去了，大家看看这三段，精不精彩？（生齐答：精彩），那为什么作者会不厌其烦地来展开呢？

生1：因为写秦腔怎么排戏，人们怎么热情，读者是很想知道的。（师板书：排戏）

生2：盼望演戏也是读者所期盼的，作者很详细地描绘秦腔开演前的场面，最能体现秦地人对秦腔的狂热程度。（笑声）（师板书：盼戏）

生3：在演戏的时候，观众对“慧娘”的态度，栩栩如生地传达了秦地人对秦腔的痴迷！（笑声、掌声）（师板书：观戏）

生4：老师，通过您的板书，我发现，作者是按照一定顺序来写秦腔的，这样读者就可以有一个全面的认识。

师：对啊，原来贾平凹煞费苦心啊！（笑声）大家能不能用四字短语来形容这三个环节？

生1：排戏：全家出动、全心投入。

生2：废寝忘食。

生3：用心经营。

生4：盼戏：望眼欲穿。

生5：人潮涌动。

生6：争先恐后。

生7：啼笑皆非。

生8：一波三折。

生9：观戏：如醉如痴。

生10：物我两忘。

生11：全神贯注。

……

师：（微笑）大家的归纳能力非常强，这些词语归纳得都很好，大家发现了没有，刚才我们所有的词语都指向一个词语（师板书：爱戏），土生土长的地域文化之所以得到延续，原来作者简洁地告诉我们这样一个道理：文明的延续在于人的精神渴求。多么简单却又多么深奥的道理啊！（掌声）

通过分析与讨论，我们同时又得到这样一个结论：一个地域文化概念要演绎生成一篇脍炙人口的美文，应该从以下三个方面去思考：（教师放投影）地域文化概念怎样生成地域文化散文？1. 付之于自然环境；2. 付之于人的环境；3. 付之于细节描写。这就告诉我们，写一篇地域文化散文，先要在头脑中形成地域文化概念，然后要善于抓住自然、人、细节等环节去演绎，如此，我们就可以（故意拖长声调）……

生：写一篇优秀的地域文化散文。

师：呵呵，不全对呢，大家想想，还有一个很关键的因素，是什么呢？

生1：可能是地域文化的感受吧。

生2：可能是生活的体验。

生3：可能是百姓的情怀吧。

生4：可能是作者。

师：大家的思路非常开阔，对，我们认为一个最关键的因素是"作者"，那么，大家讨论一下，结合课文后面的"思考·探究"内容和本单元的结束语"交流平台"里的"地域文化与散文"和"问题拓展"，说说贾平凹为什么能写出这么生动的地域文化美文来？

生阅读，讨论，发言。

生1：贾平凹这篇文章是一篇侧重民情风俗的地域文化性散文，说明他关注老百姓的生活状态，真正地走进了大众生活，具有深厚的百姓情怀。

生2：我在课外也读到过贾平凹的《白鹿原》《商周初录》和《黄土高原》，发现他总是自觉不自觉地以家乡商周的人文地理、自然风光、历史现实为创作的背景，并且越来越广阔、深入地表现着时代剧变中家乡的民情风俗、社会心理、个人命运的变迁，刻画着乡里人的性格与灵魂。他散文创作中的地域文化意识，主要是秦汉地域文化意识！（长时间掌声）

生3：我们也可以这样认为，贾平凹是从个人体验出发，将诗性、理趣、学识与历史感进行有机结合，思想性与学术性兼备，不仅充满了地域文化意味，显示了作者丰厚的地域文化感悟力和艺术表现力，而且具备了可贵的自由开放的精神向度。（掌声）

生4：我们还注意到，地域文化散文要有"大境界"，应该从"小"处着眼，对人事进行精细和鲜活的叙述描绘。在描绘中，应该体验高度的艺术表现力。（掌声）

师小结：大家的发言非常精彩。说明同学们对地域文化散文越来越有见地了！刚才我们讨论的作者贾平凹，我归纳了一下，同学们的发言主要有以下四个方面的特点（放投影）：①故园情结；②地域文化视界；③百姓情怀；④艺术表现。这四个方面，非一日之功，需要长时间的磨砺与提升。这样说来，要将一个地域文化概念演绎生成一篇地域文化散文，还要加上一条"付之于作者内心"。（教师补充，放投影）

同学们，通过学习《秦腔》，大家知道了怎样写地域文化散文，那么，老师在本节课结束之前，想问问大家，假如要你写一篇地域文化散文，你会怎么写呢？

生1：我想先了解了解南粤地域文化，嘿嘿。

生2：我最喜欢粤剧、粤菜，还有我们湛江的舞狮、飘色、雷州的石狗。

生3：我想先去采访一下我们湛江的民间艺人。

生4：我想写写我爷爷，他有一手绝活，闻名乡里。

生5：我想写中国的京剧还有麻将。（笑声）

生6：我还是先上网查查，看看有哪些我感兴趣的，我的爱好太多太泛，一下子想不好写什么呢。（笑声）

……

师：大家的想法都非常好，其实，广义的文化是指人类创造的一切物质产品和精神产品的总和。狭义的文化专指语言、文学、艺术及一切意识形态在内的精神产品。这是一个极难界定的概念，但它并不令人生畏，相反却与我们的成长发生着一衣带水的联系。我们的吃饭、穿衣、居住、出行，都有地域文化因子；我们的节日、盛典、仪式，活动，差不多都有当地的民风民俗；在大街上，我们可以看见做年例的、舞龙的、踩高跷的、赶庙会的；在剧场里，我们可以看见雷剧、粤剧、京剧、皮影戏；打开电视，刘心武正在讲《红楼梦》研究、易中天正在讲《三国演义》；翻开报纸，黄山正在筹备地域文化旅游节、广东的开平碉楼正在申报世界文化遗产；登录网络，港台地域文化、中西方文化充斥眼球，还有网民自己炮制的种种“网络文化”；我们背着书包去上学，接受的是校园文化，把书本往课桌上一放，发现还有课桌文化，中途去洗手间，甚至发现厕所文化……（笑声）这些文化，只要我们掌握了写法，懂得用心去表达，一定会写出锦绣文章！（长时间掌声）

最后，请允许我将我们学生所写的地域文化散文目录展示给大家，希望大家拿起手中的笔，像这些同学一样，以地域文化的视角去关注我们的社会与人生，这仅仅是因为，我们都是文化人！（长时间掌声）

老师放投影，出现目录和音乐。

♪ 音符4　文化作文教学代表课 ♪

——“走近经济”教学实录

这是一节获得广东省教育研究院颁发的省写作课堂教学一等奖的案例，课题“走近经济”是粤教版必修五写作活动第一单元，主张以活动的形式增强学生的“体验、感悟与认知”，进而进入写作过程。“走进经济”的内容十分丰富。笔者认识到：广东作为经济强省，在经济快速发展的背后，本土文化受到了极大的冲击。因为本土文化是区域民众的精神滋养。所以，本节课希望站在“经济的发展与对本土文化的冲击”的角度，组织学生进行写作教学。根据主要的经济类型，具体表述为：（1）走近国有经济——政府部门对本土文化的忽视；（2）走近外资经济——外来文化对本土文化的藐视；（3）走近私营经济——社会民众对本土文化的漠视。针对上述经济类型，课堂设置为：（1）针对三种经济类型对本土文化的冲击，小组讨论；（2）根据复杂经济现象而产生的文化事件、口头交流；（3）围绕经济对本土文化冲击形成的观点，书面表达。整节课，结构清晰流畅，是地域文化作文教学的典范之作。

“走近经济”教学实录

教学重点：经济类型与地域文化

教学难点：地域文化现象论辩

教学过程：

师：同学们，我们生活在一个经济快速发展的时代，每天都带给我们日新月异的变化，当我们走进经济，突然发现，在经济强势发展的背后，与我们血脉相连的本土文化正在受到始料未及的冲击。胡老师曾组织班上的学生进行了相关的“资料查阅、调查、采访以及实地考察”，进行了相关的写作活动，我们不妨先来感受一下。

显示学生通过调查、采访、实地考察之后制作的幻灯片（6 个）；显示学生课外查阅资料 20 余万字。（显示文稿）

（学生惊奇，老师微笑）

师：呵呵，群众的力量是无穷的。（笑）同学们，因为今天胡老师只给大家上四十分钟的作文课，所以不能带领大家去课外开展活动，但是没有关系，我给这些资料粗略地分了几个类别，我们不妨先来讨论一下，看一看在经济发展的同时，我们的本土文化到底受到了怎样的冲击？

[师展示图片（一）]

城市建设，破坏古迹图片；扩修道路，破坏文物图片。

师：大家讨论一下，这两幅图片，告知我们在经济发展的背后，本土文化因为什么而遭到破坏？

生 1：因为经济的发展。

生 2：因为相关部门的不重视。

师：相关部门为什么敢这样做？

生 1：因为利益作祟。

生 2：因为相关法律不够完善。

生 3：我认为是政府部门的忽视，只有政府部门强力执法，严加监管，

这样的事件是可以遏制的！（掌声）

师：说得对，经济行为的背后，依靠政策去规范。政策不到位，就是政府的不作为。可见，经济发展的背后，本土文化受到冲击的，很多时候是因为政府部门的忽视。

大家再看下图片（二），讨论：这几幅图片，告知我们本土文化因为什么原因而遭到冲击的呢？

饮食文化，倾向于外国的；娱乐文化，倾向于外国的；建筑文化，倾向于外国的；戏曲文化，倾向于外国的。

（师展示四幅图片）

学生讨论，然后回答。

生1：老师，我认为外国的文化很具有吸引力喔。（笑）

生2：吸引力强，正好说明对本土文化的冲击大啊！

生3：我觉得，经济发展了，本土文化却受到外来文化的冲击！（掌声）

师：的确，本土文化在外向型经济的扩张中，真的是不可避免地受到了冲击！好的，我们再来看下面的几幅图片：

游客乱涂乱画文化古迹；摊贩在文化古迹面前摆摊设点。

（展示两幅图片）

学生讨论，然后回答。

生1：我觉得这是老百姓的文化意识淡薄，才这样的。

生2：我很汗颜，曾经也这样做过，以后不会了。（惭愧的样子）

生3：经济发展了，人们的文化保护意识不强，也是一种冲击。

师：呵呵，大家很快就知道了这些现实生活中，本土文化遭受冲击或破坏的原因，主要是三个方面，一是政府部门的忽视；二是外来文化的冲击；三是民众的觉悟不高。（微笑），现在，胡老师要问的是，我们怎样才能在发展经济的同时，保护好本土文化呢？

生1：加强政府部门的保护力度，出台相应的保护措施，不再做文化破坏的旁观者！（掌声）

生2：在外国文化入侵的当下，善于为我所用；同时扶持自身的本土文化，让文化也推陈出新。（热烈鼓掌）

生3：加强民众的文化保护意识，提高公民保护文化的觉悟。引导民众关注本土文化，珍爱本土文化！（掌声）

师：呵呵，同学们非常聪明！我们很快搞清楚了在现实经济飞速发展的同时，本土文化受到冲击或破坏的原因，并探讨出了解决的办法，但是，现实生活中，有些文化现象演绎成的文化事件，往往形成的因素是多方面的，我们再来看下面的两幅图片：

广州市民走上街头，捍卫粤语；广州老伯用文化衫捍卫粤语

新闻背景：亚运会前夕，广州某政协委员提出在亚运会举办前后，广州主要媒体的用语减少粤语播报，增加普通话的播报时间，以接纳内地广大的游客，更好地办好亚运，拉动亚运经济。于是，出现了捍卫粤语事件。

学生分组讨论，结合我们上面分析的原因及对策，谈谈你对此事的看法？口头交流五分钟。

（老师组织讨论，形成了“捍卫粤语”和“为普通话辩护”两大阵营）

捍卫粤语派：

生1：近几十年来，身为中国改革开放前沿地的广东，在经济飞速发展的同时，也把各种各样的外来文化带来了广东，在外来文化的围攻下，越来越多的广东文化被无情地丢进了文化的回收站，先是一个一个熟悉的路名，接着再到一个一个的习惯，慢慢地都在改变，现在终于轮到了作为广州文化灵魂的粤语了，我觉得要坚决捍卫粤语。

生2：我想补充一点的就是，经济的发展，学校推广普通话，这意味着学生在学校失去了说广州话的权利；外来务工人员的增多，也意味着在校外没有了说广州话的空间，所以在这样的环境之下，现在越来越多“新生代”广东人完完全全地说普通话了。这里面，也有狭义的外来文化的冲击。

生3：报道也有说到，广东已经开始步入老龄化的社会，很多“老广州”是完完全全听不懂普通话的，可以想象，一个行动不方便的老年人，打开电视尽是自己听不懂的语言，而且字幕也看不清，家人又在外面上班，一天坐在家里，喝着茶看着天空，他们会想什么？

生4：《联合国教科文组织世界文化多样性宣言》里面有这么一句话：“捍卫文化的多样性与尊重人的尊严是密不可分的。”我们捍卫文化的多样性，捍卫粤语的生存空间！（掌声）

生5：如果单从政协委员倡议普通话的角度，我认为这里面也有政府部门忽视本土文化保护的责任。因为我们认为开亚运会，正是挖掘本土文化、彰显广州文化的契机，粤语作为传播的媒介，自然也能显示广州的魅力，因为“粤语盖以六调，曰一清平，二清上，三清去，四浊平，五浊上，六浊去。复以促音清平为高入，促音清去为中入，促音浊去为低入。合为九声”。粤语拥有九个声调，是最贴近古代汉语的读音的语言，所以当使用粤语进行古文朗诵时，的的确确抑扬顿挫，感觉十足。我们捍卫粤语，因为越是本土的，越是世界的！（长时间掌声）

为普通话辩护派：

生1：大家注意，事实真相是，广州市政协发起网络调查，希望综合频道等重要时段能够增加普通话播音。而微博作者立刻断章取义为取消粤语节

目，以至于引起轩然大波，不仅广州本土民众，连不少媒体精英人士也表现得异常激烈。媒体人，尤其是电视主持人，喜欢以过激语言增加收视率是向来的通病，但此次如此断章取义且逻辑混乱不能不令人为媒体汗颜。

生2：《新周刊》执行主编封新城表示，“没有方言的城市是可耻的”。这条微博成了转发率最高的评论之一。那么，北京、上海、深圳这些以普通话播报节目的城市可耻吗，这些城市没有方言了吗？凤凰卫视主持人杨锦麟在微博说：“不可思议，下一步会不会也取消粤剧？更不可思议的在于，杨锦麟先生能不能用方言在凤凰卫视播报？用何种方言合适？”看来情绪激动确实容易令人语无伦次，哪怕睿智如杨锦麟。

生3：一个不难推想的结果是，如果全国各地电视台都在主要时段用方言播报，湖南电视用湘方言播报，江西电视用赣方言播报，西南三省用西南官话播报，那么，全国广播电视就是方言割据的诸侯国了。

生4：一个城市，一个媒体，如果不够宽容接纳其他方言群体，不够理性成熟，却动辄以充满想象的语言翅膀鼓动民众脱离引领我们前进的大地，那才是可耻的、令人汗颜的、容易沦陷的评论泡沫。（掌声）

师引导、点拨，最后总结：同学们讨论非常精彩，对广州的这一文化事件的了解也比较具体。其实，在胡老师看来，新闻媒体增加普通话的播音时间未为不可，因为毕竟是大众消费的平台。但是如果只是强调普通话而削弱本地方言，那就是政府的忽视甚至是文化歧视了。本来，作为广东本土文化的代表——粤语，在近二十年的大量外来人口的迁入过程中，受到了“外来文化”的冲击，再加上本土的新生代青少年，不注意从中老年人身上学习粤语（幼儿园必须说普通话），也有一定的淡漠意识。在这三种情形的影响下，粤语的遭遇可想而知。好在这只是一种“假设”，同学们能够站在这件事情的前因后果的基础上，还能够为“普通话”辩护，这是非常好的思维方式，这让我们明白，越是在经济快速发展的时候，也要认真考量我们的本土文化，是否真正能够和经济的发展相得益彰！对于那些为了发展经济，实质冲击或破坏本土文化的行为、思潮，我们要旗帜鲜明地加以反对！（长时间掌声）

（教师播放政府处理这一文化事件的视频，2分钟）

师：同学们，我们刚才进行的是对该事件的口头交流，现在，大家结合自己的观点、围绕老师的提醒，进行书面表达，写一则短评。时间5分钟，开始。（学生写短评）

五分钟到。教师用教学投影展示学生的短评佳作：

短评佳作1：

我认为，在经济快速发展的时代，推广普通话的同时也不应忽视粤语，不要让粤语在若干年后成为真正的化石。语言作为文化的载体，每一种语言肯定都承载着一种独特的文化。粤语作为岭南文化的载体，它记载着古代雅言的演变和广府地区的语言特色，在历史的传承、族群特征的体现、岭南文化的发展等研究方面都有着不可替代的文化价值。老舍先生曾经说过“世界上最好的文字就是最亲切的文字”，对土生土长的广东人来说，粤语不仅仅是交际的工具，而且是一种情感上的认同和亲近，正是这种情感维系着他们之间的根意识。我们一方面要大力推广普通话，另一方面也应该给粤语足够的保护，这不但有利于岭南文化和最古老的普通话的研究和保存，同时也有利于粤语作为一种文化、一种文明的遗产得到继承和发扬。

短评佳作2：

我依然不赞成刚才“辩护派”的观点。说“一个城市，一个媒体，如果不够宽容接纳其他方言群体，不够理性成熟，却动辄以充满想象的语言翅膀鼓动民众脱离引领我们前进的大地，那才是可耻的”。这句话本来没有问题，可是来形容粤语群体却是大错特错。对外来语言不包容？当一个人听不明白粤语的时候，我们会立即用普通话与他交流，这在全国来说算是做得很好了。难道这不算是包容的一种体现？至于辩护同学提到的所谓“说方言就变成诸侯国”的问题，我实在是很难理解。方言等于诸侯国？难道说方言就是不爱国吗？就是想搞分裂吗？这是没有道理的，相反，丰富的地方文化反而能使祖国的大文化更加多元化，这是有利于一个国家的发展。我们可以想想，谁会去一个千篇一律的国家旅游？这不仅是文化效益，还涉及经济效益。

短评佳作3：

我认为，关于语言文化的发展，广州真的需要向邻居香港好好学习。前年，香港拆了一条老街，结果谢安琪的歌曲《喜帖街》被传唱成了经典；去年，香港人拍出电影《岁月神偷》，最后连政府都被打动，宣布不再拆迁永利街……如今，广州也正在旧城改造中，多少历史文物面临灭顶之灾，如果有更多文化人站出来，写一首诗、一首歌甚至演一部戏来纪念它们，该有多好？比如东山少爷自作自唱的歌曲，就是从文化入手保护粤语的榜样。

短评佳作4：

保护粤语的目标应该是发展。越是坚持植根于本地的文化，越能在未来走得更远。文化的强大对于语言的兴旺影响巨大，借助话剧、“栋笃笑”、流行歌曲等艺术形式，能够有效地壮大粤语，最终将粤语文化发扬光大。当语言的魅力大到街知巷闻，当语言融合于市井文化，当语言成为艺术精品的重要元素，试问谁能消灭它？反之，如果我们不能培育出属于自己的城市文化，语言也就失去了赖以生存的土壤，保护起来估计也特别费劲。总之，粤语的发展也要同经济的发展一样，与时俱进。

师总结：看到同学们这么精彩的短评，我突然想起了今年广东高考作文的标杆作文，第一篇59分的作文片段，现节录如下，我们大声地读一遍。

眼泪不争气地涌出我的眼眶，我多想呐喊：这条巷子拆不得，拆不得啊！它不仅仅是我出生的地方，也是培育我温和性格的地方，更是让我感受人间温暖的最初的开端。这里的一花一草、一砖一瓦都是岭南文化形成的开始。将这里拆掉，就是毁了我的根，就是毁了上百年广州老街坊的根！可是，这样的呐喊谁会听见呢？人生的原点、文化的原点与高速发展的经济、与拔地而起的大厦相比，似乎已经变得渺小了。这夜，我又梦见了久违的老巷——不同的是，这次当我回到人生的“原点”时，红红的“拆”字竟不见了踪影。

师总结：在经济建设飞速发展的今天，我们走进经济，当经济建设与本土文化发生冲击时，我们强烈呼吁回到“原点”，保护好与我们一衣带水、血脉相连的本土文化。文化也是一种生产力，当我们的政府、我们的民众具有强烈的文化保护意识，我们的发展才是健康的、可持续的，我们的经济建设，才能与文化相得益彰，共同实现经济与文化的双赢！谢谢大家！（长时间掌声）

课间展示，学生走进经济，围绕文化现象的写作成果：《文化评论集》。

第四节　“以文化人”的案例

♪ 音符1　“孝悌亲情”化人案例 ♪

——关注另外的亲情

【小引】

很久没有这样被淋漓尽致地感动过了。我们不是尼采，我们的心灵比以往任何时候都需要亲情的“阳光”，我们也不是庄子，我们不能遁世于四野八荒，在寂静无人处看透纷乱的人生。在现代社会高楼大厦、“铜墙铁壁”之间，我们其实一直在寻找一块心灵的安息地，在那里我们能够将一份久违的亲情点燃，将自己真正沉浸入一种诗意的感动，从而去浸润一种别开生面的情感。当这些文字被我们惊奇地发现，尔后它们像漫天漫地的雪花在我们的心头盘旋，于是我们不再正襟危坐，任这股亲情的旋风将我们感动得热泪盈眶！

他们不是《背影》里的父亲们，也不是《我的母亲》里的母亲们，他们是我们另外的一种情感维系——与我们一衣带水的兄弟姐妹们。这很能让人马上想起电视剧《嫂娘》、想起《我的兄弟姐妹》，甚至想起《背起爸爸上学》里的那个山娃子。当我们的父辈们由于种种原因而不能给我们兑现冥冥之中既定的承诺，当我们的生命旅途不再那么顺意地延续，当我们在生活的锻打中步履维艰，当我们陷入生存的涡流中无力自拔，每每这时，是我们的兄弟姐妹，他们面对眼前这显而易见的艰难，用他们令人难以置信的勇气，用他们原本孱弱的肩膀，从容不迫地担当了千斤的重担，而留给我们的种种状貌，有时不一定要回归所有的细节，就那么三言两语，就那么信手拈来，我们的心却不经意地颤抖起来，我们的泪水就不经意地爬满了脸颊。

【写作现象扫描】

亲情本是一个世纪性的母题，是最能滋养情感的精神家园，可是在现实的生活中，我们中学生的作文在涉及有关亲情的话题时，其视野显得极为狭窄。比如很多同学常常写自己的爸爸妈妈，从小学一直写到高中，不外乎就是几个司空见惯的场面，几句习以为常的话语，久而久之，便把亲情写作当作一种很难应付的难题；有些同学的父母种种原因离异了或者亡故了，于是好像亲情就成了自己成长的空白。殊不知，亲情的外延是相当宽泛的，其中，就包括我们所有的、近亲的抑或是远亲的兄弟姐妹，他们的所作所为，他们赋予我们的有意无意间，常常就成了我们深深体味亲情、感受世间最美情感的又一重要源泉！

【针刺文之一】

嫂 子

高吉波

（一）

30 年前，我 8 岁。

母亲不在了，一群孩子挤在父亲的脊背上，讨吃求穿，日月十分凄惶。

一个好心的媒人看着可怜，说家里没个女人，日子少光彩。

于是，在那个青黄不接的春天，我大哥牵着一头瘦毛驴驮回了我的嫂子。她年长我 15 岁，嫁来时，驴屁股上绑着两袋玉米，哥说是嫂子用财礼钱换的。

大约是那年冬天吧，嫂子生了孩子。有一回，大哥趁嫂子不在，悄悄端给我一碗小米粥。嫂子回来时，我已舔净了留在嘴角的米粒。嫂子借故支走大哥，说锅里有碗米饭，留给我的，里面掩着两个鸡蛋。

我没喝，也没吃。

我跑到河里，破冰给侄女洗尿布。

“阿九，你太小，洗不净。”嫂子赶来，抱我到河边。她把我红肿的小手拉到她的怀里暖和，然后摸出两个鸡蛋，“还热，吃吧”。

那天，风大，雪大。嫂子穿着红棉袄，在雪地里像一团火焰。

（二）

20 年前，我 18 岁。

嫂子给我剃个新头，然后背着行李送我到小镇的车站上。

“阿九，咱家你最有出息，外出读书要学会自己疼自己。”她说。

那天，风大，雪大。隔着车窗，嫂子跑着向我招手。我觉得是一团火焰在雪地里跳跃，尽管她穿的棉袄是蓝色的。

（三）

现在，我 38 岁，号称作家。

父亲和大哥已相继随我母亲去了。他们留下的最后一句话都是说给嫂子的，真有来世，我变把椅子，让你坐着歇歇。

直到写这篇文字，我与嫂子最末的相见，是去年春节携妻带小回老家去。

那天，风很大，雪很大。透过玻璃窗，我看见嫂子从屋外抱着柴草来给我烧炕，我觉得雪地里有一团火焰永不熄灭。虽然她穿的棉袄是黑色的。

“阿九，你腰疼是不是因为熬夜坐的时间太长?”她说，“都这岁数了，还不会自己疼自己。”

我没说话。我盯着嫂子久看，我突然发现她眼睛已深陷下去，像一眼枯井，而且头发竟也全白。但那一刻我跟 30 年前想的一样：嫂子其实是最美的。

后来，我在日记里写过这样的话：嫂子是弓，我们是箭，弓因箭而弯。

“我们”，自然也含着我的侄女，她现在在美国攻读博士学位。

（选自《小小说》2002 年）

【针刺评述】

作家不愧是作家，读完此文，让我们深深感动的，是嫂子那颗千金难买的金子般的心，是儿时那两颗还带着体温的鸡蛋，是小镇上那一句轻轻的叮咛，是成年以后那一种疼爱的语气，是那一声“阿九”的至情至性的呼唤，是那些风雪里不辞劳苦的背影，是“我们”的弯弓呵!! 文章近乎白描，却在三言两语之间，透露着一腔无法言表的深情!

【针刺文之二】

妹　妹

佚　名

周末有闲，午休时一觉睡到下午三点多，翻身起来，室中空荡荡的，窗外传来种种嘈杂声，一时不知何故，心内空落落的堵得慌。桌上有来信，遂一把抓起，没事的时候，最难得的是远方亲人的来信，且借此将那种失落感顶住。

信是妹妹寄来的。

妹妹今年15岁，在广州打工，每个月寄一百元钱给我作生活费。去年暑假因事去广州，我去看望妹妹。保安人员将妹妹带到厂门口。妹妹一眼看到我，喊了声哥哥，便像个小孩子一样伏在我身上哭了起来。陪着妹妹在广州玩了两天，妹妹欢蹦乱跳得始终像一只春天的小燕子，这只春天的小燕子叽叽喳喳地非要为我买这买那，而且从不讲价。临走那天，正是台风侵袭广州的时候，妹妹打了伞送我，大风掀掉了雨伞，妹妹索性扔了雨伞牵着我的手在雨中走。车来了，妹妹看我上车，在雨中哭得一塌糊涂，瘦小的肩膀一上一下地抖动着。我抹了一把脸上的雨水，伸出手向妹妹喊："上来吧，和哥哥一起回家。"妹妹说了声："我回去了，你的生活费谁寄?!"仍旧只是哭，死命也不肯上车，车子启动了，看不到妹妹了，望着窗外任意肆虐的大风大雨，望着妹妹泪流满面的样子，我紧紧攥着拳头，狠狠地打向自己，我是天底下最没有出息的哥哥!

妹妹在信中说她很想家，想念亲人。但她不会回家，除非我读完大学。她来广州之前，每到该给我寄钱时母亲就愁得日夜不宁。有天晚上母亲出外借钱回家，钱没借到，反摔得满身满脸的泥巴。夜深了，母亲在灯下搓洗衣服，无声地落泪，妹妹从床上爬起来，双手环着母亲的脖子劝她别哭，劝着劝着妹妹自己也成了泪人儿。次日，妹妹一回家就告诉母亲，她退学了。这之后，她便毅然地去了广州。在留给母亲的信中，她写道：妈妈你别伤心，哥哥的生活费，我来寄。

那年妹妹14岁，正读小学六年级，原是一位很神气的班长。

一九九四年的春节于我刻骨铭心。过年的时候妹妹没有回家，吃年夜饭时母亲和我围着一桌丰盛的菜肴谁也没有说话。凌晨开迎财神的鞭炮噼里啪啦席天卷地汹涌而来。在纷乱的烟花在大地的震颤中我仿佛又看见了妹妹。妹妹挎着一个元宝篮，羊角辫一翘一翘地跟在我的后面追，大声娇气地喊着哥哥等等我，我回过头撒过去一把青草，妹妹清亮的笑声就相随着春风一下子飘得老远老远……其时天空瓦蓝瓦蓝，田野青青，山川葱绿而沉静，一只断线的风筝飘飘悠悠，到山那边到天尽头到白云深处去了。

禁不住想喊一声：妹——妹——

（选自《三湘都市报》2001 年）

【针刺评述】

“打工的妹妹”同样让我们深深感动，妹妹那一句“我回去了，你的生活费，谁寄”；还有妹妹环着妈妈的脖子也成了泪人儿；还有妹妹“原本是一个神气的班长”，足以让我们心灵颤抖，真的，我们无法拒绝妹妹的可亲可爱与年少早成，我们更无法拒绝妹妹那种敢于分担、果断牺牲的铿锵人格，当作者在文尾深情地呼唤“妹妹”时，我们已无法言表那些源自内心深处的感动了。

【下水作文】

哥 哥

胡兴桥

哥哥学抽烟是从中学开始的，原先不知道哥哥为什么要吸烟，因为极普通的一包烟的钱就相当于他在高中五天的伙食费。那时家里很穷，爸妈都为我们五兄妹而心力交瘁。只是到了后来，我们才发现哥哥吸烟全是一种痛苦的寄托。

我中考时哥哥正好读高二，家境困窘。哥哥抽完几支烟后就对我说，大哥我反正高考没希望，不读啦。以后哥哥果真没读了，可他好像没事一样。我知道哥哥这样做全是为了我，就更加努力读书，然而中考我并不理想，心境格外的糟。哥哥看到这些，又看到体弱多病的父母，嘴里没有说什么，却整天在外面给我打听信息，找出路。只有到了晚上，当我们都入睡了的时候，他才悄悄地爬起来，披上他那件灰色的中山装，一个人默默地蹲在院子里抽烟。

在哥哥的帮助下，万般失望的我终于有机会进了一所普通高中。在去上学的路上，哥哥送了我一程又一程，不停地吸烟，我知道哥哥此时有很多心里话要说，只是千言万语无法言表。车要开的时候，哥哥从他那中山服里摸出五元钱，使劲地塞在我手里说，多打几个肉吃。

以后哥哥就拜师学艺当铁匠了，同时也抽起了土烟，自制的，呈喇叭状。哥哥常常给我写信，有时信页中就夹有烟灰，尽管哥哥在信中说家里一切都好，什么都不用操心，但通过哥哥的烟灰，我就知道哥哥的良苦用心，感动之余我时时警诫自己要发奋地学习，不要辜负了家里人的厚望。功夫不负有心人，高考我上线了，将到城里去读大学。消息传来，左邻右舍、亲朋好友都前来祝贺，唯有哥哥在一旁抽烟，我才发现哥哥苍老多了。我想哥哥都是二十三四的人了。应该有个嫂子了，但哥哥什么事都装在心里。

时间过得真快，一晃我大学快毕业，要到外地去实习了。哥哥还没有找嫂子。我常常劝哥哥不要再等了，我们兄弟姐妹都长大懂事了，哥哥却总说还没有找到合适的，不着急。我又要他到城里来做事，他也不来。渐渐地由于我有自己的事要忙，回家次数也少了，和哥哥谈心也少多了。不料前几天哥哥独自来城里找我，说有急事，恰好我到外面实习去了，等我回来一问同学，才说哥哥那天穿着一件中山服，一直坐在公寓里抽烟。我连忙跑进公寓，却发现一张纸条，意思是说哥哥已做上门女婿了。看着满地的烟头烟灰，一股热流涌上心头，我扶着门框长泪而下……

（选自《中学生阅读》2002 年）

【针刺评述】

是什么让我们感动于“哥哥的烟头”？是哥哥那长子如父般的责任感，是哥哥可昭日月的奉献精神高大了他的形象。读罢此文，我们已无法忘却那位“穿着灰色中山装”“总是坐着吸烟”“少言寡语”的硬汉形象。就在这么一个大家庭里，就在“我”不顺意于人生的关键时刻，哥哥勇敢地站了出来，他的那“五元钱”，他的那些信里的烟灰，他的那一句最没有文采的留言，却成了我们最为感动的因子。当一个家庭的长子终于完成了他应尽的责任，而我们却不能去满足一下他最后的希望，除了泪水，我们还能有什么?!

【底蕴揭示】

泪水不是水，是血浓于水。当血浓于水的真情在心中酝酿，我们的作者就忽略了文章的一般操作法则，显得那么轻松而又那么深沉，显得那么自由而又那么精巧。他们在叙述中一律含而不露，欲扬而抑，欲发而收，一律娓娓道来而又真情直露，让人想起《荷花淀》、让人想起《悼亡妻》，也让人想起《陈情表》。有人说，文如其人，人真才会真文。我想至少在写有关亲情的文章时，是一条衡量底线。我们的文章常常太过程序化，使得我们缺少了文章最重要的灵魂——情感，当我们在凝视生命中一些至关重要的人与事时，当我们在如何将自己的情感付之于我们的文字时，回过头来读一读这些文章，我们就不得不从内心深处感佩于这些作者，感佩于这些作者给我们提供的这样一些鲜活的情感，进而让我们发现原来生活是如此的丰富，人的内心世界竟然具有如此绚烂多彩的长空！

【例文一】

表 弟

三（6）班　朱强

我想起了在暑假里发生的一件事。我放假回去的那天，因为误了船，所以下午两三点的时候才到家，那时候，父亲在房里睡午觉，母亲正躺在竹睡椅上想着什么，她见我回来，显然一脸的惊奇和高兴，接着便为我去炒饭，我硬拉着她说不必。她争执了半天，方才罢休，然后提着竹篮，走了出去，不大一会儿，便提进一篮瓜果，接着便给我削，看着我吃，津津有味地说些不着边际的话。然而，最最让我关切的就是我的表弟小亮离录取分数线还差3分，而他的打算也很明白干脆："我不上一中就不读了，我跟哥哥去打工。"

就在表弟找我后的三四天，婶婶也来到了我家。那是在晚上，我们一家人正在外面乘凉。

婶婶是个勤快人，很少说闲话，她的来访，显然令我们大为惊讶。而且，她也颇为疑惑和不安。我母亲很热情，顺着她的话儿不断附和着，又因为她们都是女人，所以讲的话也多。我没有插嘴，也不必插嘴，我待在一旁静静地听。

她们终于谈到了表弟的事。当然，我想婶婶也是冲着这事来的，婶婶的话很平和，她不打折扣地讲表弟平时的所作所为，很显然，我们很容易听出平和里的骄傲。后来婶婶又讲到表弟给汽车队装沙子赚钱，就在中考以后，一直到现在。她说表弟在老城区沙滩为别人装车，第一天装了20辆两吨的车，大约赚了20来块，回家以后便躺下什么也不知道了。第二天早上她去叫他，他连双手也举不起来了，双臂僵直地摆在胸上，露出青筋，接着她就为她儿子打了八个鸡蛋做了糖水，他一口吞下了两个，当吞下最后两个的时候，糖水呛进了气管，咳嗽出了鼻涕眼泪一大摊，他又动弹不得，接着她就为他儿子擦泪水。讲着讲着，她已经激动了，很显然，她哭了，当着我和母亲的面，母亲也跟着哭。

"这是我的儿啊！我跟他爹21年了，也没看他爹像这样卖过命。第二天我给他买膏药，手腕膀子贴满了，第三天他还想去，我拽不过他，他转过身就跑了。到现在已经快20天了，他拿回来六百块钱，我想给他扯一条裤子，他说先交了学费再说……"婶婶是真的越说越激动了，到后来竟哽咽得说不出话来，接着便是呜咽地抽泣。我知道，这是一个母亲最痛苦、最无助、最无奈的抽泣，我已经无法形容了。映着皎月繁星的微光，她脸上淌下两迹清晰闪亮的泪。

此时河里的风吹来，我感到家里一阵凉意，继而一阵战栗，我已经窘得不知说什么好，我只好不作声，我生怕我突然地插入会使她尴尬。这时候，我母亲也一个劲儿劝着她。许久，她才注意到我，大约也自觉失了态，忙用袖子揩了一下脸，深深吸了一口气，缓缓地吐出来。

婶婶便问我："去一中还是其他普高?"

"……"我不便作声，踌躇着，其实我应该表达一下自己的观点，但我认为农村人的心极纯洁敏感，怕触伤了她，或让婶婶难受，倘若我说"普高"，既违了自己的愿，也断了表弟的路，倘若我说"一中"，又怕这位坚强的母亲熬不过，更加自卑和伤心。——此时我的回答可以说具有决定作用，因为我还算一个读书人，明晓些道理。而且，婶婶很相信我，听我的。

我终究还是说话了："我想先听听您的意思。"这样，既躲过了询问，又抛给她一道难题。

婶婶也踌躇了一会儿，叹了一口气，说："我和你叔商量过了，我们去贷款。"

我说："您这样做是对的。现在暂时为难些，以后总会好起来的。小亮这小伙子很聪明，是我们几个孩子里最讨人喜爱的，我和他从小在一起玩到现在，我知道他。"

婶婶听了也很欣慰，也得到了答复，她说："你的大表兄就是因为没钱，念高中只念了一年就退学了，我真的不能再让你的表弟再受苦了，就算拼了我的这一条老命!"

听了这些，我突然一下子就哭了。

【简评】

一句"这是我的儿啊！我跟他爹跟了二十一年了，也没看他爹像这样卖过命"，不禁让人潸然泪下。文中的"表弟"，在自己给自己所定位的人生选择中，勇敢地站了起来，并用自己的行动诠释着信念。文中的"婶婶"，在面对孩子的所作所为，一句"我真的不能再让你的表弟再受苦了，就算拼了我的这一条老命"，更让人为之动容。

【例文二】

姐 姐

三（7）班　卞安乐

在家的时候，时间总是过得很快。还有两天，月假就要过去了。下午，我收拾好行李，准备走了，但还没有要零花钱，我从父亲愁苦的眼神和母亲虚弱的身影中看出家里很拮据。

临行前，姐姐把我拉到厨房里，拿出十块钱，递给我："弟弟，这十块钱你拿着吧，省着点用……”

我没有接，我知道那是姐姐一分一分积攒的嫁妆钱。我哽咽着说：“姐，我不要的……我……”姐姐固执地把钱塞到我手里说：“弟弟，你把书读好就行，我们苦着点没有关系的。”于是我只好接了。

过了一会儿，我趁姐不注意，悄悄地把钱又放回姐姐的衣柜里，做完这件事，我觉得心里好受了些，因为姐姐只有这么点儿可怜的嫁妆啊！

我终于提着重重的行李，告别了这很穷但很温暖的家。

我正走着，身后传来姐姐的叫声。我回过头，见姐姐正气喘吁吁地跑过来，手里拿着一件衬衣，姐姐说：“多带点衣服，小心着凉……”姐姐把衬衣给我穿上，这才依依不舍地走了。

我走到村口，忽然觉得胸口有什么东西撑着，我用手在衬衣口袋里摸出来一看，原来是十元钱。

我回头望着家的方向，姐姐也正站在门前的那棵大柳树下望着我。姐姐那瘦小的身躯在夕阳的余晖下拉出了长长的影子……

【简评】

文章可谓言简意丰。小作者采用平静的语气，在不露声色中，在娓娓道来中，给我们讲述了一位“姐姐”的高贵灵魂。那“十元钱”，肯定是姐姐很长一段时间的积累，是姐姐辛辛苦苦挣的嫁妆，当姐姐想着办法将那“十元钱”放在我的衬衣里，我最终发现了它，此时此刻此境此情，真是泪流满面呵！

【例文三】

我的好哥嫂

三（8）班　张锋

在校三年多了，每次来看我的总是哥哥。因为嫂子晕车很厉害。今天我照旧去迎接哥。令人吃惊的是，他的身边竟然站着一个女人。她穿着一件20世纪90年代农村妇女常穿的蓝色上衣，像一位在接受上级检阅的新兵毕恭毕敬地站着，样子很窘迫。“张锋！”哦，是嫂子。我简直有些不敢相信。我又仔细打量了一番。是……是嫂子。她的脸色极其灰黄，嘴唇上没有半点血色。她真像家乡那贫瘠的土地。我似乎被人打蒙了，自从爸妈离异，抛弃我们哥俩之后，这个家，就一直由哥嫂撑着。

嫂子说话不再像在家里那样流利，而且吞吞吐吐的，话也不多了。不过，我还是明白了她的意思。嫂子说在家里闲着没事就和哥一起来看看。她怕我顶不住复读的压力。我向来是相信嫂子的话的。但现在我不得不怀疑了。因为嫂子是个任劳任怨的人，“闲着”对她来说简直是一种折磨。她见我老不吱声，就用略带颤抖的声音轻声说："若是不习惯的话……我就先回去……"我急忙解释了一番。我知道一定是她误会了，不过，都怪我。

时至中午，哥哥执意要到餐馆去吃饭，而且很是慷慨的样子。但我记得他在一次闲谈中说起过，他每次出远门一天都只吃一餐，他那已用了十几年的军用水壶便成了他的"身份证"。在吃饭时，哥嫂他们都不吃，说吃不惯餐馆里的菜。但当我叫店员收吃剩的饭菜时，嫂子说她饿了，干脆就在这里吃。不过，她把已不多的剩饭剩菜一吃完就说吃饱了。在吃饭的时候，她一直像个第一次出远门的孩子小心地坐在椅子上。直到我要返校时，她才推给我一包梨子。但我出于一种"长大了"的自尊，坚决地拒绝了。当我走到学校，回首遥望时，令我吃惊的是哥哥和嫂子都已跟来了。他们走近时，我发现嫂子紧锁的眉头里藏着担忧，深陷的眼睛里藏着爱怜，瘦弱的身体里藏着种种无法言表的情愫。嫂子！您……多保重！

后来，哥说想到学校去看看。于是他就和我一同走。我感到我们走了很久很久，路旁的花儿都已凋谢了好几次了。哥告诉我，嫂子的肚子里长了个肉瘤。每天嫂子都忍着剧痛依旧不停地劳作，直到昨天疼倒在地上才躺在了床上。哥说他借口说来看我，才把嫂子带来看了医生，医生说得立即住院。可嫂子说我复读已用去几千元，而且她在医院也住不习惯，因此坚决要回去。她给我的那包梨其实是哥买给她的。在哥告诉我一切时，他笑了，笑得很苍凉，最后低声说："你哥犯糊涂了，说不告诉你可又忍不住告诉你了。"……

我就这么静静地听着，我就这么静静地走着，也不知哥哥是什么时候走的，我就这么一个人静静地回到寝室，就这么给自己洗了个冷水澡，就这么整理了一下自己的用品，就这么往床上一躺下去，刚一躺稳，泪水就排山倒海般地流了出来……

【简评】

这是一位复读生真诚献给哥嫂的赞美诗。文章中没有高亢的宣言，没有嘶声抢地的呐喊，而是将这么一股至美亲情付之于平淡的文字，付之于生活的真实。我们真的无法忘怀，嫂子那颗金子般的美好心灵，为了这个风雨飘摇的家，更为了这个高三复读的内弟，承担了多大的重担！我们就着作者流于文尾的泪水，任内心的感动恣意横流！

♪ 音符2 “乡土故园”化人案例 ♪

——找寻迷失的家园

【导语】

有一种美，不雕饰，不做作，朴实得深厚，简单得酣畅。有一种文字，只言片语，水木清华，回归本真呓语，洗净浮泛奢华。有一种情感，与生俱来，血脉相连，虽不着“情”字，却撼人心魄。有一种画，黑白相间，古风犹存，犹如清风拂面，沁人心脾。有一种角度，童真初启，似懂非懂，世界单一明澈，点点滴滴，真实真挚真诚真切，读罢令人动心动意动情动容！

一个鸭梨

木 子

爹为人厚道，老实。快过年了，爹想歇口气。城里的亲戚捎来口信，说要搬新屋，让爹过去打个帮手，爹答应了。我也嚷着要去。爹说，大冷天，路又远。娘说去吧去吧，宇儿还没进过城呢。爹没再言语。

临走前，娘在我脖子上围上她那条红围巾，又往我兜里塞了三个热馒头，然后从一块手帕里摸出5块钱，嘱咐爹买点糖、海带什么的。爹说买包三峡的烟行不？娘说，不行。我连忙大喊说给我买鞭炮。娘想了想说，就依宇儿。剩下钱你爷仔想咋用就咋用。

外边很冷。下着雪，刮着风。我打了个冷噤。爹见着了，脱下油黑的棉袄，披在我身上，一大一小在铺满积雪的路上吱呀吱呀地走。走了一阵，我有点累，感到那薄薄的棉袄披在肩上好沉。爹便把我背上。我嗅到一股很好闻的汗臭味。爹的背很宽阔，而且暖暖的。我觉得自己好像是很舒服地趴在床上，不一会子，便睡着了。

天刚亮不久，街上人不多。一切都似乎还在睡梦中。我四处张望着，觉得县城没有想象得繁华，走了一阵，我看见一个巷口有几个人围着一口冒着青烟的锅在买什么。我问爹，那是什么。爹说，那是油条。我说能吃吗？爹说当然能吃。我说好吃吗？爹说当然好吃。我吸了吸鼻子，果然有很香的味道。

不觉间到了亲戚家，亲戚问吃过了吗？爹说还没呢。亲戚皱了皱眉头，不好意思地说，屋里昨天就熄了火，带你们去馆铺里吃吧。爹说不忙，还早，先干活吧，反正肚子不饿。亲戚说也好，新屋离这不远，一会儿干完，我好好敬你几杯。说完就干起活来。爹不愧是好劳力，专挑重的干，我也在爹后头，屁股一撅一撅地搬这搬那，搬了一会儿，亲戚对我说，小家伙挺能干。说完塞给我两个金黄的鸭梨，又给爹两个。我咬了一口，水直冒，满嘴津甜。我第一次吃这么好吃的梨，不到半袋烟的工夫，两个梨就下了肚，爹朝我笑笑，递给我一个。我想留着回家吃，但抚摸了好几遍，还是把它吞进了肚里。

到了中午，活已干完，爹累得满头是汗，我看见爹的汗珠子溅落在好几个大衣柜上，那点点滴滴，一闪，一闪，比乌亮的大衣柜还亮。过了一会儿，鞭炮声响起了，一大群贺喜的人涌进了屋，亲戚也应酬去了。

爹领着我走出亲戚家，说，饿了吧，吃馒头吧。我睁大眼睛问，你帮亲戚干活，他不管饭吃吗？爹说，娃仔家懂什么？你没瞧见人家忙吗？我不服了，噘了噘小嘴。爹见我不高兴，说，你吃，爹给你买鞭炮去，行吗？我笑开了脸。

爹去了，我从怀里掏出馒头，稍稍有些硬，但也吃得下，我一口气吃了三个，才发现把爹的那份也吃了。过了一会儿，爹回来了，带着鞭炮，艳艳得撩人。我高兴地直跳。我说，爹，馒头我都吃了，你饿了不？爹说，爹不饿，爹吃了油条呢。

我不信爹的话，爹便从怀里拿出用报纸包的两根油条，说："一根给你，一根给你娘留着，还有一根，我伴着那梨吃了。好香呢。"我咬了一口，果然很香。

回到家天已黑了。娘准备了一大盘韭菜炒辣椒，爹一口气吃了四海碗。

第二天，爹出去忙活了。娘走进我的屋子，对我说："你爹给娘买了一个鸭梨，你过年吃吧，娘不吃这东西。"我望着那只金黄的鸭梨，想对娘说些什么，嘴一动，我的喉咙就哽了。

那一年，我 11 岁，也是我第一次到城里。县城没给我留下一丝印象，但我记住了那个让我一生感动的金灿灿的鸭梨，记住了那个由我爹娘一手经营的温暖的家。

（1998 年《读者》第 8 期）

【品评】

读《一个鸭梨》，读到过年前夕那个三口之家，读到那个爱吸烟的爹，读到爹背着"我"，"我"趴在背上睡着了，我们心里暖暖的。然后"我"醒了，"我"问"油条"的种种情形，成了爹这一天当中最为集中的挂念。为亲戚帮忙，这件事并不影响我们对父亲的解读，爹的纯朴与憨厚是作者并不着意刻画的。那金灿灿的鸭梨，爹让给"我"是那样的自然，爹给我买鞭炮，买"油条"，又是那样的"尽兴"。那天的我，吃了三个鸭梨，吃了三个馒头，还有一根油条，不枉出一次远门，然而爹却一整天没有吃东西，一切又掩盖得是那样的好！当第二天母亲拿出最后一只鸭梨送给“我”过年吃时，“我”哽了，我们读者也跟着哽咽了，然后眼泪就不听话地爬了一满脸。

大爱无言

谯 楼

父亲从未对母亲说过“我爱你”。母亲也从未对父亲说过“我爱你”。

但是，我知道，父亲母亲之间，有爱。大爱。

母亲是1975年冬天嫁给父亲的。那时父亲天天挨批斗。母亲对外公外婆说：“如果我再退婚，他怕是要垮掉。他以前不嫌弃我们，我们也不该黑良心。”

“你要想好。”外公外婆说。“我想好了。”母亲说。母亲知道她前面横着的是什么，但还是要往前走。那天下着大雪。母亲收拾好几件衣服，走十几里山路，嫁了过来，只有外婆陪着。而父亲这边连迎亲的人也没有。

母亲刚嫁过来，就开始吃苦。

天不亮，母亲就起床煮饭，给父亲。因为一大早，父亲就得动身，到区上去。下午收了工，母亲又去接父亲。母亲不放心父亲，怕路上有个闪失。很多时候，母亲午饭都吃不上。

天冷的时候，母亲就会给静坐在院子里的父亲披上一件绣花的棉袄。那是母亲唯一的嫁妆。天热的时候，母亲就会摇着一把蒲扇，坐在父亲身边，给父亲驱赶蚊虫。父亲坐多久，母亲就陪多久。母亲干活，是队里所有女人中干得最多的。但不管怎样辛劳，工分都永远是6分，而且还常受一些无端的气。

母亲都忍着。

一天晚上，父亲突然说：“人活着，真没有意思。”母亲没有吱声。“没意思。”父亲又叹了一口气。“如果你觉得活着真没意思的话，那你先走了，我和娃儿马上就来陪你。”母亲终于说话了。父亲听了，先沉默着。过了一会儿，突然问：“你有喜了？”母亲点点头。父亲伸过一只手去摸母亲的脸：“你瘦多了，苦了你了。”母亲也抬起手去摸父亲的脸：“也苦了你了。但不管多苦，都要好好活下去。我和娃儿都看你的。”过了半天，父亲点点头。母亲把父亲的手握在掌心。

终于，父亲母亲一起熬到了“文化大革命”结束。1978年12月21日，是“上面”给父亲平反的日子。那是一个大喜的日子。母亲看着父亲，泪水淌得满脸都是。父亲把母亲抱在怀里，手忙脚乱地给母亲揩眼泪。

父亲母亲很少吵嘴。但有一次却吵得很凶。直到母亲眼泪下来了。父亲才走出屋，坐到院坝上抽闷烟。一连两天，父亲母亲都没有跟对方说话。我成了传话筒。

“明娃，去问他要吃多少？”母亲煮饭时，总这样吩咐我。“明娃，去问你妈……”父亲遇到什么事要问母亲时，总这样吩咐我。

第三天上午，父亲母亲要到一里外的山上去收割麦子。我也去了。

割到一半的时候，父亲停了下来，把我叫了过去。“明娃，喊你妈歇一会儿。”父亲对我说，“把水拿去给你妈喝。”父亲把水壶递给我。我便向挥汗如雨的母亲走去。“妈，爸爸喊你歇一会儿。”我对母亲说。母亲并没有理会我，只是割麦子。“妈，爸爸喊你喝水。”把水壶伸到母亲面前。母亲抬起头看了我一会儿，然后接过了水壶。“明娃，喊你爸爸加紧割，不然要摸黑。水壶给你爸爸拿过去。”母亲喝了两口水后，对我说。我接过水壶又向父亲走去。父亲听了我的话，马上就站了起来。飞快地挥舞起镰刀。

但是我们还是没能赶在天黑之前割完麦子。

父亲母亲又摸一阵黑，才割完麦子。捆好麦子后，父亲对我说：“你跟你妈说，我背回去就来接你们。喊你妈慢慢走，天黑，你跟你妈同路。”说完背起麦捆就走。我和母亲走到一半路，就停下来歇气。这时候，父亲来了。“我来背。”父亲说，他边说边去接母亲的背架子。母亲不动，也不说话。“我来，你歇一下。”父亲又说。母亲迟疑了一下，还是让开了。父亲背起母亲的麦捆走在前面，母亲和我紧跟在后面。

回到家，母亲寻出一把扇子，递给我，说：“明娃，拿去给你爸扇扇。”隔了一会儿，母亲又把我喊到灶屋，说：“这是才泡的茶，给你爸端去。”父亲在院子里歇了一会儿凉，喝了两口茶，就起身走进灶屋，对正在往灶膛里加柴的母亲说：“你出去歇一会儿，我来煮饭。”母亲起身让开了，走到案板边，去洗菜。“你要吃多少？”下面条的时候，母亲问父亲。“一碗。”父亲答。我当时就在旁边，他们没让我再当传话筒。“明娃呢？”母亲问我。“大半碗。”吃完夜饭，父亲陪母亲喂好了猪。然后，我们一起坐到院子里歇凉。父亲没有说话。母亲没有说话。我一个人说了几句，也不再说话。“明天逢场，我一早就要到街上去一下。”回屋睡觉时，父亲对母亲说。“那我明天早点起来给你煮碗面吃。”母亲说。

那年我才 9 岁。很多事情都不懂。但我知道，父亲母亲“说话”了。

一天中午，队上的王大妈火急火燎地跑来。

“运粮的车在要拢街的竹林坡上翻了，死了两个人，也不晓得是哪个。你屋头的可能在车上，你去看看。”王大妈上气不接下气地说。母亲正在灶屋里给我舀饭，听了这话，紧端在手里的饭碗突然就跌在地上，摔得粉碎。母亲忙蹲下去，手忙脚乱地捡碎碗片。捡在手里的碎碗片又不断落下去，母亲又不断地捡。

“老二，老二……”王大妈喊母亲。母亲突然放下碎碗片，站起来就往外跑。我站在灶屋门口，看着母亲跑了出去，也跟着跑了出去。跑着跑着，我的泪水就跑了出来。我知道，父亲今天上午就是坐车去运的粮。跑到出事地点，母亲看着父亲好好地站在那里跟几个人忙，一下子呆了，连话都不会说了。过了半天，两行泪水顺着母亲的脸颊流了下来，落在母亲的衣服上、手臂上。父亲看见了，忙走了过来。“咋了你?”父亲问母亲。母亲不说话，只是流泪。“咋了你?”父亲又问。语气有些抖了。

“刚才王大妈说车翻了，死了人。妈晓得你就在车上，就跑来看。”我轻声对父亲说。父亲听了我的话，拿一只手放在母亲的肩上，低声对母亲说：“别哭了，恁多人看了要笑。我不是好生生的吗?”母亲听了，忙抬起手去抹眼泪。可是眼泪却越抹越多。“你看你。”父亲边说边拿手去帮母亲抹眼泪，“快回去，回去吃饭，我还有事——明娃，快跟你妈回去吃饭。”回家的路上，我看见母亲还是不断地抬手去抹眼泪。12 岁的我知道，母亲为什么有那么多怎么也抹不完的泪水。

夕阳下，父亲母亲站在田埂上。父亲母亲都弓着腰背。微风吹着他们的白发。这时，父亲母亲的眼睛充满喜悦。站在田埂上的母亲，一定会向父亲不停地诉说。而父亲只是一心一意地倾听。父亲把什么都埋在心底。

我敢肯定，母亲诉说的、父亲倾听的，都与爱情无关，都与庄稼有关，与年景有关……

（2000 年《小小说选刊》第 2 期）

【品评】

读《大爱无言》，读到母亲大义嫁给父亲，读到父母患难相共，读到父母吵嘴后“我”为他们传话，最后读到母亲得知父亲可能出车祸时的种种情形，一句“捡在手里的碎碗片又不断落下去，母亲又不断地捡”，又一句“忙抬起手去抹眼泪，可是眼泪却越抹越多”，在这里，母亲眼里的父亲，母亲对父亲的大爱，可以说体现到了极致。父母的一生，没有轰轰烈烈，没有大分大离，他们的生活，在一般人眼里，也许像一杯白开水一样没有滋味，也许像荒野的小草一样默无声息；他们之间的情感，在芸芸众生之中似乎被掩埋了，显得那样的平凡、平静而又平直！然而，就是这样的生活，就是这样情感，就是这样的人生，当我们将自己的心灵逐渐沉淀下来，当我们用自己肤浅的灵魂去观照厚实，我们的情感就那样被轻而易举地激活了，我们的心就这样不能自已地随着鲜活的文字伸展又伸展。

扳着指头数到十

芦芙荭

那一年，刚过年，爹就让娘收拾东西。说要回单位上班。

其实也没啥东西收拾的。几件洗净的旧衣裤，再就是过年时娘熬更守夜给爹做的一双新布鞋。

爹爱吸烟。娘就把切碎的旱烟装了一袋放进包里。娘还将自家熬的红苕糖用刀背敲了一块用纸包了，塞进包里。

爹在一个很远很远的地方工作。爹说那地方白天狐狸都敢偷鸡呢。

我和娘把爹送到道场边。爹突然记起什么似的，从衣袋里掏出一块零钱，爹说，坎上的瓦匠昨天又犯病了，抽空去看一下。爹说话时手指又在我鼻子上刮了一下。

我说："爹，你几时回来？"

爹笑笑说："个把月吧。"

爹就去了。

我问娘，个把月是多长时间，娘说，个把月就是一个月，就是三个十天。

那时，我还没念书，扳着指头能数到十。

第二天，我随娘一块儿去看瓦匠。我们家的老房漏雨，娘看瓦匠时就说了烧点瓦翻盖房子的事。回来时，我偷偷将瓦匠和好的泥包了一疙瘩。娘还是看见了。娘说，快给瓦匠送去，那泥是做瓦用的。

我说："我也是有用途的。我每天用泥捏一只小狗。捏够三个十个，爹不就回来了？"

娘就笑了，没再逼我将泥给瓦匠送去。

当天晚上，我便用泥捏了一只小狗，丑丑的小狗。我把它放到屋檐下的鸡圈顶上。

开始时，我每天用泥捏一只。过了几天，我便有些急了。我知道爹每次回家，总会带些好吃的东西给我吃。娘也会做好吃的给爹吃。我便趁娘不注意时，隔个一天两天偷偷多捏一只放进去。

过了一段时间，我问娘："爹咋还不回来？我的小狗已够三个十个了。"

娘说："哪能呢？咱的鸡一天一个蛋，才一个十零九呢。"

娘也并不识字，她记日子的办法和我一样。

日子过得很慢。

我在焦急的等待中，终于盼回了爹。

娘急忙从箱底摸出几个鸡蛋去做饭。我便从鸡圈顶上拿来那些小狗。十只一堆，放了五堆零三只。

我说："爹，你这次走的时间真长，我捏的小狗都五个十个还多了三只呢。"

"你肯定多捏了。"爹边说边掏他带回的包，"我是每天攒半个馒头。看看，34 个半边，刚好 34 天呢。"

娘在灶间听了我和爹的对话，也插了言："狗娃，你是不是偷了娘的鸡蛋？我就揣摩着不对劲，数来数去咋就差一个呢。"

那个鸡蛋是我偷的。我把它打碎，装进一节竹筒里烧着吃了。

（1998 年《百花园》第 12 期）

【品评】

世间"爱"的表达方式有多种，用"记数"来传达人间大爱，当首推芦芙红的《扳着指头数到十》。那是一个乌托邦式的明明清清的世界，亲情在那里似乎是与生俱来地蔓延着，又像花香一样四处飘摇着，惹人迷醉其中，不思故里。爹、娘还有那个可爱的狗娃，他们在面对分别的时候同时选择了一种最为有个性的记时方法，实际上，"记时"也是在记载"人间大爱"，娘的那三十三个鸡蛋，爹的那三十四瓣馒头，还有狗娃的五十三只泥狗，数量的不一致其实正是"爱"的因由。想起了沈从文的《边城》，想起了那个可爱的"翠翠"，那里没有世俗的喧嚣与烦乱，恍若隔世，成了作者心迹深处的"桃花源"。是的，我们特别需要这样一种最为本真的精神安抚，当我们行走于利益与利益之间，竞争于不进则退的逆流，茫然失措于大千世界，"家"就成了我们最为亲密的寄托，我们比以往任何时候都在意"家"的质量，我们读着《扳着指头数到十》，真的希望我们数到十的时候，我们也会因为有了"家"的真温暖，以至于我们在面对亲人的时候，能够众望所归地掏出"三十四瓣馒头"！

父子之间的怯意

韩羽

我怕我父亲，他打我是真打。看着他瞪圆了眼，一步一步逼近，还不敢躲，绷紧了肌肉等着，于是一巴掌扇过来，脑袋嗡的一声……

有时却是另一副样子，比如去下地，他在前边头也不回地说："唱一个我听听。"我在后边就模仿着戏台上的花脸呜呜哇哇地唱起来。他说："瞎胡唱，别唱了。"我说："你唱一个。"他唱起来："我不该，咳咳咳咳，老王爷，咳咳咳咳……"也是随唱随编，瞎胡唱，越唱越带劲儿。

我家有个大宜兴壶，下地回来，沏上壶茶，父亲喝高兴了，还逼着我们喝。说"逼"，是因为我们喜欢喝凉水，不喜欢喝茶。"过来，喝！多清香，又解暑，你喝不喝？想挨揍啊！"

我们俩常常一起去看庙。“看庙”二字，说句文词，是父亲“杜撰”的。看庙就是去看庙里的壁画，是让我开阔眼界，是培养我画画的一种方式，这很有点像现在的参观美术展览馆或画廊。我父亲本是老农民，竟与文人想到了一起。

吃过早饭，父亲将粪筐往肩上一背，抄起粪叉说：“走，看庙去。”母亲说：“今儿不拉土了？”父亲说：“回来再说。”我们就在这“回来再说”的空当里看了许多庙。庙有大有小，有远有近。近则三五里，远则十几里。一去一回就是几十里。全堂邑县境内的庙我们几乎都看遍了。

父亲对庙里的壁画还可以做出点评。他指着《八仙过海》的海水说：“你看这水，涟涟地就像是在颤动。”又用手摸着墙说：“这墙是平的，你再远看，不是坑坑洼洼地凸起来了吗?”父亲惊奇了，我也惊奇。其实现在看来，稀松得很，无非是靠了反复重叠的弧形线条引起的错觉。父亲最佩服的是《八破图》，破扇子、破信封、破书本、破眼镜盒……他像在集市上买粮食时将粮食粒捻来捻去还嚼一嚼那样仔细，猫着腰将那画上的破信封的一角又摸又抠，远瞧瞧，近瞅瞅，长叹一口气说：“像真烧焦了一样。”他一指点，我也惊叹起来。最后，总是照例的一句话：“使劲儿看，好好记住。”

我12岁那年考上初中，学校在聊城，离家15公里多。过了正月十五，要开学了。吃过早饭上路，父亲背上粪筐跟我走了出来，虽没说话，我知道他是送我。一直走出10公里开外看见聊城古楼了，他说：“快到了，你走吧。”这时旷野无人，唯有寒风积雪，一抹虚白的阳光和远处村落里的几声鸡啼。望着逐渐远去的、背着粪筐的父亲的身影，我只想反身向他追去。

再以后，我参加了工作，按家乡人的看法，凡是吃公家饭的人就是“干部”。我很少回家了，一晃就是十几年，大约是1960年，父亲到天津看我来了。我说：“今儿咱们上街吃一顿狗不理包子，再领你去看看美术展览。”他问什么是美术展览，我觉得一两句话也说不清，我提起以前的事：“我小时候你不是常领我去看庙吗? 和看庙差不多。”

刚走过劝业场，我一回头，见他正弯腰从地上捡烟头，我嚷了一声：“扔了！你也不嫌脏。”他赶紧扔了烟头，眼神带有惶惑和惧意。这眼神使我凄然，是什么使父亲对我有了怯意? 我反而愿意再看到小时候父亲扇我巴掌时那瞪圆了的眼。

（2003年第9期《中学生阅读》）

【品评】

土地是厚实而朴素的，我们每一个人都不能拒绝乡土，我们的父辈、我们的祖父辈都直接或者间接地与土地打过交道，他们的汗水曾经在一方土地里经营，这使得我们对纯朴有着本能的热恋，正如韩羽与他的父亲，小时候对父亲的怯意其实是对土地的忠实，长大以后对父亲的叫嚷其实也是对土地某种程度上的叛逆，这样说来，就和我们自身的情形具有天作之合的相似。我们总是善于做旁观者，在自己翅膀初具之时也已忘却了生存的土壤，就像在父亲捡起烟头时“我”的极为不屑，就像“我”要接父亲吃一顿“狗不理”包子时的自得心情，其实，作者那样做本身没有错，错就错在“怯意”的换位，其实是对父亲一生的生存价值进行彻底的颠覆，我们还自以为迎合了时代，我们还自以为满足了父亲。只有当我们身如浮萍，当我们在社会历练中摔得头破血流，或者历经沧桑之后，我们才会发现，原来父亲以及由父亲一直以来供给于我的精神家园，是如此地值得尊重，又是如此地值得毕生珍视啊！

【结束语】

没有丝毫的势利，没有丝毫的浮躁，没有锋芒毕露的家庭纷争，爹，娘，还有孩子，他们的生活，在现代社会物质为上的理念中，如同一曲悠远的牧歌，在人的精神世界久久回荡。是什么让我们汗颜了那份可怜的精神自尊？又是什么让我们迷恋文本中营造的笨拙而美好的家庭氛围？毫无疑问，我们的视野已游离于有关于“家”的亲情之外，我们随着文字，在做一次心灵的返璞归真，我们静静地读着，怀想着20世纪六七十年代特有的朴素，体味着人间足于膜拜的敦厚，把玩着黑白色彩之间的过往痕迹，心却像湖面，宁静、优雅、轻灵、澄纯，不含杂质，不含偏见，不含负累，就那么轻轻地、柔柔地、暖暖地在心野滋蔓，在那里逐渐张扬成令人欲说还休的家园情结！

钱是什么？富裕了又怎样？这些问题真的很难回答。但我们笃信，美好纯洁的家园是不能迷失的，人性深处的善良是不能被泯灭的，血浓于水的亲情是不能被抹杀的，对人性本初家园的回忆与向往更是不能缺失的！这些作者，引导我们解读了家园对我们存在的要义，我们期待着这样的文字，常常能够在铺天盖地的杂志文章中，像一缕微风，吹动悠长的风信子，如瑶琴般能够拨动我们每一个读者的心弦！

♪ 音符3　“家国情怀”化人案例 ♪

——家是什么

【小引】

在美国洛杉矶，有一个醉汉躺在街头，警察把他扶起来，一看是当地的一位富翁。当警察说让我送你回家时，富翁说：“家？我没有家。”警察指着远处的别墅说："那是什么？""那是我的房子。"富翁说。

在我们这个世界，许多人都认为，家是一间房子或一个庭院。然而，当你或你的亲人一旦从那里搬走，一旦那里失去了温馨和亲情，你还认为那儿是家吗？对名人来说，那儿是故居；对一般百姓来讲，只能说曾在那儿住过，那儿已不再是家了。

家是什么？1983 年，发生在卢旺达的一个真实故事，也许能给家做一个贴切的注解。

卢旺达内战期间，有一个叫热拉尔的人，37 岁，他的一家有四十口人，但父母、兄弟、姐妹、妻儿几乎全部离散丧生。最后，绝望的热拉尔打听到 5 岁的小女儿还活着，辗转数地，冒着生命危险找到了自己的亲生骨肉后，他悲喜交集，将女儿紧紧搂在怀里，第一句话就是："我又有家了。"

在这个世界上，家是一个充满亲情的地方，它有时在竹篱茅舍，有时在高屋华堂，有时也在无家可归的人群中。没有亲情的人和被爱遗忘的人，才是真正没有家的人。

【来自生活深处的现象】

现象之一：一天半夜，一场特大的泥石流吞没了熟睡的小山村。天亮时分，救援人员赶到，小山村已夷为平地，全村无一人幸免一难。突然有人惊叫："下面有声音！"救援人员迅速掀开屋顶，只见屋里全被泥沙填满，唯独房梁下还有小小的一点空间，一个赤裸裸的小女孩儿一动不动地蜷缩着，看样子还不到两岁。救援人员赶紧将她抱出来，她却死活不肯离开，指着小屋哭出了声："妈——"顺着小女孩儿手指看去，在她蜷缩过的泥沙处，隐隐约约露出一双手，10 个手指。有人惊叫："下面还有人！"顿时，救援人员以那双手为中心，沿着四周小心翼翼地往外刨，不一会儿，眼前出现了一副惊心动魄的画面：一个半身赤裸的女人，个子很矮，全身呈站立姿势，双臂高高举过头顶，像一尊举重运动员的雕像……可小女孩儿仍不肯走，指着刨出的泥坑，又哭喊出一声："爹——"天哪，难道下面还有人？大伙儿立刻继续往下刨，就在女人的脚下，又刨出一个半身赤裸的男人，他昂扬着头，身子直挺，双肩高高耸起……原来，矮女人正是站在男人的双肩上，双手高举着小孩，举着家的希望……

——选自 1999 年《故事报》

现象之二：1848 年，大英帝国的维多利亚女王和她的表哥阿尔伯特公爵结了婚，和女王同岁的阿尔伯特比较喜欢读书，不太爱社交，对政治也不太关心。有一次，女王敲门找阿尔伯特。"谁？""英国女王。"女王回答道。门没有开。敲了好几次后，女王突然感觉到了什么，又敲了几下，用温柔的语气说："我是你妻子，阿尔伯特。"这时，门开了。

——选自1997年《中华读书报》

现象之三：23岁的"新娘"邓洋一身白色的婚纱，双目紧闭，安详地躺在冰棺内，簇拥她的，是27岁的"新郎"夏军特意为她买的999朵玫瑰，这是2001年4月13日，在重庆市福家园小区演绎的一个动人而凄美的爱情故事。夏军和邓洋恋爱三年，今年4月13日，邓洋因为肿瘤猝发而去，夏军喊："不！她没死。我要和她马上举行婚礼！"一家婚庆公司为夏军的一片真情所打动，于是操办了这场婚礼。照片上，"新郎"半蹲在"新娘"身旁，一次又一次地抚摸着她的手，絮念着那个熟悉的名字，此时，礼棚里回响起了潘美辰的那首深情的歌："我想有个家/一个不需要多大的地方/在我受伤的时候/我会想到它。"11时40分，所有来宾依次从邓洋身边轻轻走过。"新娘"的身上，撒满了鲜花。

——2001年5月12日《中国青年报》

现象之四：老妈妈的名字叫陈荣，家住北京朝阳辛庄，可以说，陈荣是当今社会中最具博爱精神的妈妈。陈荣和丈夫一直靠捡城市垃圾为生，几年间，竟捡到7个弃儿，再加上她自己的2个孩子，一共9个。但是，陈荣没有退缩，她历经着世人无法想象的不耻与艰辛，竟然把9个娃娃全都养活了，并且成长得很好。陈荣老人说："俺从前就是一个孤儿。如果把这些娃娃送到孤儿院去，那里是阿姨，而他们在俺这家里，俺，就是妈妈！"

——2000年11月1日《中国青年报》

现象之五：从2001年1月1日起，杨福家教授出任英国诺丁汉大学第六任同时也是新世纪的第一任校长。2月15日，诺丁汉大学举行了隆重的新校长就职典礼。从那时起，杨福家教授真正开始了3年的诺丁汉大学校长生涯。中国人当英国大学的校长，这在中英历史上是第一次，在中英两国教育史上也是跨时代的一笔。当有记者问起杨福家教授，您最想对中国年轻一代最想说的是什么的时候，这位老教育家无限深情地说："要热爱自己的国家。"

——2001年《东西南北》杂志第四期

【来自心灵深处的撞击】

家是什么？轻阖双眼，当我们用自己的心灵去贴近这一重大的命题时，当我们从家的温暖走向家的内核，来自心的激荡犹如滔滔江水澎湃不已。想起了那个经典的关于"家"的故事。当自己的母亲、妻子和儿子落入水中，而自己只能救其中一个人的时候，狡猾的丈夫们纷纷说出了聪明的答案。只有那个老实的丈夫不知怎样作答，回家告诉了母亲，他的话还未说完，母亲就赶忙抓住儿子的手说："孩子，你没事吧，妈要救你！"想起了19岁的小姑娘宋蕊，看上去只有八九岁光景，智商只在正常婴儿一两岁的水平。她出生后的第三天，被诊断为"ABO"溶血症，她的生存，全靠别人输血来维持。她的母亲：陈丽明，这是世界上最坚强的母亲，19年来，面对宋蕊无数次的生命垂危，面对丈夫的离去，她坚强地挺了过来。其实，宋蕊每次发病，只要稍微迟缓抢救或少喂一口水，她都会丢命。可陈丽明说："只要还有一丝希望，我，就要让她活着！因为我，就是她的家呀！"

想起了那个背着爸爸上学的哈尔滨理工大学的学生李峰。远在陕西韩城农村的父母不幸遇车祸致残，为了治病，不堪困境的伤势较轻的母亲留下瘫痪的父亲带着妹妹远去了新疆谋生。面对孤独和无助，失去生活自理能力的父亲几次自杀都被邻居救起，在这种情况下，李峰没有放弃学业，他上大学四年来，风雨无阻地背着父亲，把一个大大的"家"字，用自己孱弱的肩膀，义无反顾地承担起！想起了乔叶的《心灵之吻》，在那里母亲是家的代名词，对于家，对于母亲，乔叶做了最深刻的质疑：我真的不明白，为什么我们对异国友人可以以吻传礼，对陌生人的小孩可以以吻言爱，对亲密的恋人可以以吻表心，可是对我们最熟悉最亲近最难分难舍的母亲却不能以吻示情？是我们的心理习惯和传统习俗不允许，还是这种举动太浅显太泛滥太流于形式而不足于表达我们内心深处最深最厚最纯美的感情？或者，是我们的个性太含蓄太不易敞开太幽深太封闭？毕竟，"家"字最难写啊！

也想起了那个富有的父亲带着儿子去乡下旅行的故事。旅行结束后，父亲问儿子："旅行怎么样？""好极了！""这回你知道穷人家是怎样过日子的了？""是的。""有何感想？"儿子回答："我发现咱家只有一条狗，可是他们家里却有四条狗。咱家仅有一个水池通向花坛中央，可他们却有一条望不到边的小河。我们的花园只有几盏灯，可他们却有满天的星星，还有我们的院子只有前院那么一点儿，可他们的院子却有整个农场那么大！"儿子说完，父亲哑口无言。接着，儿子又说道："感谢父亲让我明白了我们家的缺陷！"

也想起了2002年美国总统布什在清华大学的演讲。他说："随着我们两国间接触的日益频繁，我们两国的国民也逐渐地加深了对彼此的了解，这是非常重要的。曾经一度，美国人民只知道中国是历史悠久的伟大国家，以及她的文明。今天我们仍然看到中国奉行着重视家庭、学业和荣誉的良好传统。同时，我们看到中国正日益成为世界上最富有活力和创造力的国家之一。这一点最佳的验证便是诸位所具备的知识和潜力。在中国如今经济成功的背后，有着有活力的人才，清华大学不仅在培养专家，它也是在培育公民。公民在他们国家的事务中不是袖手旁观者，他们是建设未来的参与者，也是维护者。"

【思考制高点的提炼与深化】

家是什么？

家是血脉亲情。“家”的大厦由亲情浇铸而成，无论是在战火硝烟还是在身陷囹圄遭受灭顶之灾的时刻，亲情成了我们唯一的情感维系。世上再也没有什么比它更为坚固和牢实，正如热拉尔，正如站立在泥石流里的双亲，正如那位勇于救子的老母和陈丽明。当我们一切不再拥有，孑然一身，我们还有自己的骨肉血脉；当我们在身陷绝境而泪流满面的时候，还有血浓于水的亲情在我们身边最无私地张扬。

家是惺惺相惜。互爱是家得以存在的重要保障，首先体现在家庭的成员之间是平等的，是精神上的相随相依。否则，“阿尔伯特”就会拒绝“女王”入内，反之才会出现重庆市福家园小区演绎那个动人而凄美的爱情故事，才会让我们感怀于背着爸爸上学的李峰，才会让我们感动于乔叶的心灵之吻。如果把自己看成小皇帝、小公主，只求索取，不去付出，那样我们无异于就把“家”“搁浅”在心灵上。

家是社会烈焰。一个人失去了自己原本的家，并不意味着真的就没有“家”的温暖。社会中他人的无私关爱常常就是我们另一个精神的家园。不要说自己的父母离异，就心灰意冷，其实，自己的四周，就时时存在着那样一些火热心肠，就像那个收容了七个孤儿的叶辛，就像德兰修女，就像英国王妃黛安娜，下至平民，上至王室，记住我们的存在是一种幸运，记住自己一刻不忘回报他人，对于“家”，你就会拥有最雄厚的资本。

家是社稷家国。记住有“大家”才有“小家”。“大家”是“小家”的派生与延展，一个人，只有热爱自己的祖国，将自己放在国家的位置上，我们的生存质量才会得以提升，我们的人生价值才能得以完善，我们的生命也才富有意义。正如杨福家教授的真诚告诫，正如美国总统布什的那一句“公民在他们国家的事务中不是袖手旁观者，他们是建设未来的参与者，也是维护者”。我们要有关爱“小家”的细情感，同时更要有关爱“大家庭”的大情怀！

【攀上高处的典型例文】

家的膜拜

沈　宏

那次我和女儿小蝶蝶在儿童公园的河边遇见一个男人。当时我坐在河边的椅子上读屠格列夫的《父与子》。6岁的小蝶蝶正专心地观赏水面上两只盘旋的绿蜻蜓。小蝶蝶突然问我：“爸爸，它们连在一起怎么也会飞呢?”我抬头一瞧，原来一只蜻蜓驮着另一只在飞。没等我回答，只听边上一人说：

“哈哈，小傻瓜，这就像一对情人手挽手走路啊。”

我仔细打量，那是位满脸胡子拉碴、身材高大的男人。男人穿着满是油污的牛仔裤和皱巴巴的衬衣，且袒露着胸脯。那男人给我的印象很粗鲁。然儿小蝶蝶对他一点儿也不惧怕，她对他说：“什么叫情人呀？大胡子叔叔。”被小蝶蝶称为大胡子叔叔的男人说：“以后你长大了就会知道的。来，来，过来。”大胡子男人也没征得我同意，就把小蝶蝶招到一旁攀谈起来，他俩一见如故，谈得挺亲热，把我撇在一边。一会儿，有个卖风筝的老头走过，大胡子男人买了只蝴蝶风筝，与小蝶蝶一起在草地上放飞。

我见小蝶蝶一手牵着放风筝的细线，另一手拉着大胡子男人的手，那快乐的神情是从未有过的，真不可思议！我心里很嫉妒——那看上去很粗鲁的大胡子男人竟这么快就得到小蝶蝶的信任，是什么缘故？我走过去掏出钱给大胡子男人，大胡子男人一愣，但很快像做错了事似的把钱收下。

翌日午后，我正在家里写论文。门外传来小蝶蝶欢快的叫声：“大胡子叔叔，大胡子叔叔。”我朝窗外望，见昨日在公园遇见过的大胡子男人正和小蝶蝶亲热地说笑。我连忙走出去。大胡子男人见是我，便很窘地说：“你……你女儿真可爱！”我戒备地说：“你怎么知道我的住处？”大胡子男人见我对他不信任，忙说：“我……我没别的意思。你女儿太可爱了，所以我再来看看她。”大胡子男人的眼神中充满哀求，似乎说别赶他走。

日子过得真快。树上的叶儿更肥大了。有天夜里下起了细雨。那天妻子上夜班，小蝶蝶早睡了。我在灯下读书。半夜突然有人敲门。我开门一看——啊，是他——大胡子男人，只见他腮边的胡子更浓密了。他站在那里，高高的身子显得很消瘦，如枯干的树枝。大胡子男人说：“对不起！这么晚了还来打扰。有件事想求你，你能不能……”我打断他的话，说：“进屋慢慢说吧。”就这样大胡子男人讲了他的故事——

“我原先是一个技术不错的钳工。我曾有过一个温暖的家，有过一个贤惠的妻子和一个可爱的女儿。记得以前每到春天，我和妻子总带着女儿去郊外的草地上放风筝。那是一段美好快乐的时光。可在我女儿5岁时，我妻子在工厂的一次意外事故中受重伤，没抢救过来，死了。妻子的死对我打击很大。那时我很消沉，成天喝得烂醉。有时喝醉了还打女儿。后来因酒后误伤了人，被判了刑。在监狱里我很想念女儿，以后这种思念到了无法忍受的地步。我出狱回城后，却找不到我的女儿了。后来我打听到，她已被她的在北方工作的姨妈领走了。”

说到这里，大胡子男人猛地揪住自己的头发失声痛哭。

一会儿，他平静了些，说：“今晚我想再来看看你女儿。天一亮，我就要去南方打工了。那天在公园里遇见你女儿，我以为她是我女儿。我女儿跟你女儿长得实在太像了。那天你跟你女儿走后，我一直跟在后面，以后我又几乎每天都来看你女儿。我知道小蝶蝶不是我女儿，可我简直无法控制自己。那些天，我总觉得我跟我女儿团聚了，我又有我自己的家了，但这毕竟是梦。真对不起！”

我说：“没什么。”大胡子男人站起身，说：“我要走了。”我很同情他，说：“那你去看看我女儿吧。”大胡子男人想了想，又摇摇头。“不啦，让她睡吧。请你把这个给她。”他从身后的背包里拿出一只蝴蝶风筝递给我说：“给小蝶蝶吧。”

走至门外，大胡子男人又转身对我说：“求你明晨告诉小蝶蝶，就说我会好好做人，还会来看她的，我会和我的女儿组成一个快乐的家，到那时，我再带着她们一起去放最漂亮的蝴蝶风筝。”

我含着泪朝大胡子男人点点头。

【简评】

我一直珍藏着这篇文章，常常为之感动。“家”是什么？真的一下子很难全部回答。但“大胡子男人”却给了我们一个深刻的指归：生活面对厄难，家是骨肉亲。当一个人只能靠别人的“女儿”来寻求一种“家”的感觉，当这种焦渴的追求变成一种宗教化的“膜拜”，并将其内化为今后生活的一条主线，有谁不会领悟到“家”的分量并为之珍重呢?!

【认识自我的升华】

让我们来共同营造家的氛围

“世上只有妈妈好，没妈的孩子像根草，投进妈妈的怀抱，幸福享不了”，一曲《世上只有妈妈好》，曾感动了无数的妈妈和无数的孩子，走笔至此，我也想说：“世上有家才是好，有家的孩子像个宝，投进家的怀抱，幸福享不了！”别认为自己和父母有“代沟”，也不要动不动就有“出走”的念头，在这个世界上，无论锦衣玉食还是箪瓢屡空，家是我们最为本质的拥有，家是我们得以直面人生最为本原的归所。

时代总在向前发展，家庭的个体的确变得越来越脆弱。面对父母一手经营起来的富丽堂皇，有时我们却不知好好珍惜，或者我们对家的概念造成了误读，就像那个富有的父亲带着儿子去乡下旅行的故事一样；面对父母的离异或者父母的双双缺失，我们显得不再挺拔，总有一种遭遗弃的感觉；面对父母的颐指气使，或者种种过多的约束，我们常常显得郁闷、孤独、寂寞；面对自己所处人群的各种家庭，一纵比一横比，不禁自怨自艾，牢骚满腹……凡此种种，多元的情形制约着多元的心情，在一种长期相守中，我们淡薄了“家”的存在意义，放大了家庭内部的纷争，麻木了自己的心态，使得我们只能用轻描淡写来形容“家”的要义，而这，正好佐证了我们对“家”认识上的浅薄。

让我们来共同营造家的氛围。从给爸爸妈妈回一次电话开始，从给母亲的生日送一支康乃馨开始，从给奶奶修一次指甲开始，从给妹妹削一次铅笔开始；我们把自己的房间整理得井井有条，还帮爸爸洗一洗烟灰缸，在妈妈上街的时候挽一挽她的胳膊；在最灰暗的日子里，我们用笑声驱除忧愁，将一切不快挂在自己房子的门铃旁，在一些最无助的日子里，让我们学会相互聆听，学会彼此表达，多一些耐心，多一些宽容与理解……血脉亲情，惺惺相惜，我们才会发现自己长大了，成熟了，而对于“家”而言，我们就一定是一个最幸福的人。

只有学会爱自己，才能学会爱他人；只有学会爱“小家”，才会懂得爱“家国”，只有会营造爱家的氛围，才会支撑我们悠悠的中华魂！

♪ 音符 4　“人格尊严”化人案例 ♪

——下跪意味着什么？

【小引】

1996 年 10 月，郑州大学迎来了一位特殊的新生，他叫孙天帅。孙天帅确实不同一般，因为他是直接从一名普通“打工仔”一跃成为名牌大学的大学生的，而能使他实现这一跨越的是在一年多前的一次打工时发生的一件事：那天，孙天帅打工的所在单位——珠海某公司的外商女老板金珍仙，突然让正在生产线上拼命干活的全厂中国员工站队集合，大发雷霆地要求每个中国人双手举起做投降状，然后就地跪下。金珍仙这样做是因为两年来，这位女老板时常要求员工们加班加点，就连春节都不让放假。1995 年 3 月 7 日早，连续加班几天的一位女工劳累过度，在休息时伏在工作台上打盹。外国女老板为了惩罚这位“违规”女工的行为，于是就有了要让全体员工罚跪的“集体教育”，并声称若有一人不从就罚其余人“永远跪着上班”。许多工人迫于无奈，犹豫中淌着泪水跪下了……孙天帅是这群受辱的中国员工之一，但就在工友们一个接一个跪下时，他却像青松一动不动地挺立在原地。“跪下！”女老板咆哮地向他吼道。“请问：我为什么要跪下？”孙天帅压住心头的愤怒，问。“不跪你就滚蛋！”“我可以走，但作为一名中国人，我要控告你在我们中国国土上的所作所为！”孙天帅昂头挺胸，甩下每月 1 300 元的饭碗，大步从那个女老板身边走过，并且永远离开了那块耻辱的地方。“我是中国人，死也不在洋老板面前跪下！”孙天帅，这位“不跪的中国人”，从此成为千千万万打工族传颂的英雄，被亿万中国同胞们所称道。1996 年 7

月 16 日，中央电视台“东方时空”再次播出有关报道后，一时间的孙天帅又成为热点人物。郑州大学也因为孙天帅的“不跪”而破格招收了他。

【来自生活深处的现象】

现象之一：

“作为一名教师，我没有想到我的学生会用作弊这种手段来欺骗我，来欺骗你自己，你们的学业。作弊对我来说从来都是一种耻辱，尤其当我来到异国成为一名教师时，我宁愿我的学生从我的课上只学到诚实。所以，凭我的心，我请求我的学生再也不要作弊，再也不要欺骗。”

“我知道分数对于学生，特别是对中国学生的重要性，知道你们需要一个高分去获得更好的工作，但我不明白，如果你们没有真正的才识，将如何维系这种生活……”

“我亲爱的同学们，20 年、10 年或许更短的时间，以后，我，一个外籍老师所讲的知识或许都会成为流水从你们的记忆中流失，我不会遗憾。但我希望，真心希望，到那时，你们还会记得一名异国老师曾怎样求你们做一个诚实的人！”

这是一名 24 岁的美国女教师，在面对 76 名中国大学生作弊之后，跪下半截腿，哭着说的。

现象之二：

这是一个真实的故事。

西安有个王副教授，即将坐火车出发给远在户县的学员上辅导课。因为时间太紧没来得及买票，就请求剪票的同志先放他上车，然后再补票，不料检票员硬是不答应，他只好苦苦求情并拿出工作证和随身带的一百多元钱，说以此做抵押，能不能让我先上车，等上完课回来再说，不料检票员仍不答应，眼看时间来不及，被逼无奈的王老师只好把心一横，说了句：“为了学生，我给你们跪下，行了吧！”说着，这位 55 岁的副教授，果然扑通一声跪下了！

那么，从西安到户县票价几何？才一块八！

表面看来，年过半百的副教授当众下跪，的确是极丢面子的事，但为了学生，他义无反顾地跪了，当然，这令人匪夷所思的一跪决不意味着低贱，而恰恰意味着高贵！不是吗？为了学生而忍辱负重，这种一心为他人的高风亮节，难道不是高贵之举吗？不是有个词叫惊心动魄吗？什么叫惊心动魄，我看这就是！高贵是什么？不就是这种足以惊心动魄的感召力吗？

【来自心灵深处的撞击】

2003 年 11 月，江苏柏果树幼儿园的一名韩国籍小朋友十分调皮，因为他几乎听不懂汉语，幼儿园的实习老师杨柳为了让他认识错误，就拿剪刀吓唬他说再调皮就剪掉他的手。韩国小朋友的父母认为杨老师此举极大地伤害了孩子，非常愤怒。该班班主任以及幼儿园园长多次向小朋友的父母解释并道歉，但做母亲的还是不依不饶，最后竟要求杨老师给她下跪。于是，当着众人的面，班主任跪下了，园长跪下了，最后杨老师也极不情愿地跪下了……首先应该承认，杨老师吓唬小朋友的举动确实不妥，但也不能说这是个多么严重的错误。在主观上，杨老师没有伤害韩国小朋友的念头；在客观上，杨老师是在语言难以沟通的情况下采取的变通办法。对于杨老师的不当之举，幼儿园开除了杨老师并向韩国夫妇道歉，应该说已经足够了。而韩国妇女竟然还要老师给她下跪，这就完全是一种无理要求。下跪，对于中国人来说，是一种人格上的侮辱，尤其是在大庭广众之下。韩国妇女认为下跪不算什么大事儿，这也许是韩国人的想法，但入乡就须随俗。这三名老师应该对下跪的无理要求，断然拒绝。然而，班主任、园长和杨老师三人却一个接一个地跪下了。他们如果不下跪，韩国夫妇又能怎样？难道会有什么严重后果吗？报道上称，园长认为“事态严重”，面对韩国夫妇的下跪要求，她对杨老师说：“此事不仅关系到幼儿园的未来，也关系到国际影响。”——“幼儿园的未来”已经够严重了，“国际影响”之“重”又岂是一般人的双腿所能承受的呢？于是几名老师的双腿都承受不住，纷纷屈膝。因教育方式欠妥，家长与园长产生争议或纠纷，这只是平常的社会事件。即使是打起官司，也是一般的民事诉讼。这一点，与其中一方是外国人没有什么关系，更谈不上什么“国际影响”。但有些人似乎天生就有一种“政治头脑”，凡事都喜欢“上纲上线”，与外国人有关的纠纷一产生，就会考虑到“国际影响”。这其实是一种愚昧和无知。退一步讲，即使产生“国际影响”又当如何？我们有理有节，可以通过正常渠道进行交涉，这又有什么不能解决的呢？

如果我们凡事都无原则地退让，中国还搞什么开放，又凭什么自强?!

【思考制高点的提炼与深化】

常言道：人之下跪是黄金。在中国几千年的传统文化里，“跪”字下面从来就是黄金。在真情与亲情面前，跪便是最重的回报、最好的孝敬；然而，在事关人格、国格面前，跪便是一种理性与道德的沦丧。在我们中国人的眼里，是不能轻易向人下跪的，因为一个“跪”字，包含了太多的内容与内涵。“跪”字，即便在普通人眼里也是一种体现人格尊严的底线，因而它更富于特殊性。在新的历史时期，有人为了维系自身的人格尊严或者高度的精神独立，而不得不低下高傲的头颅，去从事他们本不该去做的那些事，却能端正心态，勇敢地去面对现实，这样的“跪”，我们认为也是高尚和可贵的；然而也有人不能摆正心态，不是在“跪”字面前退缩，便是向“跪”字投降，那就值得唾弃进而鄙视了！

【攀上高处的典型例文】

【例文一】

哑跪

轮子

那个时候天空很高远，洁净而澄碧。很空灵，就像划过了一声小鸟的脆啼，大地辽阔，一马平川，远方还悠远地传扬着牧马人的歌声。

那年我顶多5岁，一个不知烦恼忧闷的年龄，然而，令母亲忧虑的是，我竟不会说话。我非常想开口，可是总像有什么堵住嗓子，无法出声。在苍茫草原上，我就像一粒小黑点，整天无忧无虑、无声无息地玩耍着。一天，在大人们赶着羊群远出时，我独自一人离开帐篷，沿着一条小溪不知不觉地走远了。

那是一条精灵似的美丽溪流。溪水清冽，水草柔美，溪中砾石粒粒可数，草原上的神灵——金灿灿的太阳——在我的脑门上方宁静地照耀着。溪水流向何处？亮晶晶的波光诱惑着我走向远方，溪水里的五彩石、小虾米早已让我忘掉了一切。

后来，我走得倦了，我上了一个山冈。极目远眺，这才发现已经迷失了我的家园、我的兄长和亲爱的母亲。一阵忧虑，我流下泪来，喉咙里发出了哭音。我开始往回走，可是，先前并不在意的溪涧岔道已经让我茫无头绪。

走过了一个又一个山冈，翻过了一个又一个坡岭，徒劳的奔走逐渐击溃了我的意志。那天特别漫长，中午时分，我在饥饿、惊吓与疲倦中睡去了，在一个小山冈上。

黄昏时分，我醒了过来，触眼的是芳草青青，斜阳凄迷。眼看雾霭降临，我一阵心悸，不自禁地在草原上狂奔不止：妈妈，你在哪里？哭声穿过草原上空，我相信母亲定会听见儿子的呼唤。砾石啃咬着我的脚趾，草秸划破了我的脚掌，但所有的疼痛并不能阻止我的奔走，即使绊倒在地摔得头破血流，也阻止不了我奔向母亲。

眼看斜阳一点点地退隐，我心急如焚，却又手足无措。我孤零零地站在一个小小的山坡上，一如一棵孤立无助的小草。柔风吹拂着我，余晖吻着我的泪水。我双眼凝望着太阳消隐的方向，突然在天地间，我双足“扑通”一声下跪，惊心动魄，凄厉地喊出了一声“妈——妈——”。

许多年以后，这跪下的一声，惊世骇俗的呼喊仍会穿透时空而来，让我的双眼情不自禁地爬上泪花。有谁能相信，一个从来未曾说过话的小孩子，能在瞬间之内从心灵深处爆发出那声至热至切的呼喊！

就在那声呼喊之后，奇迹出现了。母亲出现在数百米之外的一个小山上，那正是夕阳消隐的方向。斜阳把母亲的身影长长地打在草原上，母亲飘拂的长发、披散的衣襟、挥动的双手一瞬间定格成了儿子脑海中永远的风景。芳草，你能报偿得了母亲的三春晖吗？斜阳一如母亲，将她毕生的精力与关爱，倾注于儿女……从那以后，我居然能很顺利地说话了。我相信，那是灵魂的力量。

十年后，母亲去世，再十年后，我流落到了远方。当我每次归家时，总要去看看母亲的坟茔。那个长满衰草的小小的沙丘，一如母亲风干的躯体，孤零零地守望着草原上一茬又一茬的芳草，一度又一度的斜阳……

【简评】

"好儿男当跪父母！"本文不是写儿女对父母的孝敬，但通过本文，我们更能体会到"跪"字在文中的巨大功能。文中的"我"是不会说话的哑巴，就这样迷失了自己的家园，当自己认识到已经处于孤零零的境地之时，首先想到的是母亲，这是骨子里头最原始的呼唤，而当自己身陷绝境，最终奇迹般地喊出了"妈妈"，并且因此会说话了！这一"跪"字，可以说是对"母亲"这一概念最深邃、最悠远的认知，是对母爱最虔诚的膜拜，是对人类母性的崇高礼赞！是高于孝敬而发自内心的本原情感，是高于后天形成的尊严，而源自人性本初的先知先觉！

【例文二】

难忘那一跪

佚　名

十多年教书生涯，我送走的学生不知多少，他们的名字我已不能一一记清，独有余凤莲使我永生无法忘记。

余凤莲是在初二下学期插入我班的。那年她十六七岁，亭亭玉立，充满了青春的活力。那时，我刚下课。当校长向我招手时，我还以为他身边的女孩是数学代课的教师。听校长说她要插入我班读书，我望着她满脸的成熟，有点犹豫了。因为学校规定，学生考试成绩要排队，教师也要排队，且名次与工资、奖金挂钩。我不想因为她拖了班级的后腿。我于是拒绝了；读书也不过是为了找工作，你已经在打工，何必还来读书？何况你的年纪也太大了，我班的学生只有十二三岁。余凤莲见我不同意她，竟然"扑通"一声，跪在我的面前，眼泪双流，苦苦地恳求道："老师，你行行好，收下我吧！哪怕让我试读一个月也行，如果我赶不上班上的同学，一定自动回去……"我从未见过这样的场面，十分惶惑："别这样，快起来。"校长连忙去扶她。想不到这外表十分柔弱的姑娘却很固执刚强，她一定要我答应收下她，才肯起来。那时的我真是年轻气盛，竟然没有理解她渴求知识的苦心，反而认为她以跪来逼我，居然恼羞成怒，拂袖而去……

我不知道她跪了多久，也不知道她是什么时候离去的。而我却非常得意，以为终于打发了一个拖后腿的差生。直到后来校长告诉我，我才知道余凤莲原本是一个很优秀的学生。读初一时，父亲突然病逝，多病的母亲无法供养兄妹三人继续读书。当时只有十二岁的余凤莲便辍学在家，为了生计，她又南下打工，直到哥哥大学毕业。现在哥哥已经有了工作，于是她又想来复学。听了校长介绍，我才有点后悔，不该那么粗暴地拒绝她。第二天，余凤莲同村的学生带来了她写给我的一封信。她在信中写明了要读书的真正原因。原来她是在一家私营工厂打工，有一次她出了次品，老板竟然罚她当众下跪，否则就要炒她鱿鱼。她为了哥哥能完成学业，也为了能给母亲治病，只好含泪跪在地上。那时的她还不知道用法律来捍卫自己的尊严，只是在心里默默发誓：一定要读书，一定要活出个人样来。

没想到我也逼她下跪了。虽然她说不恨我，可我不能原谅自己。因为是我把她推出了学校大门，破碎了她那美丽的梦。我十分惭愧和懊悔，决定再把她请回来。但当我问那个捎信的学生时，才知道她已准备动身再去广州打工了。我急忙骑车赶到她家，可她已经走了，听她母亲说，她是含着眼泪走的。我又追到火车站，好不容易在南下打工的人流中找到了余凤莲。幸亏她是下午的车，否则我这辈子就要留下一个永远无法弥补的遗憾了。

我终于留住了她。在以后的日子里，由于老师同学的帮助，更由于她坚韧的毅力，她终于一路绿灯，最后考取了一所政法大学，现在已成了一名法官。从那以后我再也不轻易拒绝一个学生，不放弃一个“差生”。并且，每到一个新的班级，我上的第一课就是“余凤莲的故事”，以此来激励我的学生，也在激励我自己……

【简评】

我们为余凤莲的故事感动不已，她在工厂老板面前的一跪，跪得让人“哀其不幸，怒其不争”，而当她扶持哥哥读完大学，再次复学在老师面前的一跪，则跪得惊心动魄，让人肃然起敬！老师是人类知识、文化、品质与灵魂的象征，她的下跪，是为了科学能够在自己身上延续，是为了精神的理性站立，是为了决裂卑微、愚昧与无知，是为了从此改变自身人格与精神的委顿！而文中的“我”，为什么“从那以后”始终把“余凤莲的故事”作为自己上的第一课？就是因为那一跪，会让作者自己，也会让更多麻木的心灵从此觉醒，“人之下跪皆黄金”啊！

【认识自我的升华】

让我们心灵高贵地站立

佚　名

罗伯特·科赫是德国著名的医生和细菌学家，有一天，他被召到皇宫为国王看病。“你给我看病，不能像看别的病人那样！”国王说。“请原谅，陛下，”科赫非常平静地说，“在我眼里，病人都是国王。”

在某些人眼里，罗伯特·科赫真傻，就算你平时真的对病人很好，在你心里一个国王也没什么了不起的，但是此刻国王站在你面前，你也要说点假话，哄他高兴。国王高兴了，还会少了你的好处吗？不说提拔你当分管医疗卫生的大臣，起码也得给个皇家医院的院长让你当当。然而，科赫没有这样做，他说出了自己的心里话。正是科赫这种在权势面前坚持让心灵高贵站立的精神，使他赢得了我们持久的尊敬。

我们需要让心灵站立，在权势面前如此，在别的什么比如金钱、女色、荣誉等面前也同样如此。你要坚守自己，就必须牺牲这些被世俗看重的东西，并且在这种牺牲中高扬自己的人生信念。

让心灵站立需要一种胸怀。一个胸襟狭隘，只知道为自己打算的人，一定是一个喜欢见风打卦、时刻准备让自己的心灵下跪的人。因为他追求的是利益，追求利益就必须懂得识别天时地利人和，懂得利用谁，团结谁，孤立谁，打击谁，就必然胸无丘壑，为人唾弃。只有那种心怀高远，把自己的生命自觉地与社会意识结合在一起的人，才会宠辱不惊，以坚守自己的灵魂的是非作为生命的最高目标。他们追求的是生命的大完美，而这种追求往往就像孙天帅一样，让我们不禁为之击节赞赏！

让心灵站立也需要勇气。悬崖上的松树不惧外界的压力和诱惑，只是以本质的执着，坚守在别人无法坚守的地方，它令人敬佩。然而，不是每一棵树都可以跻身于悬崖。悬崖上少土，需要一棵树用心灵浇灌自己，所有这一切都不是那些生活在平地里的树所具备的。树是如此，人何尝不是如此？当一个人选择了高贵的站立，要显露才华的时候，他的才华就会更加熠熠生辉；要显示品质的时候，他的品质就会更加光芒四射！

一个人所处的环境有好有坏，能力也有大有小，希望每个人都发出一样的光、散出一样的热是不现实的，但是让自己心灵高贵地站立，以一片真诚去坚守生活，这是人们应该追求的基本人生目标，它让我们的人生因此而变得纯净起来。如此，即便是跪着，也跪得凛然！

第四章

静者独难

章节导读

“桃李不言，下自成蹊。”教师生涯，必定会遇到无数的师者和无数的学生，自己也一直在这两个角色中互换。但无论如何，内心是无限的感念与满满的欣慰。因为情怀一直都在，爱一直紧随相伴。本章节，笔者选取了自己写老师和学生写自己的几个有代表性的音符，同时收罗了几个有代表性的序跋，以期读者朋友对师者生涯有更多的了解。

主旋律：静字千金

向往静谧。

我直面着喧嚣的世界。周杰伦的黑人保镖正在对付狗仔队，武术师正在告诉成龙怎样跳过高楼，刀郎还在声嘶力竭地唱着他的情歌，郭晶晶正在媒体里告诉公众自己没有怀孕，一只小猫咪在刘晓庆怀里撒娇，李真正在被带往刑场，美国正把又一批美军运往伊拉克……昨天因为一句话与人吵了一架，前天那个趾高气扬的同事又受了表扬，正在洗澡的时候一只老鼠在门前摔了一跤，上个月的工资今天发现银行卡里还是没有到账，刚坐上公交车就来了的士，今天女儿的算术得了零分，穿鞋子的时候发现鞋底破了……真的无法拒绝尘世的浮嚣，而又真真的，真真的想静下来。

可是听着民歌，想着的却是眼下爱情的泛滥；欣赏着风景画，却对铺天盖地的时尚杂志无所适从；到了九寨沟，反而增添了对居住的城市的厌恶；独处静夜，心里却有着排山倒海的思念；看着古装书，却更添酸甜苦辣的烦躁；说是借酒浇愁，却为何在夜里辗转反侧？把弄琴棋书画，反而移了自己的真性情；说是到他方去回避感情，却被捆得越紧……如来佛四大皆空，却惦记着那个倒霉的唐僧；森林的泉水，却总是想着转弯抹角；闭目养神的孔丘，却在想着怎么当官发财；诸葛亮似仙似妖，却自短性命；哑巴的霍金，却在算着时间简史……那个安静的小女孩，却最先谈起了男朋友；那处安静的公园，却成了人们卖弄嗓门的最佳场所；那个熟睡的小男孩，此时却做着一个可怕的梦；那条不再乱动的金鱼，其实快要走到生命的尽头；大海一片安详，一条鲨鱼却正向岸边游来；阳光一派明媚，紫外线却正在制造皮肤癌……写到这里，我突然就想哭了。

向往静谧。

庄子仍在濮水垂钓，可是你为什么向往大鹏展翅九万里？李白的晚年过着半归隐的生活，可是你为什么要醉卧唐玄宗的牡丹亭？杜甫在破船上漂泊半生，可是你为什么要在草堂里记载天下苍生？陶渊明种的庄稼在我眼前明亮，可是你为什么误落尘土二十年？鲁迅在院子里孤独地拓着金石，可是你为什么心里还叨念着勇士要毅然前行？路遥在窑洞里正写着《平凡的世界》，可是你为什么连死自己都还不知？史铁生在轮椅里看着地坛的像雾一样的蜜蜂，可是你为什么将生与死想得那么沉重？……法海你做了和尚，可是为什么你还去干涉许仙与白娘子的爱情？玄奘你做了和尚，可是为什么要那么历尽凡人不愿面对的千辛万苦？鲁智深你做了和尚，可是为什么你那么蔑视清规戒律？贾宝玉你做了和尚，可是你为什么依然满脸愁容？……

向往静谧。

真的想找寻到那么一处空间，身体在那里放松，思维在那里安详，感情在那里停泊，没有世事的纷扰，远离尘嚣，清绝雅绝，把酒品茗，梅妻鹤子，四周浮云弥漫，只听得闲落棋子，时间被无限拉长，空间被无限拓展，微风悠悠，芳草萋萋，山花蔓蔓，流水潺潺，不是在梦里，也不是在旅途，不是一刻的赏玩，不是短暂的停伫，而是一生一世，而是物我两忘，而是全神贯注。如果你不知生活的喧嚣，你就不知我为什么那么爱清净；如果你没有心情的焦躁，你就不知心灵的浴场是多么的可珍；如果你不曾经历那些可以预见的人生风暴，你就不知我为什么，为什么面对“静”的字眼，竟然伤心地落下泪来。

第一节　和鸣共生

♪ 音符 1　高考是个漂亮的新娘 ♪

回忆我的枝江一中教师生活，恐怕得从 1992 年我高考之后的志愿说起，那时候，所有报考师范专业的毕业生都要到枝江一中去面试和体检，在面试时我唱了一首歌《我的老师像妈妈》，还象征性地做了一节伸展运动的姿态。大学里的一位年轻女教师很欣赏地望着我说，很可爱。

所以枝江一中是我最初如愿的地方，在我们枝江，枝江一中那时候可是众人膜拜的“高等学府”，如果哪家小孩考上了这个学校，意味着将来就是大学生了，乡亲们一定会提前祝贺的。我对枝江一中从一开始就奠定了很好很好的印象，因为就是从那里我考上了高校，所以我大学毕业后，将我的简历直接寄给校长朱政文先生，朱校长是一个特立独行的校长，颧骨宽宽的，样子很严肃，喜欢抽烟，工作雷厉风行，加上讲原则，那时的枝江一中规模不大，却在省内很有名气，通知我前来报到的，是耿晓沙老师，之前我以为是个女老师，字写得特漂亮。后来才知道是个潇洒的男士，而八年后，耿晓沙老师和我同时离开枝江一中，到广东来打拼。

当初能到枝江一中做语文老师，真是梦寐以求的，后来听说很多人想进来都不成，朱校长独独看中了我，所以很多事情一路绿灯，这是办公室主任陈胜老师亲口告诉我的，陈胜老师是个体育老师，是通过了国家级骨干教师培训的老师，当时跟他一起去培训的，还有陈耀文老师，陈耀文老师后来竞选上了枝江一中校长，再后来当上了枝江教育局局长，不过因为种种原因，这样一个特级教师，最后只得远走他乡，到遥远的北京寻梦去了，后来我在湛江教书，在《语文教学通讯》上又读到陈耀文老师的文章，觉得从教育局长到普通老师，正如他自己所说，活的就是一种心态吧，可惜，这里面的变故，当时做办公室主任的伍红春老师应该最有发言权。伍红春老师是我的老师，现在在宜昌教书，他的夫人付晶晶老师，当年直接教过我的化学，这里面，有太多的故事。他的儿子伍禅，是我们看着长大的。

说起伍红春老师，我得介绍一下我们当时的语文组，那时有朱校长、周世忠老师两个特级教师，后来孙发斌、陈耀文、曹书德、周德富、董云加入了，一个学校学科组，一共 7 个特级教师，那是相当厉害的，现在的校长董云，是作文的专家，在《作文成功之路》上发表过很多文章，后来编辑成了一本书，公开出版了，在枝江一中，历任校长都是教语文出身，真的很特别!

我们当时还在老校区，老校区的文化底蕴实在太丰厚，一大幢主教学楼，气势非凡。我们的办公楼，独立开来，形成了很好的分割。当初我在二楼靠东的办公室，老师办公两两相对而坐，很惬意。一般五六个人一间，有周世忠老师、周德富老师，还有方华荣、卞锦周、伍红春和刘孚忠老师，高一开始，我就教两个班的语文，抓文学社的工作，其实是很忙的，因为两个班每周都全批全改周记，文学社每两周就出一份报纸，全靠自己额外加班，很辛苦。我最初带的两个班，班主任分别是阮丰华和石雪山，阮丰华不久从政了；石雪山一直在一中，一直心安理得地做他的年级主任，他对爱情、家庭和事业，有太多自己的见解。我们三人，同时住过教研室一楼靠西边的单间，一晃十多年了，真是物是人非。前两年我回枝江，见到了石雪山，却已重担在肩，担任了枝江一中校长。

周世忠老师以前是教体育的，打得一手好篮球，后来改教语文，最终登上了语文的“玉篁顶”，上了核心期刊的封面，他的作文课，“实”“活”相生，激情澎湃；他的阅读课，生动传情，后来他退休了，当时李红梅老师、雷冬梅老师、周敏老师、伍红春老师，都写了文章感念，唯有我没有，苦于一直没有时间。其实，我的语文素养和很多作文方面的理解，都是从他那里流变而来的。现在周老师据说被学校返聘过来专门从事相关的指导工作，神采依然矍铄，真是宝刀未老，青春永驻啊。

前几年，枝江一中举行校庆，我在湛江一中工作不久，就收到了孙发斌副校长的请帖，孙校长是枝江一中的元老之一，也是语文的行家里手，他的人脉最广，永远有那么一种文人气质，他说话语速不快，但很讲原则。最近在枝江一中校园网上看毕业照，那时候孙校长才做班主任，真是英气勃发，后来我回到枝江一中，见到史绍典、左兵等人，都是他带我们进的语文视野的，孙校长生活上朴实，讲到他的子女，则眉开眼笑。据说他儿子已经在广州工作很长时间了，我离开枝江一中时跟孙校长说，到时候到广州，我跟您联系，您最好到广州去养老。他哈哈一笑，很真诚地接受了。遗憾的是，现在我比以前更忙了。一句曾经不经意的笑言，如今想起来就觉得很对不起他老人家。

在枝江一中的老一辈语文人中，我觉得黄兆明老师是最潇洒的，始终背着手，走路不卑不亢，说话做事很利索，他一直带文科班，在语文教学上，很有自己的思想，却很少发言。我们都叫他“黄劳模”，是省劳动模范，黄老师最拿手的菜是“牛肉”菜，什么牛骨、牛肋、牛杂，到了黄老师那里就是美味，我们一堆年轻人，薛华、熊亚评、方华容、杨翠琼……都因为黄老师家的牛肉好吃而喝醉过。会做吃的，还有刘孚忠老师，刘老师家的蒸菜，据说是“绵阳三蒸”，味道、火候、色泽俱美，我们语文科组曾经兴师动众地去吃过，我只吃了一次，却始终不能忘记，太好吃了。

相比较而言，周德富老师就不怎么研究菜谱，一篇一篇地发文章，最后文章装不下了，就拉上夫人的名字一起发，大有打遍天下无敌手的意思，他儿子后来考取了大学。他的儿子和董云校长的儿子同龄。董云校长那时候在枝江一中是副校长，坐在我对面，经常跟我们开玩笑。说我的儿子，都跟我齐高了（初二的样子），晚上冲了凉，一丝不挂，双手捂着胸，光屁股，“小鸡鸡”外露，却丝毫不害羞的样子。说完董校长带头哈哈大笑起来，我们办公室也乐开了花。掐指一算，十多年就这么过去了，去年（2010 年）我跟周德富老师打电话，他说正在成都给儿子装修房子，要结婚成家了。时间真是无情，一个幼稚少年一眨眼就步入婚姻殿堂了。

发表文章较多的，还有曹书德老师，曹老师是个会讲会写会说的语文人，我来枝江一中，他做过一年的科组长，为人扎实严谨，说话字正腔圆，讨论问题切中要害，是个很有见地的领路人，当年，我们在二楼靠右边的第二间办公室开一周一次的科组会，正中间的是朱校长，旁边分别是孙校长、周世忠老师、曹书德老师、陈耀文老师、周德富老师、黄兆明老师、许立新老师、董云老师，还有我们几个晚辈，那阵势，真的可以抵得上一个国家级水平的语文教学例会。后来，曹老师因为种种原因，离开一中去了夷陵中学，几年后就当上了夷陵中学教研室主任，主抓教学。2004 年，我离开枝江一中去湛江一中，前夕我打电话给曹老师，说夷陵中学需要语文老师吗？他说，恐怕夷陵也留不住你！说完大家都笑了。2008 年，曹老师评上了正高级教师职称，辞了工作，去了北京。他果然是个有胆魄的人。

在我们年轻人中，光芒就少了些，原因是很简单的，因为太阳的光芒太强烈。其实，在枝江一中，最开心的时候就是那个工作的氛围，是一中忙里偷闲、苦中有乐的磁场。所以我们的成长都是很快的，在我的记忆中，周新老师稍迟些来，可是很快就进入了角色，包括熊亚萍、杨翠琼、方华容等老师，工作都是细致、认真上出了名的。倒是我们这些耐不住的人，有点跑江湖的味道，没有真正吸纳到枝江一中语文科组的精髓。

有了枝江一中这样一些名师，有了这样一些潜心钻研的语文教育人，枝江一中的学生高考语文是绝对不会差的，那时候，枝江一中的高考成绩是鄂西地区最好的，经常盖过夷陵中学、宜昌市一中，我写这篇文章，就是对我们曾经的枝江一中语文科组，报以深深的感怀，正是这样一个出色的科组，让我们这些晚生后辈，拥有了坚实的翅膀！

2001 年 7 月 6 日晚上，我们高三语文科组在枝江一中校园电视台做面向全体高三学生的考前指导，刘孚忠老师负责选择题，李红梅老师负责文言文，周德富老师负责现代文阅读，黄兆明老师负责语言基础运用，而我，则负责作文方面的指导。在我的发言开始前，我动情地说："同学们，明天我们就要踏上高考的考场，这是一个盛大的节日，我们一定要沐浴更衣，穿西装打领带，以最热烈地方式去迎娶高考这位美丽的新娘！请你们充分地自信，你们是通过名师的调教、枝江一中这所学府校园熏陶出来的白马王子，高考这位美丽的公主，注定属于你们！"……

转眼间，快 20 年了！

♪ 音符 2　政文先生与文学 ♪

在大学里读过刘勰的《文心雕龙》，知道"言为心声""文如其人"的道理。尔后又读文同的诗、孙文的散文、沈从文的小说，最后又听曹文安教授的课，教授巧妙地把“周树人”谐音成“周树文”……感触之余让人觉得文人们在治文学的同时其实也是在解说自己。我起初是以朱正双这个名字来接触枝江一中朱校长的。我以为“政文”者，定是“政”与“文”双栖，我想，在这位德高望重的老人身上，在他政绩卓著的背后，一定隐藏着一颗不平凡的文心。

我的导师金道行教授曾语重心长地对我说，文学为人学，人真必然真文。金道行教授是一位博学的长者，数十年来痴心不改地潜研写作心理学。每次与他促膝论文学，他总是眉飞色舞，总把文学视为心爱的女神。在金道行教授的感化下，我基本上形成了文学心态。踏入工作岗位，第一次单独与朱政文先生论文学，政文先生一改行政工作的严肃与从容，一下子变得轻松活跃起来。政文先生直言自己独钟于文学，从古代文学一直到当代文学，言语之中的溺爱与激动全开放在笑脸上，末了仍显示出一幅不无遗憾的情绪。我知道政文先生是因为特定的时代、特定的因由从而让自己逐渐地与文学疏远。但骨子里头，文学的火焰却在灿烂地燃烧。只不过，这种燃烧是隐蔽的、殷红的。在工作的间隙中，我常常把现实中的政文先生跟我脑海中的政文先生比较，我发现他们都是多么惊人地倾向于文学。

聆听政文先生的文学讲座。谈到增强两种作文本领，谈到小小说，谈到对当前文风的看法，政文先生首先是位严谨的学者，然后才是一位教者。他论李煌，论曹雪芹，论宋歌，论巴尔扎克、欧·亨利……都有独到的见解，不人云亦云。以前我也曾旁听过许多自诩为学者的文学讲座，他们不是在咀嚼文学而是在卖弄文学，常常辜负了我们的文学热情。我常常以为，文人一旦浮躁，身心一旦为世俗所染，他就不再是文人而是文痞了。文学是严谨的，有如生活，来不得半点虚夸和假张声势。当路遥殚精竭虑地写完《平凡的世界》之后，他死了；而我们在读完他的文字之后，却在泪水中升华了。政文先生就是这样的读者、学者和教者。他不是文学的精神贵族，却是一个冷峻的、犀利的文学实践者、鉴赏者。有一段时间，我很想把政文先生的戏剧《小燕子高飞》、他的诗《夜耕曲》、他的小说《寻梦》、他的报告文学《奉献》等逐一地找出来读一读，不幸这些文字全在“文化大革命”中亡迭了。一个文学青年，曾经是那样的文才横溢，却终于没有让他更多地亲近文学，那些岁月啊，真是所有善良人的徒刑！我又把刊登在《光明日报》上的一首长诗《青春之歌》找出来精读，这首诗高扬青春的旋律，浩瀚之气飘出天外，朱校长不惜全校每人复印一份，并将之纳入全校政教工作的一个要点，此诗虽系他人所作。但亦足见其文心浓浓、文情昭昭。

我有两个学友，大学时便出版了个人散文专集，一部名叫《野孩子》，一部名叫《心中的白鸽》，走出校门，踏入社会，境况却甚为寥落。放眼今日文坛，虽风起云涌，却少有拓荒之作。眼见着许多作家昙花一现，如过眼云烟。很想在书市里找到一两本如意之作，却往往沾有浓厚的脂粉气和铜臭味。改革考验着世人，更拷打着文坛。当我第一次把已发表过的散文——《浮尘集》——双手捧给政文先生（它是我的心血所凝，曾获得湖北省大学生科研成果二等奖），不想这一看便注定了老先生对我写作的长久的关注。在长期关心小帆文学社工作的同时，耐心询问我的写作进展成了他固定的话题之一。末了总给我提供一些各级报纸杂志最新的动态和举措，并鼓励我向它们投稿，其声轻轻，其意切切，让我深受鼓舞。如今像这样的关爱文学青年的人的确不多了。我想，一个人只有内心深处挚爱着文学，把神圣的文学视为净土，把文学青年看作希望，他才会有如此神情、如此话语的。

我曾试探着询问我的导师金道行教授，问他有生之年还是否继续写？他断然地点头，直言自己一生与笔有缘。我也曾就同一个问题询问政文先生，先生认真地说，不管我是否动笔，我始终是文学爱好者，我一生都离不开文学。我感到荣幸，我遇到了不可多得的文学长辈。当我再一次地翻开政文先生的一些教育、教学论文、编著，字里行间中随处可见文学的芳香。我深深地认识到，政文先生之所以有卓著的政绩，是因为文学艺术的熏陶；反之，政文先生之所以有高屋建瓴的文学审美，得益于他的政治修养。文学艺术与政治素养相结合，便铸造了这样一位德高望重的长者。

政文先生曾语重心长地对文学社社员说：“我们文学社员要力戒骄气和躁气，一心一意向上走。”这和鲁迅先生的一句名言不谋而合。是的，文学社员的写作其实是在丰实当代的校园文学，我们小帆文学社能有今日的局面，正是政文先生长期培育的结果。我们每次将《小帆》刊物呈送至政文先生的案头，先生总是放下手中的工作，认真地审阅，然后谈出自己中肯的感想。每一次我们社员的文字见诸报纸杂志，政文先生的喜悦之情难以言表，我作为文学社的指导老师，于内心深处又平添了几分动力。

曾好几次到政文先生的家去造访政文先生，为的不是文学却是杂事，眼见着政文先生简朴的生活，而直爽热情的容貌却历历在目。翻着数年来政文先生的照片，却笑容依旧。回想我年纪轻轻，心却有未老先衰之势，不禁汗颜。曹操诗曰：“老骥伏枥，志在千里，烈士暮年，壮心不已。”政文先生不服老，心有文学，老当益壮。也曾记得《世说新语》里王孝伯言：“名士不必须奇才，但使常得无事，痛饮酒，熟读《离骚》，便可称名士。”可惜政文先生不会饮酒，只是熟练地执教过《离骚》，却从不以名士自居，也不会以名士自居。然而政文先生一直享受着国务院特殊津贴，其中因由，我以为，一半是因为政治，还有一半就是因为文学。

万万想不到的是政文先生患了肺癌，并且是晚期，虽经各方面的努力，但无力回天。先生已逝的噩耗传来，上下皆悲痛一片，泣不成声。想想政文先生病重期间，我竟都未能去探望，尤其是在政文先生出殡那天，省督导评估的专家正坐在教室里听我的课，我也无法抽身，我的泪只能往心里流。回首昨天，仿佛就在今天的一瞬间，仿佛政文先生仍坐在办公室里，仿佛仍然在孜孜求索，仿佛依旧那般活力永驻。有时自己静下心来，对自己说政文先生还没走，学生还是那些学生，教室还是那间教室，学校还是这所学校，但无论如何是见不到那张容颜了，有时自己从梦里醒来，从梦里的梦里醒来，告诫自己政文先生就在身边，而现实生活总是以另一种方式告知我：的的确确地，空了一套桌椅，少了一副关关切切的容颜。

我的学生写了很多很多沉痛悼念政文先生的文章，写到最后总是声泪俱下。于是我更加悲伤，我怀着沉痛的心情给我的学生写评语，说不要悲伤，只要枝江一中在，政文先生的魂就在……写着写着，我竟落下泪来。

我想起了政文先生在化疗间歇期间的某一个下午，在校门口，先生的穿戴十分整齐，精神也格外的好，根本看不出重病在身。当时我正推着自行车，我的爱人正抱着我们的小孩，政文先生见了我们，笑着问我们，孩子叫什么名字？我的爱人说，叫奔奔。政文先生看了看我，又笑了，说奔奔好，更要好好奔呐……我知道，这是对一个青年后生说的。

而这一次，便是永诀！

♪ 音符 3　枝江一中的董老师 ♪

董广芬老师是个精精神神的老师。

我跟董老师同事，是在 2002 年，那时候董老师三十六七岁的样子，我们一起教复读理科班。那时理科班复读班的教室在老教学区的生活区里，我教语文，董老师教化学，董老师走路的步子较快，说话很利索，总是抿起一个微笑，一说话，笑容就在脸上漾开来，极其灿烂。

董老师很干练。做事雷厉风行，很有教育思想。班上的赵崇奇，是理科尖子。我当时把很多精力都放在他身上，结果赵崇奇 4 月时突然说要请假回去休息一个月！一个月啊，马上就要高考了！

董老师很轻松地批准了他的假，还向我说，赵崇奇的情况，我知道，你让他休息一个月，他可能会更有收获。说完，董老师就去老校区的生活部给我们科任老师买了支汽水饮料，溜到外边的长条凳上晒太阳。

后来，赵崇奇的语文高考考了 133 分，是当年的宜昌市理科状元，我也成了状元老师之一，这里面的原因，董老师最清楚了。

董广芬老师以前在我们一中，每年都是优秀班主任，也喜欢开玩笑。教化学的肖中云也是，整天嘻嘻哈哈的，做起事来却都是行家里手。那时候，我们校工队经常打排球、打篮球，董老师是主力。我们住在篮球场前面的老住宿区，饭桌边上就可以看篮球赛、排球赛。我也经常去打排球，董老师说："胡编来了，我们的压力就小了。"哈哈哈。他们一笑，我就来气，天天练，练得后来我到湛江一中，依然是排球队的主力。

经常打排球的，还有化学科的刘敏和娄清燕。现在这两口子来广州了，今年春节我们在天河区喝了一次早茶，以前的秋秋，现在都已经成大姑娘了。我们一行人在天河公园散步，捞金鱼，其乐融融。刘敏还是那个爱搞笑的刘敏，清燕还是那个上进心很强的清燕。岁月悠悠，情分永在。

一中的化学科组，一直是人才辈出的，我在一中的那些年，一中的化学科组一直是高考质量一等奖，可以说，一中的理科在全省都是赫赫有名的。那些数理化竞赛一等奖的获得者，常常花落一中。化学老师写的文章，全国各地的杂志到处都是，如罗公举等牛人，令人肃然生敬。

2003 年，我们从家里拿来火锅，拿来酒精炉，一齐到餐厅去吃学校举行的团年饭，学校食堂里一溜摆满了很多很多好吃的，还有"枝江大曲"，我们老师自行找座位，架起火锅，下火锅的菜上了一碟又一碟，大家忙着打牙祭敬"枝江大曲"。我们家和董广芬老师家巧不巧就在一桌，她老公也是搞教育的，很内敛的样子，我却很放得开，那时我做高三（12）班的班主任，大家一起喝得特别起劲，董老师说："胡哥，咱们姐弟俩走一个！"我都喝得过头了，就说："董姐姐，我们'董'一个！"

呵呵，一晃，9 年就这么过去了。

好久没和董姐姐联系了，不知一切安好？

♪ 音符 4　三生三世十里桃花 ♪

——追念陈建伟先生

我是个走江湖的，由长江到湛江再到珠江，绕了大半个中国。走的地方虽多，性子却是安静的。我的这些走动，其实都和语文有关，与自己的那点理想有关。在行走中，可能是由于我的运气好，碰到了很多有追求的语文人，华南师范大学的陈建伟先生就是其中的一位。

陈建伟先生其实更愿意我们叫他"伟哥"，这个广西的男人，拉得一手好风琴，曾做过文艺骨干，从烽火连天的岁月走来，最后落定在华南师范大学。伟哥中等身材，微胖，喜欢留齐脖子的中长发，加上他脑袋偏大，外在上很有艺术家的风范。伟哥经常面带笑容，表情也很丰富，他笑起来好像还有很好看的酒窝，平时背着皮挎包，走起路来风风火火。以前伟哥开过一部车，嫌老旧跑不起来，后来，大概是 2013 年或 2014 年的样子，换了一部

JEEP，车速上来了，“珠江三角走”更加名副其实了。

我最早认识陈建伟先生应该是在2005年，之前他做《语文月刊》的主编，我是月刊的忠实作者和读者，名字彼此都认识，就是没见过面。2005年我参加广东的高考阅卷，月刊的副主编胡家俊先生召集一些老朋友聚会，陈建伟先生在晚宴快结束时匆匆赶到，彼此打过招呼，相互介绍了一下，胡家俊老师向陈建伟老师推荐了我，说我是月刊十多年的朋友，陈建伟老师愉快地看着我，握着我的手说：“感谢支持月刊，兴桥加油。”

陈建伟先生第一次见面就称呼我为“兴桥”，我大感意外，后来发现这就是陈老师一般的交往风格，对语文人，他是由衷地尊敬与喜爱的。后来我又多次参加高考阅卷，碰到过他，他一直是做高考质检的，看见他忙得不亦乐乎，也就没有过多打扰。到了2008年，我有幸参加全省中小学骨干教师培训，这个培训，是他一手操持的。在培训的间隙，我跟他聊起了语文课程改革方面的东西，他兴致勃勃。课堂上，他但凡讲到语文，则正襟危坐；私下开起玩笑，则又像邻家的老大哥，无拘无束无碍，跟他交流，没有阻隔没有障碍，伟哥是一个很率真又很真诚的人。有一天，他突然跟我说，想办法提高一下自己的学历，争取到大学里来教书。伟哥的这句话，我忘了当时的谈话背景，但是一个交往不多的老师突然给我这样一句话，至少是对我的激励。直到现在，我依然感念伟哥，在语文的教改道路上，陈老师一开始就没拿我当外人，甚至把我当成自家兄弟。

2014年，我又参加了“国培计划——2014”华南师范大学高端研修班的培训，这场培训，陈老师依然是主角，是整个培训的灵魂。他从培训课程的设计，到四处聘请指导专家，联系场馆等诸多事宜，很多都是他亲力亲为，还亲自给我们上课。还记得2015年秋季培训课上，陈老师穿着厚厚的夹克，走进文学院文1栋6楼的多媒体教室给我们上“语文课程史”，我坐在第一排，认真做着笔记，陈老师在那节课上，直接或间接说到“兴桥”名字的有四五次之多，我忘了具体的细节，可能在他看来，我做“文化教学”、高考、新教材研究，对他的课程理论是有实践意义的。后来的他到江门讲学，深夜两点还给我发信息，说要用我的文化教学课例，他要拿去江门推广。对我如此关注与留心，我真的很受感动。

也就是在2015年，陈建伟老师带领全体“国培班”50多个学员，造访了我在佛山三中的名师工作室，听了我的一节“文化教学”示范课，接着我还做了一场关于“我的成长”的专题报告，陈建伟老师在做总结的时候，特别将“文化教学”前面赋以了“胡兴桥的”四个字，那时候我虽然已经出版了《地域文化与中学语文教学》的专著，但是从“文化教学”的层面上讲，我充其量只是一个探索者，不能将“文化教学”纳为己有，陈老师之所以这样说，我认为更多的是鼓励，这种鼓励，对于一个长期在岗位上走动的人来说，是非常珍贵的。

时不时就看陈建伟先生的微信朋友圈，也转发了他很多的微信文章，总是忘不了去点一个“赞”。他爱晒美食，有时亲手在家里做，有时在餐馆里吃，总忘不了炫一下；有时候是在塞车路上吃面包，有时候是拉着华南师范大学的学生一起到学校去观课议课，有时候半夜还要上网课，有时候是去各学校做语文课题立项、评审专家，有时候直接面对几千人开讲座，就我的了解，这几年他去过深圳、东莞、中山、佛山、肇庆、广州、增城、从化等各中小学校，真正地实现了他自诩的“珠江三角走”，其实，先生还积极参与了“港澳台、北上广”等诸多语文学术团队。他的微信，常常是凌晨推出来的，我们不断关注陈建伟老师，越关注，就越感佩！

据我所知，陈建伟先生三年前就应该退休了，而按照实际情况，他其实是退而不休，有些常规工作，有的直到他去世前才交接，他走向基层，也是最近几年才那么投入，他常说，我一年跑几万公里，到过小学、中学和大学，到过科研机构，开过小灶，上过大课，眉头紧锁过，开怀大笑过……在我的永恒的记忆里，他背着包，总是行色匆匆，好像有忙不完的事情等着他，的确如此，他有太多的事情要忙。

咱们广东语文这一块，底子比较薄，学生喜欢英语的程度远比语文强，再加上广东地域教育水平参差不齐，教师的素养千差万别，广东的基础教育改革，风云际会，但是落到实处，很多地方无法实施，一度百废待兴。他曾积极参与新教材的编写，积极推展粤派语文，积极践行先进的语文教育教学理念，最近几年，在省教育厅与华南师范大学文学院积极努力下，广东的语文教改、科研呈现出可喜的变化。这些变化，陈建伟老师就成了当中一个不可或缺的纽带，他很好地链接了大学与高中的语文教育，链接了语文教改的理论与实践。他是一个有情怀、有思想、有热情的语文汉子，他用自己的实际行动，关联了语文教育教学教研的全过程。

也曾看过陈建伟先生饴弄儿孙、饲养花草的微信，总是情不自禁地留一条评论，也曾看过他写给去世老父亲的祭奠文，写得不忍卒读，还曾发现他的微信语言多用网络热词、俗语，觉得陈建伟先生是一个热爱生活、懂得生活、有情有义、有饱满热度的“年轻”人。我和陈建伟先生最后的信息，还是要他在方便的时候，来佛山给我的工作室开讲座，给三中的年轻老师讲讲教师的职业发展。他毫不犹豫地答应了。

陈建伟先生在我们“国培班”微信圈的最后留言，居然是因为我们“国培班”2016 年有两位被评为广东省语文正高级教师，他极力地点了三个赞，而其中一个正高级教师，就有我；陈建伟先生最后一条微信，说的是他在美国女儿家，突然觉得头痛欲裂，要孙儿自己玩一会儿……之后，就再也没有先生的消息，直到春节期间，有老师打电话给先生拜年，才发现先生身体有恙，而之后不久，就接到了先生突然离世的噩耗。

我在得知陈建伟先生离世的消息后，曾连续发了两条微信，其中一条说的是“那个执念广东语文的伟哥走了，从此岭南再无伟哥！”我是这么看的，伟哥对岭南的语文作用是其他人无法替代的，像我这样一个平静淡泊的人，身上就聚集了建伟先生那么多的关注与提携，而偌大一个广东，该有多少优秀的师者，直接或间接地得到过建伟先生的帮助与扶植呢！先生去世后，据我所知，《语文月刊》群、“国培班”班群、“省百千万”微信群、“省特级、正高教师”群，都几乎成了一片哀悼的海洋，我们每个人都对先生的突然离去，表达着同样的深深不舍与哀悼！

今天，我写这篇小文章，其实是想写我生命中的一个大人物，我天生愚笨，写不出华丽靓丽的文辞来赞美先生，我知道先生是务实的、走心的教育人，所以情到深处却苍凉如水。我说过，我是走江湖的人，怀抱着简单的教育追求，一路风风雨雨走过，像我这样的人，往往孤守着学术的寂寞与教育的清凉，有时会被世人忘记，不曾被人记起，但是在自己的生命中，常常又被一些有影响力的人所感染，于是我的生命价值观不再卑微，我常常检视我自己，在教育的生命视域里，我该何去何从？

是先生，以纯挚的人格、执着的信念、坚实的脚步、如火的热情深深影响了我，广东的很多老师，也因为先生曾经的脚步，满怀深深的感念，进而化为前进的动力。雄关漫道，是您让我们更加坚强，山高水远，是您不息的风范。最近看过一部电视剧，叫《三生三世十里桃花》，讲的是浪漫的爱情，我觉得这个标题配得上建伟先生对中学语文教育教学的爱。可以这样说，在先生的心中，整个广东语文就是他心中最唯美、最浪漫的桃花，他应该爱三生三世都不够！伟哥，先生，天堂里依然有车来车往，依然有杏坛花开，依然有不息的轮回，在那里应该永远没有疾病的困扰，伟哥，先生，一路走好！

附：陈建伟，从事高等师范院校语文学科课程与教学论的教研工作，原为华南师范大学文学院副教授，教育硕士研究生导师，语文教育中心主任，并任广东省中小学教材审查委员会委员，广东省基础教育学科教学指导委员会专家（语文），广东普教系统“百千万人才工程”指导中心导师，广东省教育学会中学语文专业委员会副理事长等职务。于2017年2月辞世。

♪ 音符5　教师节与中秋节的感动 ♪

感动一：原高一（1）班全体孩子在9月10日晚上神秘地叫上我，在学校体育馆门前给我一人开了个短暂的教师节晚会，班长和体育委员［现在是高二（24）班的班长］组织。第一项，体育委员居然采用半跪的方式将高一（1）班班牌和一年来的10余张班级奖状赠送给我；第二项，全班57人齐唱班歌《永恒一班》，歌声回荡在整个校园，我也跟着唱，我们都唱得泪汪汪的，其他班的同学都会聚了过来；第三项，全班每个同学和我拥抱一下，我们都哭了（因为一班最终还是解散了，分散到四个实验班去了），我一个湖北汉子，很少流泪，这次却被学生感动得哭了。我说，你们一定要发扬一班精神，将四个试验班都变成我们心中永远的奥班！两年后，胡哥再来体育馆前，再次见证我们伟大的一班！随后，班长送给我一本蓝色的笔记本，班长说，老师，你要好好珍藏，这里面有我们57个孩子最真挚的声音，我们不会辜负您的期盼。我再次被学生的真情所感动！

感动二：原文科班的学生敏子，暑假期间给我绘了副十字绣，在教师节那天转送给我。我非常感动，这幅十字绣30 cm×50 cm见方，绣得非常逼真，敏子在留言中说：胡哥，我不是一个特别优秀的学生，考的大学也是三流的大学，但我一点儿也不后悔，因为，在高四那一年，我遇到了您。您收到我的礼物的时候，我正在上学的路上。这幅十字绣，是我一针一针缝上去的，心里满是感激与敬意，希望您能喜欢。看了敏子的留言，再看其作品，作为一名语文老师，我再次被深深感动。

感动三：来自浙江的杨猛不远千里给我寄来了一盒月饼。刚好在教师节那天收到，杨猛是我教过的最懂事的学生之一，真正属于那种“滴水之恩，涌泉相报”的那种，自从他考取了大学。每年都收到了他节假日里的礼物，从不间断，而今年更是特别，他参加工作了，居然给四年前教过他语文的老师寄来了一盒月饼。他说，老师，我想给你一个惊喜。普通的一句话，我却一夜难眠。

感动四：原高一（11）班的孩子们。现在分班了，他们特别想念我，先是一个宿舍一个宿舍地给我写节日贺卡，后来直接演变成了每逢下课便“围攻”我。9月10日，上午一下课，课间操时间我正在办公室闲聊，突然一个学生偷偷进来跟我说：胡哥，跟我走。我乖乖跟他出去，结果一下子就被40多个11班的学生围住了，说：“胡哥，笑一个我们看，我们都想死你了。”我连忙用双手搓搓脸庞，其实，眼里酸酸的，幸福得特别想流泪！

感动五：高二（23）班的各色贺卡。我现在是（23）班的班主任，是个实验班，（23）班的小孩乖巧懂事，特别黏老师。教师节，我们科任老师统统收到了孩子们精心准备的自制贺卡，非常有水平，简直可以当作工艺品了，有青蛙、有房子、有千纸鹤、有山水画、有幸运星、有横幅、有心形图等，每人一个花样，真是人见人爱、感动非凡。

感动六：高二（11）班、高四理科班的孩子电话和短信，以前毕业的学生短信和留言。这一年的教师节和中秋节，感动太多，不能一一回复，不能一一厘清，所以只能借博客这一狭小空间，一一表示真诚感谢，感谢你们对老师的爱，胡哥会一如既往，以更完美的姿态，去影响去成就一片更精彩更辉煌的未来！

♪ 音符 6 关于理科学生罢考的事件 ♪

今年暑假，我给培才学校的两个补习班上语文课，补课结束，举行一个月考，第二天我去监考，突然发现 80% 的理科生聚集在教室走廊上，他们罢考了。

因为他们听说，胡哥打算不教补习班了，为了挽留胡哥，他们不得已这样做。

我很吃惊，却一点高兴的意思也没有。

开学后，我要当时罢考的学生写一份检讨给我。

我的理由是：

1. 罢考是对学校的极不信任；
2. 罢考是对学业的极度轻视；
3. 罢考不是解决问题的最好办法，只会使问题复杂化。

看了学生的检讨，发现学生反映的问题集中有三条：

1. 因为得不到好老师，所以罢考；
2. 因为复读一年，所以要求有更好的条件；
3. 因为为前途担忧，所以有冲动之举。

一个星期后，我跟学生说：

1. 你们喜欢胡哥，我很高兴。
2. 冲动是魔鬼，罢考是某种意义上的无知。
3. 做人、处世，都应该讲究方法。
4. 学会做一个让人真正感动的学生。

♪ 音符 7 北国楚燕写给我的信 ♪

此文，谢谢我的恩师，怀念一去不返的岁月，重拾一种信念与激情。

我是一个喜欢文字但不怎么具备文字表达能力的人，虽然还曾当了从小学一年级至高三的语文课代表。

一直想开个博客，又不想制造垃圾。

昨天，很意外地，通过无数链接，居然找到了胡老师的博客。时间不多，看了几段文字，一些封存的记忆很快被打开。很激动很激动。下决心也开了这个博客。不管它能存在多长时间。

就像老师说的，既然我们经历过，就应该有勇气去面对。不为什么，就是希望我们的人生，有足迹存在。

一晃四年。四年前潇洒深沉时而嗔笑时而怒骂的胡老师历历在目。四年前的拼搏汗水坚韧渴望仿佛就在昨天。

现在的我，学业、工作、感情……一样一样，繁杂而无序，每一次选择都是那样的痛苦和艰难。或许这也是生活。我需要勇气、信念、坚强和自信。

现在的胡老师，还是我奋斗的榜样，还是我永远追随的精神家园。

我要努力，做一个能让老师骄傲的学生。

——燕子　2007 年 12 月

附：2004 年燕子写给我的信（节选）

胡老师：

您好！我现在在天津千里迢迢地给您写信。今天是 9 月 10 日，校园里突然多了几束鲜花多了几句问候，突然记起今天的节日，继而想起恩师您，在这里，我先祝您节日快乐！

我们学校开学很早，而且一进校就开课，其紧张程度不亚于高中，因为我们同时学习中医和西医，不到四年内必须修完四十多门课程（不包括选修课，其他一年多时间须到医院实习）。通过几天的入门教育，突然觉得很迷惘，感觉选错了方面。我们的课程重、多、杂，而且中医是越老越有价值，连续几门课的老师都说，我们这批人绝大多数都得考研，要不然，没什么出路。这让我很为难，因为我还有一个十岁的弟弟。父母也没固定收入，他们几乎用全部的钱供我上学，并期望我尽早辅助弟弟上学，而我居然选择了一个赚钱最慢的行业，我并不想考研，不是不想学，而是条件不允许，所以我特别苦恼，想起以前有什么问题都请求您的帮助，现在我更迫切地想有个人帮我分析分析，胡老师，您能把您的观点和建议告诉我吗?

天津的物价水平较低，生活费比高中还便宜，但这边的面食都黏糊糊的、淡淡的，特别不习惯，水也有咸味，同宿舍的同学往家里打电话一个个都哭得稀里哗啦的，唯一我没掉眼泪，我向来报喜不报忧，即便和父母说了，也解决不了实际问题，但种种不适应无法发泄，所以感觉特郁闷。所以常常在梦里，梦见我又规规矩矩地坐在那里，听您在捶讲台，拍黑板，醍醐灌顶，梦见我枯燥、难忘、又忙又乱的高三，那清清纯纯的高三；以前做梦都想逃避现在却做梦都想回去，想再听一听您的教诲，感受您的智慧与儒雅，可每当梦醒，却是无尽的失落，失落之余，我就拿出您的《2004 真爱无言》来读，它就像我的兴奋剂和清醒剂，让我更加理性地面对现在和将来。有一次，我给同寝室的同学讲了几个关于您的故事，她们都说不可思议，然后就羡慕我居然有这么好的运气遇见这么好的一位能影响一生的老师。

是的，胡老师，您的作风，您的观点，您对生活的态度，时时刻刻都在影响着我，想着您现在教的那些清清纯纯的学生，就觉得他们特有福气，真不知什么时候我还能听您讲一节课呢？

情长纸短，千言万语尽在不言中，我希望我的胡老师永远年轻，凛凛生威，风度翩翩！

♪ 音符8　全班合作的诗歌 ♪

小引：2007届高一（1）班是提前批录取的奥赛班，班里精英荟萃。通过一年历练，师生融为一体，班级也呈现“团结、亲密、纯洁、向上”的动人局面。通过一年的学习，班级也诞生了各种文学“流派”、各种“政党”、各种“文化”。下面是由班级里的“骨架诗派”牵头，组织学生集体创作的一首古诗，里面巧妙涵盖了班级57名学生的名字（或者谐音或别称或略称），当然，也包括班主任心桥老师，诗后附有按先后排列的真实姓名，可对照阅读。

卧龙吟－登心心桥

［高一（1）班集体创作］

峥峥南山高，寸羽难越超。
云翔石乃俊，雪积路且遥。
山下海澎湃，海清日夜潮。
日出东国晓，金风拂夜涛。
独坐澄篁里，林深闻猿嗥。
晓欣春蔷媚，夜赏秋雨啸。
夏至山林蔚，冬来锦松高。
桦木挺云傍，小鸟闹梅梢。
榕上青云过，土前雏凤鸣。
临川饮牛闲，涧前嘶羊惊。
华上舞贼笑，虹下仙人宁。
山路氤氲处，喜立品华茗。
穹宇鸿飞远，莽原金狮灵。
豪情敢开洲，志健当擎星。
扬伟凌浩然，培名超群英。
跨骐骊追风，率文武登顶。
建勋真男儿，不辱百载命。

生当百世杰，死亦魂周萦。

骨架横端正，辕场独伶俜！

附班级学生名单：

龙宏伟　心桥老师　黄争争　陈南山　刘付羿　陈越超　李翔云　林桂石林乃俊　高雪姬　陈海鹏　潘海清　赵冬东　劳国晓　李金锋　符业涛　郑成煌　陈林燊　梁员豪 钟晓欣　黄春强　陈晓媚　陈华梅　郑雨秋　何林蔚　钟松锦　陈华木　陈挺　蔡瑞昭　苏榕　陈尚钦　杨土权　苏凤明　陈凌川　钟尚桦　柯斯洋　李虹　谢仁宁　陆茵　黎立喜　孙华明　陈宇鸿　陈远　温金诗　李开洲　卢志健　杨伟明　戴子浩　徐培明　吴超强 姜琪 陈本纹　简武荣　李国勋　何世杰　周昕暐　占智才　赵元昶

♪ 音符9　全班写给我的留言（节选）♪

7月5日改学生的课外摘抄，按惯例只是检查，今天交上来的是高一（11）班孩子的，这个班是个地区班，来自湛江市的下面的县市，我只是带他们的语文课，不做班主任，可是今天的摘抄有点奇怪，因为这可能是本学期最后一次摘抄了，许多孩子都在摘抄本上给我留言，因为下学期他们就分班了，他们给我留下的这些文字，我是边读边敲进电脑的，读完了我心里很不是滋味，大家说说，这样的学生怎样？（2008年7月）

一、寄心桥

（一）坚守

你的头发白了，是雪——终有一天！

你的身躯弯了，是弓——终有一天！

那雪花是岁月沧桑为你撒下的鲜花。

那弓是时间老人为你储蓄力量。

老师，你在坚守，坚守铁树开花。

我们就是你那弓上的箭，弓为箭而弯！你自豪地把我们揣在怀中，踏上你的寻梦之路！

回想起初来乍到的我们，写出的第一篇好作文是你最值得骄傲的作品，却也是你头上的又一根白丝，是你眼角的又一条皱纹！

我们是你人生路途的动力，是你生命的发光点，你不辞辛劳地日夜奔波，是在人生的棋盘寻找自己位置的学者，你在寻梦，我们在追梦！

你的梦想是两朵鲜艳的花，开在灿烂的阳光下，你希望我们学有所成报效祖国。

你的意志是坚定的，像是一位坐在江边垂钓的老者，用一只硕大的钓钩等待一条罕见的大鱼，你守着江边看潮起潮落，看天边的云卷云舒。

你仍在坚守！

老师，你知道爱因斯坦“认真 + 奋斗 + 坚持 = 成功”的万能方程，你也懂得“有志者、事竟成”的名言警句，但可贵的是你却用一支粉笔、一块黑板、一个讲台诠释了一个老师的坚守。

老师，你是站在高山上的智者，用博大的胸襟俯视走过的悠悠岁月；你是不畏艰险的探险者，用一种坚持的信念在寂寞的荒原里寻找生命的绿洲。

阳光总在风雨后，你坚信。

你拿起手中的盾牌，像是英勇的卫士，站在我们心中，坚守，坚守着一个人类灵魂工程师的神圣职责！

（二）

如果我是一条鱼，您便是那广阔的海洋；如果我是一棵树，您便是那美丽的阳光；如果我是一只鸟，您便是那茂密的森林。

您是一棵挺拔的树，曾结过成熟的果实，岁月在您身上镌刻下苍凉的年轮，身旁却崛起一片森林。

将近一年了，数不清对您的怨：怨您月月太操劳；怨您日日太煎熬，那么多的作业非要在一夜改好？怨您时时太单调，总是跟一个个蛮小子打交道?!

您是酸，我是醇，通过酯化，师生情谊更牢固，虽然我们像出巢的雄鹰将要翱翔“高二”，但是我们的感激与思念会直到永远！

一群群小鸟飞走了，挥挥手道声再见，憨憨地咧嘴一笑，没留下一点点酬报，却把顽皮、伤心塞进您的大脑，不知您扔得掉扔不掉？

一年来，可口的凉拌文言文、清蒸现代文、水煮唐诗宋词……让我们大快朵颐！您知道盛宴必散，临别时您又做了一道道佳肴，深情叮嘱：路还长着呢，饿了吃！

我不是您最得意的学生，您却是我最崇拜的老师。这辈子最幸福的事就是做您的学生，我本想收获一缕春风，您却给了我整个春天！

敬爱的老师，并不是在这即将话别的日子才想起您，而是在这个日子特别思念您！

很想有一天，驻足喜马拉雅山之巅；真想有一天，让地球围着我旋转；还想有一天，可以拥有超越时空的爱恋；更想有一天，能够与您重续师生缘，“混”完高三！

心愿是风，快乐是帆，祝福是船，让心愿的风吹着快乐的帆载着祝福的船，飘向敬爱的老师，让我们擦干泪，真诚地道一声：祝老师一生平安！

（三）与心桥共醉［高一（11）班　林世杰］

月下设宴，小菜几碟，醇液数坛，邀心桥共饮！惜别举杯，离愁几许，幽怨几何，与恩师同醉！

弹一首地老天荒
共一曲山高水远
此刻你我共饮
不为青梅煮酒论英雄
但求浊酒三饮同醉

茅台一杯
采撷一波浪涛
编织你飞动的目光
五粮液两盏
收集一捧星光
点缀你微露的秋霜
诸葛酿三樽
挽留一抹斜阳
定格你醉人的微笑

回想当初　乍到湛一
石破　天惊
秋雨吓得骤然凝在半空
这时 我乍见（11）班窗外
有教师徒步自走廊来
携一电脑包
裹一身西装
踏数朵流云
人未至　沉稳的皮鞋声
如羲和敲日的叮当声
哦！就是你——恩师心桥
好一位书生
犹如一支深邃的狼毫
敞开的双袖　随风
涌起千顷波涛

至此　已过一载
俱往矣
来来　再饮一回
温一壶新酿的花雕
自唐宋而元明清
最后注入
你我这小小的酒杯，饮！
我试着把一载来你的教诲
鼓励　塞入一只酒瓮中
喝着竹叶青
摇一摇　便见云雾升腾
汉字醉舞而平仄乱撞
只道是
懈怠时　你告诫
莫等闲　白了少年头　空悲切
失意时　你鼓励
山重水复疑无路　柳暗花明又一村
浮躁时　你提醒
静以修身　俭以养德

无须太多辞呵
再复饮　今夜不醉不罢休
举杯消愁　愁情往事别放心头
千金换酒　但求一醉
三杯通大道
一斗会自然
玉冰烧　女儿红
剑南春
人之一生能向月下醉几何
临月把酒颡风
月下虽无刀光剑影
却也醉眼迷离
醉卧之人宠辱皆忘
世态炎凉尽空
且来烈酒二窝头

放浪我豪情万丈

一壶酒　一轮月
一路狂舞　一路豪饮
虽饮不出唐诗中的谪仙
舞不出一颗大唐前的剑胆
但不是粉饰　不为褒名
沧海一声笑
只求今夜醉

万卷古今消永昼
一窗昏晓送流年
饮一杯正宗中国长城葡萄干红
你我此刻共醉
虽道今夜醉　明朝散
师生缘不断
醉意在酒间荡漾
情缘皆在不言中

二、这只是开始

胡哥，在高中之前，也就是遇到您之前，我真的没觉得语文也是一门学科，但是胡哥您给了我完全不同的感觉。

我的记忆与“语文”这个名词唯一有联系的大概就是我小学和初中时读过的那大摞名著了。那大概是三年级时，我第一次读到《三国演义》的缩略本，而后就迷恋上了，后来，就找《三国演义》的原本来看，可是也难为我小小年纪就把那夹带文言的《三国演义》读完了，实在是酣畅淋漓，直呼痛快！接着，就一发不可收拾，中国的古典小说基本被我看完了，“三言”“二拍”四大名著，不过，我追求的都是故事情节的本身而不是语文的魅力。

可是，胡哥带给我的却是完全不同的感觉。这就是语文学科的魅力。

“语文就是语言与文学，工具性和人文性”，这是胡哥对语文的独特思考，或者是对“语文”的精辟见解，胡哥是这么说的，也是这么教给我们的。

当所有语文老师都在用同一种教学模式：分析文章结构、概括文章大意、归纳文章中心，而胡老师所讲的每篇课文，皆是引导我们领略文章的魅力、深入探究文章背后、感悟人文精神，这才真真令我感到语文的魅力所在。

“你们到高三时，就会知道胡老师的厉害”，一句与其说是胡老师的自我调侃，不如说是胡老师对自己的一番肯定与宣言。的确，胡哥渊博的知识令学生敬佩不已。《静字千金》一文更是让我看见了一位走在潮流前沿的胡哥，而某一天早上6：50我企图把迟交的作业神不知鬼不觉地放在胡哥的办公桌上，我更是看见了一位兢兢业业的胡哥，心桥，这位来自湖北的汉子，正在把他的一腔热血洒于这片红土地上。

胡哥，这一年里，我学到的东西很多，甚至超过了初中三年的总和！但是最重要的一点，是您激发了我学习语文的兴趣，语文的魅力是无穷的！

我一定会继续努力的！

水气到达了天空就成了彩虹，蛹到了生命的尽头就成了蝴蝶。高一，与胡哥生命轨迹重叠的一年，就快要结束了，可是这远远不是结束，这只是开始，既然开花了，那么就一定会有美丽的春天！

——高一（11）班　陈戈傲

胡老师：谢谢您一年来对我们的栽培。说句真心话，您或许是我们遇到的所有老师中最具有魅力的老师了。第一天上课您的课，就被您幽默的谈吐、渊博的知识，以及讲到深情处手舞足蹈的样子深深吸引。您把我们引进了语文天地。在这里，语文不再是枯燥乏味的，它从此有了属于它的色彩、它的生命。

在杂志上，经常看见您的大名印在上面，散发着油墨香，我就从心底暗暗赞叹，这该是一个多了不起的人啊！有时候我甚至会暗想，要不要选文科，争取更多的机会可以坐在教室里，继续听您讲课，让我们沉醉在一个又一个梦中。

真的好希望高二、高三仍能与您共游语文世界，虽然我报的是理科。

我想，无论多少字、多少词、多少话都无法表达我们内心深切的敬意，一年的时间，却让我们学到了比过去学的东西更多，这并不是夸张。此情可待成追忆，更愿有缘与心桥共续师生情！

祝您：工作顺利！出更多的书，让我们一饱眼福！

——高一（11）班　杨婷

♪ 音符10　让我感动的胡老师 ♪

高一的时候，带我们班的是一位男老师，姓胡，教语文的，来自湖北。跟着胡老师一年，我在他身上学到了很多，很多。从来没有一位老师，在教学和做人上，给我如此大的影响；从来没有一位老师，让我有过如此深的感动。

我记得，我从胡老师身上最先学到的，是认真和坚强。这两种品质，深刻地影响着我。

胡老师是个非常认真的人，真正的一丝不苟。他常说的一句话说："要不就不做，要做就做到最好。"军训的时候，他穿着和我们一样的军装跟在队伍后面走；他蹲在宿舍前我们擦了几遍的走廊上，把头发丝一根一根地捡起来；他要求我们课前一定要预习，教过的古诗文要全背下来，如果有人没完成，他是绝不敢正视老师的眼睛的，而书上的课文，老师都会背；他要求我们每天做摘抄，打着格子，"一笔一画，横平竖直"地写，我见过他自己的摘抄本，厚厚的三大本，密密麻麻，但是工工整整——他对我们严格，对自己同样严格。"要不就不做，要做就做到最好。"的确是这样的，很多事情，胡老师要求我们做的，他也一定会做，做得很好；即使成功的希望不大，他也一定会做，做得很好。他曾对我们说："只要有百分之一的希望，就要尽百分之百的努力。"他常眯着的眼睛中透着坚定，他的坚持和细致感染着班里的每一个人，他教我们以认真的态度对待人生，"要不就不做，要做就做到最好"。

胡老师就是这样，以他的认真赢得了我们的敬佩，而他的坚强、他教我的坚强，最让我感动和尊重。

胡老师不是一个天生的乐天派，但从他的一些话、一些文章，我们知道他一路走来很艰难，可是他极少和我们提起那些伤感的事，即使提起，也是轻描淡写。胡老师是一个人来湛江的，他的整个家，还在湖北。有时我们会小心翼翼地问他："老师，您……想家吗?"每每此时，老师都不说话，很久，才沉着嗓子说："想……但是老师有你们。"这个时候，老师总会眯起眼睛，我不知道他是不是眼红了。数学老师把她儿子带回学校，胡老师老远就瞧见了，跑过来把小孩抱在怀里，说："我们家小男孩也这么大了。"说完就笑了。那是他来湛江后我第一次见他笑得这么开心。我也笑了，可是慢慢地眼睛就蒙上了一层雾。

胡老师常说："我对你们怀有不同寻常的希望。"

胡老师在网上为我们班建了一个同学录，他温柔俏皮的话，只在同学录上说；只有在这上面，他才不那么孤独。2004 年行将结束的时候，胡老师将一组他的照片发到同学录上，最后一张，是他的个人照，微锁的眉头，微眯的眼睛，微扬的嘴角……末了。他说了一句话："胡老师老了，好好爱他吧。"看完，我早已泪流满面。在我们面前，胡老师是那么的坚强，坚强得让我们有了精神的支撑，坚强得不露一点疲惫和脆弱；当一个坚强的人把他心底最柔软、最温热的部分捧到我们面前时，他依然坚强，而我们，再坚强的心也融化了。

一个人一生也难得遇上几个好老师，我很庆幸在我人生最重要的三年里遇上了您，胡老师，您教我的，我一生获益。谢谢您，祝福您，我的好老师！

（写完这篇杂乱的文章，仿佛和您重走了一遍高一岁月。才发现身边熟悉的人，才是最难描摹的对象。当过去的点点滴滴重现脑海时，我才发现每一件事都是难忘的，每一件事都让我百感交集。）

♪ 音符 11　悦悦毕业后写胡哥 ♪

曾经
你是奥赛班的班主任
我是奥赛班里最让老师头疼的学生
好像我总是做着破坏班级学习气氛的事情
其实
我并没有那样的用意

记得有次我去你办公室
究竟是为啥去我忘记了
反正不是什么好原因吧
你儿子和你的对话
爸爸，这个姐姐成绩好吗？
——姐姐成绩很好的啊
不信，她又不是班长
——可是姐姐很能干的
我记得大概是这样的对话吧
然后我从办公室回到教室坐下后就开始流眼泪
好希望能真正成为你口中优秀的学生
其实我一直都在努力
能相信我吗？

记得你大声在公开课里读我的诗篇吗？
记得你和我的姐妹说过其实你觉得对不起我吗？
其实我知道你为什么在华南师范大学的学生档案里找到我的电话却没有打给我的理由
因为我从来没有告诉你一句

谢谢
真的谢谢
谢谢你从来不曾放弃我
谢谢你最终还是记住了我的笑颜

胡哥
现在的悦悦
她虽然就读华南师范大学
但她没有成为一个把微笑带给学生的老师
可是她在读金融专业
或许会把微笑带给客户
她有一个夏日般灿烂的大学生活
她还是会常常回忆起高中的那些细节
她觉得她能用心去记得这些细节真的很好
虽然有时她会像一个想太多的孩子
但是我觉得我很满足
因为幸福来源于自足

只要你要　只要我有
（18）班我主持的班会课里，我写在黑板上的主题
现在我还是在坚持着这样的原则为爱我的人做着我力所能及的事情
是你想看到的样子吗？
我的恩师

第二节　序跋及其他

♪ 音符1　专著《100个大学生的来信》自序 ♪

这是一本为我曾经的学生出的书。他们是一群曾经辉煌过、现在正在读大学，或者已经参加了工作的年轻人。这些寄给自己老师的书信，都有大学背景。他们曾经都在同一个语文老师或者同一个班主任的课堂里做着五彩缤纷的梦。我把这些书信久久珍藏，花了将近10年时间，10年辛苦不寻常，10年桃李满天下，出这本书的目的，也是想将这本书作为一个平台、一个纽带，奠定一个属于“心桥”家庭的永恒空间。这个世界，我们总脱离不了联系，而高中阶段，是人生最为美好的、最能调动诗意回忆的惬意时空。也

许，学生当初通过长长的邮途，寄给我的是一段心情、一种心事、一副心态、一份心喜、一团心忧、一则心愁、一粒心志、一点心语、一处心怀、一片心香……现在的大学生都不会写信了，要写也是写手机短信，远没有白纸黑字来得亲近、来得真实、来得感人了。所以，我有必要将这些真真实实的墨迹，加以必要的整理，让这些鲜活的文字，去再现当初我们心灵相通的美妙时刻，让更多的心灵，得到人生的启迪与生存的睿智。

这是一本为现在中学生出的书。在这样一个榜样缺失的年代，中学生已经很难找到真实的榜样轨迹了。家庭独生、学校严管、社会严防，已经让我们的中学生把很多正面的教育都看成了一种形式，这是非常可怕的。通过大学生弟子给老师的来信，中学生不但可以形象直观地感受到高中生活应如何度过，而且还可以近距离地感受这些大学生们当初的理想以及为了理想而付诸的行动。这些，可能有时比教师单纯的说教更有说服力。而且，大学生们对教师的感恩心情，或者对母校的美好回忆，都能够矫正现在中学生自以为是、心安理得的不良习气，能让中学生在秉承传统学习心理、道德风范的同时，更健康顺利地成长。

这也是一本为当代大学生出的书。当代的大学生，处在社会商业化、经济全球化的浪尖，是最容易受到影响的特殊群体。一方面，他们担负着传承文化的重任；另一方面，肩负着建设社会的期望。究竟大学生该以什么心态去面对大学的学习与生活，或者说怎样度过大学四年才富有意义，对这些问题的研究，无疑是非常有意义的。而面对学生的来信，我的回信、点评或者思考，应该能够作为一条有效的建议伴其成长。作为中学教师，我们常常注重了初中与高中教育教学的衔接，而忽略了高中与大学之间的衔接，这是不对的。在大学做兼聘副教授期间，我明显感觉到了大三学生在学习与生活、生活与社会实践之间的矛盾与困惑，这和高中教育是不一样的，高中教育真可谓“为了学生的一切”而存在的，可学生一旦到大学，大学的开放式或者半开放式的管理，一下子让我们成绩最好的学生也不知所措，等到自己调整好了大学心态，已经白白浪费了很多时间。因此，这本书的问世，可以给大学生们一些关于生活与人生的建议，得到一些源自高中教师的热切解读。

这还是一本为当代语文老师出的书。我一直认为，语文老师是最幸运的，他能够非常本真地贴近青年学生的心灵，没有哪门学科的老师能像语文老师那样每天完成读学生的“随笔、周记、摘抄、感想、心得、体会”等众多的纯“任务”性的工作。我也一直坚持认为，语文老师和其他老师是不同的，其他学科的老师更多的是传授知识和文化，而语文老师更多的是培育学生的情商，从情理深处激活并养成学生的人生观与价值观，从各种文本习得中提升其审美情趣和道德涵养，语文老师的工作，更侧重于人的终身发展，对培养学生良好的心志与高尚的灵魂，起到至关重要的作用。他们进入大学后，很多已经不再学习“语文”了，很多大学都不开设“大学语文”，所以高中语文老师的责任就更重要了。通过大学生们给他们高中语文教师的来信，我们可以直观地了解语文在学生心目中的地位以及语文老师在其人生成长途中的特殊作用。这无论是对于本人还是对于其他语文老师，都具有很好的鞭策作用。

这同时也是一本为班主任出的书。这些书信的作者，大多是我做班主任时的学生，他们当初或勤奋，或散漫，或开朗，或真诚，或坦率，或幼稚，或天真，或无私，或高远……作为一个全身心付出的老师，感触是最深的，因为没有哪个国家的班主任像中国的班主任这样，终日为之付出与牺牲。大道无形，真水无香，班主任总在潜移默化地感化学生，非得经过时间的洗刷，最后才见一个个孩子的精彩。班主任工作，是不问功名的，也是最无私的，而这种透明的爱，最能见重量与色彩。做老师，我常常认为第一是要做语文老师，因为它是终身的，第二就是要做班主任，因为它是这个职业的精彩处。而一个班主任的精彩，不能靠旁人的评说，而应看我们教育对象的深情馈赠。这100篇书信，经过本人多次遴选，比较形象地再现了一位班主任的曾经和现在，以及值得期待的未来。因为写信的人来自全国各地，因为真实，所以珍贵。

最后，这是一本出给自己的书。教师自身的成长，离不开学生的参与，学生与老师，共同解读着教育的真义，从教这些年，年年岁岁花相似，岁岁年年人不同。学生十七八岁的年龄因为一个陌生老师的突然闯入而生动；已成年的老师却因为一群群学生的到来而分外别致，所以老师的日子与时间突然就显得特别有意义。对这些书信的整理，其实也是对教师这门职业的另类反思，是对过去时光的缅怀与沉淀，更是对未来的希望与憧憬。在整理编写这本书的过程中，正值广东进行新一轮的课程改革，作为广东湛江一中这所国家级示范高中，作为语文教师和班主任，这本书也正好可以作为校本课程在学校和地方上推广，把这种现实意义彰显得更为明朗些。

因为是书信集，所以没有涉及太多的教育教学理论；因为面对的是不同层面的读者，所以在编辑的时候更多地征求了写信者的意愿，并遵照其意愿对个别篇目的内容进行了必要的改动，对于最后同意其书信出版的这100位弟子，表示衷心的感谢！在整本书的编辑整理过程中，因为水平有限，错漏之处难以避免，敬请各位专家指正！

♪ 音符2　专著《感动中学生的100篇教研论文》自序 ♪

一晃工作近十年了，十年风雨不寻常，细细将自己的作文情结收集整理，觉得主要的收获有如下几方面。

一是建构了自身的作文“和谐”心态。从1996年参加工作开始到2000年，基本上是从学生到教师的转型期。这一期间主要从事学校的校报编辑，主持学校文学社的工作，另外还参与了当时《枝江教研》的编辑工作，主要是学习。大学期间形成的文学心态以及工作初期充分与文字打交道的体验与经历，让我对写作有了更全面、更深刻的认识，学会了怎样站在学生的角度考虑我们的作文教学。尤其是四年的文学社指导老师的工作经历，让我更加真实地关注学生的文学心理与思想内核，在学生作文能力的形成、作文与做人的动态双线的理论构建上，积累了大量的、非常难得的第一手经验与材料。与各种不同文本样式的广泛接触，不同写作体式的相互碰撞，结合自身的写作历程与经验，这时在内心产生一种无法言说的苦痛，而苦痛之后，是月明风清，是豁然开朗，是一种源自内心的对作文“和谐”的驾驭。

二是建构了学生的作文“和谐”技能。从1999年开始，我所指导的学生作文陆续在全国、省市作文大赛中获奖，许多作文教学随笔随即产生并参评获奖。在构建学生“和谐”的作文技能方面，本着“作文是生活的典型化”的理论源头，充分扩大学生写作的视野，增强学生的课外阅读面，并将学生的课外摘抄真正纳入语文教学的课堂，学生的“学”与老师的“教”一齐对准作文提高最本质的核心，将自身的语言积累、材料积累、思想积累化为实际行动。在新课标的背景下，我充分调动学生学习、摘抄的自觉性，仅2004年到2005年近两年的时间，我和学生一起写的课堂随笔作文达40余万字，编辑成了《师生探究文集》，受到了教材主编顾之川先生的高度赞扬，本文集也即将出版。在近几年的全国中学生作文大赛中，学生参与面之广、获奖率之高、积极性之强，是少有和仅见的。学生认为，作文视野增强了，各方面的积累到位了，写作就不再是一件苦差事，而是有一种“不吐不快”的感觉。这样的作文教学理念，学生欢迎，并且受益匪浅。在我所执教的学生中，有5名考取清华大学，7名考取北京大学，现在，学生正以更和谐的作文心态，面对生活和语文学习。

三是构建了作文课堂的“和谐”氛围。作文课难上，更难上好。在作文教学上，我经过长时间的摸索与探寻，找到了适合于自身风格特点的作文教学思路。即“立足课外”“着眼课内”“定点探究、一课一得”。所谓“立足课外”，是说老师在精心准备作文课堂教学的时候，先在课外认真准备相关的学生阅读材料，并在上课之前交给学生阅读，让学生在作文材料的大量阅读中去体味老师作文教学的精髓，同时告诉学生课外阅读积累的重要性。所谓“着眼课内”是说要上好作文课本身。精彩的作文课是最能体现语文老师教学风格与才华的阵地。要充分调动学生的参与积极性，调动老师各方面的积累与素质，是一个优秀教师的试金石。所谓“定点探究、一课一得”是说作文课的切入点要小，钻研要深，理解要透，要尽量克服作文课指导性不强的上课形式，最好是自己根据学生的实际情况，经过自身深入的研究，自己重新编辑材料，寻找作文课的上课最佳切入点，把作文课上得有深度，有才华。从2001年以来，我多次执教市级以上的作文公开课，以及高三复习的作文指导课，多次获得优质课、竞赛课好评。受到了学生、家长包括语文教学的专家、同行的一致赞许。

四是构建了作文研究的“和谐”姿态。对作文的研究，尤其是对1999年之后的“话题”作文的研究，一直是我教育教学的重点。作文研究的基础是有广度的掌握第一手学生的作文，从2001年到现在，我主编了学生作文共三册，80余万字。其中《话题作文全程演练》收入了华东师范大学出版社编辑的《高考话题作文100题》，《师生探究文集》即将发表于中学作文教学博客。在大量接触学生作文的实践中，我自然产生了对作文“教”与“学”的深入研究，以2001年为线，参与编写了关于写作的六部教学、教辅资料，分别由人民日报出版社、珠海出版社、南方出版社、华东师范大学出版社、暨南大学出版社、中国青年出版社出版，全国发行，共30万字；主编了两部高考话题作文全程训练，共30万字；在省级及其以上刊物发表作文教研文章120余篇，所涉及的刊物有《语文教学与通讯》《语文月刊》《中学语文教学与研究》《读写月报》《中学生阅读》《中学生》《阅读与鉴赏》《语文报》《语文周报》《阅读与写作》《作文评点报》《语数外学习》《作文成功之路》《考试报》《广东教育》《中学作文教学与研究》《创新作文》《作文与考试》《广东教育教学报》等，其中多篇在国家级刊物中发表。共计20余万字。在论文评比中，荣获市级以上奖励10余次，2002年还获得全国作文命题竞赛一等奖。2003年在《中学生阅读》杂志上押中2003年全国高考作文，并受到学校及杂志社的重奖，详见该杂志2004年第4期。2003年7月，我被评为湖北省教育科研先进个人。通过研究的不断深入，作文教学与作文影响力也逐渐提升，2005年12月，荣幸地被评为全国中学语文教育委员会“教改新星”，大量的作文教学研究的实践与思考，构成了我最基本的“和谐”作文的姿态。

五是构建了作文实验的“和谐”体系。通过近十年的作文教学与研究，结合新课标，我已经构建完成了作文实验的基本体系，从学生习得作文的元认知，到充分尊重作文教学的基本规律，以及新课程标准的总体要求，荟萃了我所有的作文教育教学的理论与经验，并紧密联系高考作文的命题思路与未来高考作文的走向，将一个庞大的作文实验体系经过我精心的整合，呈现在我们所有人的面前。这个体系主要包括五个维度：一是教师本人的作文教学随笔。以新教育理念和新课标的全新视野，以教师、作家的双重身份深入关注中学写作教学，并尝试颠覆传统意义上的论文方式，以散文笔法，采用系列的形式，以全新的视角对中学写作教学进行本真的人文关怀。二是教师本人作文的本真指导。这一维度站在作文教学的一般规律的基础上，少说教，多示范，少空洞，多务实，将写作的现象与本质的内涵结合，将写作方法与技巧结合，将内涵和外延结合，将读和写结合，以所有已经在省级及以上发表的文章为依托，带给学生、作文教师以耳目一新的感觉。三是关于考场作文的研究。这一维度着眼于考场作文的全方位，进行从审题到立意、从内容到语言、从段落到篇章结构、从内聚思维到发散思维、从求稳到创新等多个角度入手，结合高考作文的走向与高考命题的精髓，进行个性化、操作性强的解读，主要依托发表在省级及以上刊物的文章。四是学生作文必备。从学生大量有说服力的理论与经验文章中化繁为简，选择最能体现学生作文必需的“点”进行逐一突破，也以自身发表的文章为依托。五是老师的下水作文和学生的优秀范文，是一次学生、老师同台交流、彼此欣赏的精神大餐！这五个维度，是本人对于中学作文教育教学的全身心演绎，相信能够带来作文最“和谐”的精神体验！

“衣带渐宽终不悔，为伊消得人憔悴”，中学的作文教学是所有语文老师、所有学生普遍关心的“教”与“学”的难点，是一门博大精深的学问。在对新时期作文教学研究与实践中，本人一刻不敢松懈，常常提醒自己“不待扬鞭自奋蹄”，与时俱进，方能不为时代所淘汰，才能在学生面前“有所为，有所不为”，才能让我们的语文教学，紧跟上新课标的步伐，在改革的浪潮中永远走在前头！因为时间仓促，加上自己的水平有限，本次资料的整理收集多有缺憾之处，敬请各位专家谅解，谢谢！

♪ 音符3 编著《新教材必修文本学生探究文集》自序 ♪

2004年夏季广东省推行的新课程新教材的实验，是在深入贯彻素质教育的背景下，由上而下进行的改革实验，在高中语文实行模块教学的全新理念的指导下，我们深入领会新教材新教法，开展各种行之有效的教育教学模式探究，积极引导学生进行鲜活的语文学习，在师生共同学习、共同研究、共同创造的基础上，我们的实验也渐入佳境，新课程新教材的教育教学的目标实现已初见端倪。

新课程的核心理念是“自主、合作、探究”，充分调动学生学习的积极性，由过去老师主动的“教”变为学生主动的“学”，充分尊重学生的个体特征，立足于学生学习兴趣的开掘与培养，让学生在探究中掌握、认识和发现知识，并在深入地探究中获取学习的乐趣，养成敢于尝试、追根问底的科学精神，而学生自主与合作意识，也将会因为探究的逐渐深入而相得益彰。毫无疑问，我们笃信这些理念必将会给教学带来前所未有的活力，但无论对于老师还是对于学生，这是一把双刃剑，既是机遇，也是挑战。

在教学过程中，我们结合教材合理编排以及手头可用的教学资源，进行了卓有成效的课本资源探究实验，在探究过程中，老师深入研读新课程新课标的先进理念，形成了自己的“细致、周密、有序、深入、有得”的探究模式，并将学生自我探究过程与教师课堂引导建构成双线并进的体系，在师生的互动互学、互助互励中不断前进。所谓“细致”，是说教学安排与要求细致，我们的探究，主要采用摘抄、写探究感想的方式。一是加强学生的汉字书写；二是加强教材资源的理解；三是积累写作第一手素材；四是进行课外研究拓展，培养语文的研究兴趣。可谓一举四得。所以在进入教材学习之前，老师就进行了细致的部署与安排，做到学生、老师心里有数。所谓“周密”，是说我们的推进与评价都很周密，在我们进行以摘抄为主的探究过程中，有周密的周查制度，有周密的小组负责制度，有周密的老师评价制度，也有周密的奖惩制度。老师初始阶段重讲轻评，而后逐渐加强学生探究质量的提升，从而形成探究积极、课堂生动活泼的局面，学生在探究中越来越有成就感，情形自不待言。所谓“有序”，是说我们的探究一是按照课文教材的编排循序渐进；二是探究形式有单纯地吸纳逐渐多样化，比如仿写、引评、感受、演绎等；三是探究内容由教材逐渐向教材涉及的周边辐射，视野更开阔。所谓“深入”，是说探究的内容逐渐深入，由单一的形式研究进入知识、本质的探索，或由表及里，或由此及彼，或由现象到本质，或由果推因，告诉学生多种探究的方法，让学生在理解知识、传达能力的过程中更加如鱼得水，我们的探究形式也因此呈现出百花齐放的局面。所谓“有得”，是说要在学生头脑中牢固树立收获意识，告诉学生探究是一种很个人的思维再现，只要能够“有理有据、自圆其说”即可，消除学生在探究上的畏惧心理，鼓励学生大胆地进行相关的研究，及时地鼓励学生根据老师讲解的方式方法进行研究性学习，时间长了，就有了明显的效果，我们的课堂，也因此格外鲜活，学生能够各抒己见，真正形成老师指引学生、学生启发老师的氛围，老师的“教”和学生的“学”并不是一件苦差事了。老师的课堂促进与学生课外的摘抄探究同时进行，水乳交融，语文教学面貌因此为之焕然一新。

在“表达交流”这一板块，我们结合学生平时的练笔，进行有针对性的训练与提高，人教版的这两个模块，在表达与交流上编得很笼统，缺乏具体的指导性，着重于学生的感悟与提高，这就无疑给老师提出了更高的要求。我们具体的做法是：老师认真围绕训练专题先自己编辑资料，课堂引导学生围绕资料探究，课后形成成果，课堂内再进行交流评价，对于优秀的探究成果积极向外界推荐发表，让学生觉得作文能力与表达能力也会及时得到认定，学生从心理上重视它们，我们的新型作文与表达交流课也呈现出了可喜的局面。“探究”是新课标的精髓，重能力而轻基础，我们就充分利用“梳理探究”的板块，进行相关知识的夯实，老师积极收集、印发相关拓展的资料，形成学生相关知识板块的积累与能力，比如“汉字”“对联”“成语”“修辞”等，我们就和传统教材结合起来，进行“实”“活”相济的训练，让学生在比较大的容量学习中认识到基础知识其实是语文学习的重要内容之一。对于“名著导读”板块，我们主要和文学社研究性学习结合起来，老师先在班上启发引导学生，奠定学生读名著的基本兴趣，通过文学社员的带头作用，积极在班上营造读名著、诵名著、研究名著的大气候。比如高一（1）班，报名参加文学社的学生就高达 43 人（全班 57 人），第一学期我们在文学社开设了《论语》的研究性学习，同学们积极性非常高，有很多同学写了探究性的文章，购买了大量的课外名著，而这一现象，在一个以理科为主的竞赛班是很少见的。

有人说，实验总是有牺牲品的，我们不反对，但我总觉得任何实验都是要一定勇气的。广东省这次进行大刀阔斧的教育教学改革，我们觉得至少在语文这一块无疑是走在了时代的前列，这种全新的教学理念已经逐渐或正在体现它的生命力，也正在为广大的学生和家长所接受。湛江地区，采用的是人教版的新教材，这与广东省其他地区采用省版教材具有异曲同工之妙，省版教材更注重省内的教学实际和学生的实际，具有一定的区位优势，而人教版教材更注重学生的人文熏陶和文化引导，在课文的选择上有较大的不同，但采取的姿态是一致的，其本质是一致的，我们并不感到有很大的压力，相反更具有两者相互学习、相互比较的直接可能，可为广东省的新课程改革提供参照的依据。

综观我们所进行的语文教改实验，我们觉得在以下几个方面的因素特别重要：一是对老师的教育教学方面，提出了更高的要求。首先就是要有过硬的专业功底，进行新教改实验，老师要具有独当一面的能力，要能在教学中当好主持人，做好引导者，需要厚实的专业知识作功底，具有充分熟悉教材、研读教材的能力，并能积极调动学生进行深入、合理、到位的探究分析，这就需要有一定的理论基础、研究基础；其次是要具有较强的资源收集、整理、利用以及调配能力，新教材的教学内容信息含量大，对学生的要求高，学生在学习的过程中必然对资源的需求加大，老师如何利用各种语文资源（包括网上语文资源），将之很好地铸注到教学实际中，已成为一个重要的课题，我们格外重视这方面的工作，一则可以激活课堂，二则可以提高效率，三则可以拓宽学生视野，师生都很受益。最后是要具有实验教师的教学实验意识，包括对实验计划、实验过程、实验结果、实验评价等各方面的信息收集、分析、处理的能力，要把新课程改革作为自己身体力行的责任，用理念去进行科学的操作，并能及时地将反馈的信息形成实验的资料，进而形成实验成果。

二是在学生的“学”方面提出了更高的要求。首先是很明显地要由被动变为主动，要及时改变对学习的态度，在学习中提倡自觉、自主、自动，变苦学为乐学。其中尤其对学生的自觉性提出了更高的要求。其次是要配合老师充分理解新课程的实质，积极调整自己的学习方式和方法，使得老师的“教”与学生的“学”形成充分的合力，让实验过程更加和谐。最后是对学生的合作意识进行了强化，新课程的理念中比较重要的一个方面就是要加强学生的合作意识，对于一些探究的内容，无论是动口、动手还是动脑，一个学生个体有时很难完成单独的课题，需要集中一个小组甚至一个集体的智慧，在合作中有分工，在分工中有合作，从而形成一种团队意识和团队精神，这一点也很重要。

这本集子，是老师和学生在高一第一学期认真“教”与“学”过程中的结晶，这种探究，立足于学生的平时自觉研究，立足于老师平时的自觉引导，更是我们师生共同合作、探究的结果。因为时间上的仓促，更因为是第一轮新教材的实验，经验和方法较为单一，各种资源只是一种初步的利用，对于老师的“教法”和学生的“学法”也在逐渐的探索、更新之中，所以这本集子，从某种意义上说只是我们在新课程改革中的“写真集”，是“第一手资料”的简单整合，错误与不足在所难免，比如我们学生的教材探究，有的还很幼稚，有的视野还很狭隘，有的观点还有待进一步地推敲……比如老师的探究与整理内容，有的还显得薄弱；有的还很单调，不够周全；有的只是就一个方面的引导，难免片面……但不管怎样，我们有足够面对不足的勇气，我们把这些编辑出来，一是为了鼓励我们的学生在实验中继续前行，一是反映我们老师对这次课改的重视程度，同时也想为后来的实验提供一些可供保留的资料，如果能够对我们的整个实验有所借鉴和帮助，那自然也让我们感到幸运的事情。

在写这篇文稿的同时，我们始终怀着喜忧参半的心情，因为新课程的教学教法，学生的学法，始终都在一种探寻之中，没有一定的先例可循，没有最好的范式摆在那里。我们喜，是因为这样给了老师更大的展示舞台，给了老师巨大的课堂空间，也给了学生更为灵活、更为自由的学习方式；我们忧，是因为我们在对新课程的理解与把握，在对新教材的使用以及对教学过程与结果进行评价等许多方面还没有很确实的操作方案，这涉及如何准确为新课程改革实验进行定性的问题，比如我们的评价机制，包括对学生学习过程的评价和对老师教学过程的评价等，如果这些问题不能得到切实可行的解决，我们试验的方向与目的，将会因此受到始料不及的损害。

《中国青年报》已经在2004年载文，对我们正在进行的新课程改革实验表示某种担心，认为这次课改仓促上马，很多配套的要件没有及时准备，好像做成了一锅“夹生饭”，这种提醒不无道理。所以我们希望相关的配套方案尽早出台，同时也相信我们能够在这一机遇与挑战面前，乘风破浪，直挂云帆济沧海！

2005年1月

♪ 音符4　编著《新教材必修文本学生探究文集》编后记 ♪

整整两年时间，我和我的一百多个孩子徜徉在新课标语文学习的天地里。这需要一定的耐心，也需要一定的决心，在700多个不同寻常的日子里，我们一同搀扶着走过，兴奋、快乐而又精彩！

我们不是为了出版这本集子来进行语文学习的，面对这一套全新的语文教材，在认真学习了新课标的一些基本理论之后，我们再翻开这套教材，觉得所有的兴趣和热情都被激活，湮没了许久的文心也就这么在不经意间被唤醒，我们拿出厚厚的探究作业本，义无反顾地开始了这趟神奇之旅！

高中阶段的母语学习，新课标给我们展示了宏伟的图景，特别强调了学生对语言文字的习得能力与鉴赏评价能力。语文是一门特别重视个人感悟的学科，新教材在着力培养学生兴趣与能力等方面做了大量的精心编排。每学期两个模块的教学，大量文本的选择阅读，为学生探究学习提供了广阔的天地！

我们的探究方式，在前面的序言里有所交代，在此不再赘述。在编辑的过程中，我们以人教版新教材为载体，充分按照教材编排体系来展开，在探究过程中，主要选取的是文字上的探究成果，有时是选取最有代表性的一两篇文章，有时是定点探究，围绕某一论题深入开掘与展示，有的一般性课文只是蜻蜓点水，而有的精彩课文则广泛选取学生的探究文章。在框架设置上，我们一般按照“探究源起”——主要是课文中供给探究的原始材料，“探究”——主要是学生的研究结果，“继续探究”——主要是围绕课文的同一内容进行不同角度的继续研究，“总体探究”——主要是围绕全篇文章进行整体研究；整本集子，主要是学生的文字研究成果，我们没有在这本集子里选取音像等其他探究成果，如有必要，我们将继续推出。

虽然探究式学习不是语文学习的全部，但的确是传统语文学习经常忽略的地方，我们没有一开始就告诉学生这样做，其实是将主动权还给学生，将语文的兴趣与能力的培养真正交给学习的主人。教师必要的方法指导以及一些激励机制的共同作用，随着时间的推移，我们就感觉到了新教材的魅力，语文的魅力，学生的魅力！

我不敢肯定这本集子里的作品篇篇都是佳作，可能有些地方还存在着知识上的错误，还有其他一些在编辑时出现的问题，但我敢保证，这些作品是我的孩子们最认真、最真实的成果再现；我不敢肯定这本集子会得到每一个读者的认同，甚至有的读者会产生非议，但我敢肯定地说，这本集子是一群师生对新课标语文教学的最诚实的劳动，对于这本集子，我们洒下了太多的汗水与泪水。

这本集子编辑的时间长，涉及的学生现在已经分布到各个班级，可能不久就要升入各个高校。全部文稿基本上都是由学生编辑、由学生打印的，这些学生打字、编辑，并且为此投入了大量的劳动，作为整个文集的最后统稿者，我是在兴奋与欣慰的情感支配下工作的，在统稿的过程中，没有过多的修改，只是做了大量的删减，但还是显得有些不当，对于我们在编辑上的种种不足，敬请读者见谅！

新课标语文教学是最能体现课标精神的学科，我们始终抱着理性的态度以及虔诚的心情，在结束这本集子的整个工作时，正值2006年的春天，有舒适的阳光，而身处南国，百花盛开，我们衷心期待，通过不懈努力，最终将迎来语文教改的灿烂春天！

♪ 音符5　编著《永恒一班》序言——永远别说再见 ♪

这是一个“伟大”的班级。

一直不敢用这个词语来形容一个班级，但是在2007学年度，我们共同演绎了一段最为精彩的时光，这不仅是因为我们是提前录取的奥赛班，更是因为，一年时间的摔打与磨砺让我们终身受益。曾经，考试成绩荣获年级第一的卢志健用“伟大”这个词在年级表彰大会上自豪地形容这个班级，当时他至爱的父亲刚刚不幸去世，而当他明白第一笔救济款是由一班孩子自发捐献时，却已是在高一结束之后。发生在每个孩子身上的感动是不能用语言来表达的，在今天，我作为班主任，战战兢兢地编辑完这一本集子，却还诚惶诚恐地认为，应该还有许多没有收集进来的精彩与荣光。这种“伟大”，我在家长会上也自豪地提了出来，家长们认为，这是名副其实的。以简武荣家长为代表的长辈，把家里的鸡蛋、玉米，一个个煮熟了，发给了一班每一个孩子，并说，你们是好样的，我们这些家长，没有什么显赫地位，我们不是一个孩子的家长，而是你们所有孩子的家长，我们因为你们而感动，而骄傲。

2007学年度，老师们都说今年的一班特别“单纯、活跃、团结、上进”。英语老师张宇说，我教了这么多年的书，只有这一年过得最幸福，当我不高兴的时候，一班的孩子懂得哄老师开心，所以这一年从来没有不高兴的时候；数学老师张小莉说，一班的孩子聪明乖巧，眼睛格外有神，所以数学成绩的平均分常常超过130分；物理老师赵国忠说，这帮孩子，最招人喜爱，清纯得可爱，眼里没有尘埃，透明透明的，个个都是好孩子；政治老师王永浩说，年级有什么活动，一班的孩子随叫随到，没有架子，不做样子，是能够做、做得好的一帮孩子……老师们爱着，也喜着。我常常读这些孩子的周记，一篇一篇地切入心灵，走近那些纯洁的心空，抚摸那些鲜活的情感，词不达意，常常幻化为一张张蹩脚的笑脸，然后写上，你是好样的，一班因为你而精彩，我们都应为一班喝彩！

喝彩一班什么呢？喝彩一班的爱与团结。我常常说，一个人，要懂得爱，只有爱同学、爱宿舍、爱班级、爱学校，将来才能爱职业、爱团队、才能爱国家爱社稷。所以，不论现在做什么，眼里要有他人，心里能容他人，情感能接受他人。爱的最直接的形式是“微笑”，微笑是最美的语言。团结是什么，是班魂，是集体爱心的呈现。所以，我们演绎了最动人的班歌比赛，成就了最感人的运动会比赛，彰显了最精彩的一班“迎奥运”比赛，表演了最特别的“红五月”……班长周昕炜说，我把家里的两大盆花搬来，装点装点教室；班长谢仁宁说，老师，我想不用课件，即兴给大家上一节班会课，我有话要说；体育委员陈宇鸿说，到吴川去实践，我要爸爸妈妈做全程导游；学习委员陈陵川说，大家要注意锻炼身体，来，我教大家太极拳；蔡瑞昭说，我想永远做舍长，两次搬宿舍，太让人感动了；陈尚钦说，给同学买烧烤原料终生难忘；何林蔚说，要唱歌，找小蔚。团支书苏蓉说，为了一班，再苦再累也喜欢；郑雨秋说，别说我给同学洗过衣服，收过被子，真是不值一提……可以罗列的太多，在这本集子里，我读一次，就感动一次。

喝彩一班什么呢？喝彩一班的执着与坚持。在学习上，一班的孩子最能吃苦，为开夜车的事情我们一波三折，坚韧与拼搏成了生活的主旋律。从进入高中以后，我们的每次大考，班级进步名次都在5 000个积分以上，班级平均分都在1 100分左右（总分1 350分），在全年级遥遥领先。在日常纪律上，我们一班流动红旗学年总评年级第一名，其中宿舍评比全校第一，劳动卫生等十多个评项都在第1名或第2名。我们的班级论坛，从开始成立到学期结束，没有落下一次，上至国家大政方针下至生活琐事，无不涉猎，成了一班最为靓丽的风景。在课外，我们坚持成立了各种学习兴趣小组，诞生了各种“流派”和“党派”，产生了不同的“文化”。执着与坚持精神，在一班开花结果，成了我们最为难得的精神财富。

喝彩一班什么呢？喝彩一班的感恩与虔诚。在2008年教师节，一班孩子为我举行了一次终生难忘的感恩仪式，孩子们把一班的班牌、荣誉证书全都交到我的手里，托付我终身保管，并且齐唱班歌，每人和我拥抱告别，我潸然泪下。我想起了2007年的教师节，孩子们精心给每个教师的节日礼物，让我们老师感怀深深。平日里见到老师，都能听到孩子们甜甜的问候。有个特级教师中途离开湛江了，半年后还在和孩子们联系，舍不得啊！在一班，有一些贫困生受到了社会好心人的资助，在接受资助时总是再三问我，说胡老师，班上还有没有比我更贫困的同学？我被深深地感动。有的孩子，为了能战胜自己宁可不要学校的资助金，大年三十还在餐馆里刷盘子打工！在知识的学习上，一班孩子最是虔诚，所有资料都能按时按质量完成，并且提前购买了高三学长的资料，每次节假日放假，一班孩子回家的最少，依然留在宿舍里、学校里学习。孤灯下苦读，成就了一个个精彩的笑脸！

……精彩的一班，伟大的一班，成全了一段最为美好的回忆，奠定了我们永远的期待与承诺。在2008年教师节那天晚上，我动情地说，希望你们把一班精神带到所有的奥赛班，让你们的精神和别人的精神优化，成就我们湛江一中最伟大的年级精神，进而优化我们湛江一中——这所国家级示范高中的精神内核，到2010年，我们高考结束，还在这里，我们再来清点我们的高中生活，到那时，我希望，我们每个人的脸上，依然有最为灿烂的笑容！

完成这本集子，时间匆匆，话语匆匆，不曾为每个孩子的文章做过多的修改，尽量保持了本真的原创，也许正因为真实，所以就更为可贵。编辑这本集子的时候，我也第二次被评为湛江一中十佳班主任，在此，对于一班孩子，表示真诚的感谢，这份荣光属于大家！因为编辑水平和财力有限，目前只能限量内部出版，等到大家事业有成，五年、十年甚至更久远，我希望这本集子，会以更精彩的形式与君相随。记住，我们永远不说再见！

♪ 音符6　给大三学生上课 ♪

在以往的教学体系中，教师们按照统一的课程来教学，使用统一的课程来上课，学生们按照传统的方式去接受老师们“塞”给他们的知识，教学流程的每一个环节都是事先规定和设计好的，有板有眼，井井有条，甚至每个教学环节需要几分钟，也要分配得准确无误。在这种教学模式中，学生被“设计”得规规矩矩、老老实实，与老师配合得尤为“默契”，因此教学任务也得以“圆满”完成。但这种“默契”是毫无生气的“表面现象”，“圆满”是虚假不实的“一团和气”。因为在这里，“唤醒学生”这一教育本质的更深刻的要求被忽视了，学生的潜能不仅没有被唤醒，反而被压抑了，学生的个性也随之被束缚了。

因此，寻求一种能够张扬学生个性，最大限度地促进学生自身发展的教育教学方式和方法，显得尤为迫切。而新课程改革，就是顺应教育形势的不断变化应运而生的。新课程改革首先是课程本身及教材理念的根本性变革。新课程的根本指向是人的发展，它倡导自主、合作、探究的学习方式，需要我们从以往孤立封闭的教学系统中解放出来，把教育教学放在它须臾不能脱离的人类社会的现实世界里重新考察和定位，从而恢复教育在我们整个人类活动中本来的位置和意义。

进而，我们需要树立新的教材观。与旧教材相比，新教材最显著的变化就是它不再过分追求学科本身的完备和高深，而是把怎样促进学生的自身发展和怎样正确引导学生学会学习作为根本理念。即把教材的中心价值转移到怎样使学生学会使用教材，并进而学会怎样学习，从而赋予教材更丰富的价值和意义。新课程改革的一个重要方面就是打破了全国统一教材、统一课程的局面。垄断教材编写与出版的壁垒被打破，各种符合新课程理念的新教材层出不穷，令人耳目一新。它们给教师带来了新的视角、理念和方法，为他们创造性地发挥自己的才能提供了空间。

但是，新课程的实施、教材选择的多样化以及教材本身出现的问题，也给广大教师带来了许多困惑。对广大教师来说，如何尽快适应新理念下的教学工作，尽快转变传统的“教书先生”的角色，显得至关重要。

在实施新课程的过程中，教师新扮演的角色不再像过去那样只是单纯的知识传授者，填鸭式地撑起学生的精神之“胃”。而是学生学习的引导者、组织者、合作者和交流者，是学生亲密的伙伴和智识上的引领者。教师需要把自己融入到学生的学习和生活中去，和学生“打成一片”，成为学生平等的朋友和“首席”，适时激励和引导学生。只有这样，才有利于创造平等和谐的环境，使学生既学到了知识、锻炼了技能，又培养了健全的人格和健康的心理，促进了学生的全面发展，从而实现了新课程要求的教育教学目标。为此，教师要不断完善自己的知识结构，不但要熟练掌握自己的专业知识，同时还必须有丰富的文史、理化、生物、地理等其他相关方面的知识，以便更好地回答和引导学生提出的问题。

在新的课改形势下，教育在不断地回归生活、回归社会，这就意味着教育的目的不仅在于培养学生的学习能力，更在于培养会在生活世界中生存的人，即会做事、会与他人共同生活的人，这意味着学校、社会与教师需要全面合作。正如教育家陶行知所言，“学校是小社会，社会是大学校”，“生活即教育，社会即学校”。这正是学校教育与社会教育整合所追求的结果，也是新课改对教师所提出的新挑战和新要求。

面对新课改，我们广大的教育工作者特别是一线教师需要不断地充实自己、提高自己、改变自己，只有这样，才能逐步适应不断变革的教育形势，使自己成为一个具有新理念、新思想、新方法的“新教师”。我认为有以下几方面。

一是语文老师应该大有所为。

新的课程标准每一次推陈出新，总有时代需求和社会的需要，语文不像其他学科，其“工具性”与“人文性”是覆盖面非常广泛的两个概念，后者的内涵更是博大精深，现在推进的必修课与选修课、研究性学习和综合实践活动，为语文教师提供了非常大的能力展示空间和水平的展示平台，我愿意把语文当成一个教师得以提高与发展的机遇而不是挑战，有人说，新课程难教，课改越改越难，我不这样认为，恰恰相反，时代需要的是创造性的人才，我们也应该成为创造性的老师，只有不断否定原来的自我，不断更新教育观念和教育行为，我们才能紧密契合新课标，培养出“新”的人才。高中语文新课程标准的操作性是不强的，有些概念是模糊不清的，而这些恰好给了我们不断研究探索的课题和方向，需要我们一起来完善。语文教育教学本来就是很“虚”的，但正是因为“虚”才“美”，才更值得我们去追求。

二是语文老师可以有所不为。

自从20世纪90年代以来，语文的教育教学方式方法始终处于变革之中，课程标准也始终处于变动之中，再加上语文是一个覆盖面很广的科目，万物为我所用。怎样定位自己的教学风格？怎样构建自身的知识体系？怎样定位自己的研究方向？我觉得不是专家学者的最好，因为很多专家的观念也是不尽相同甚至相反的，他们对语文新课程的理解也不尽相同，甚至他们的阐述也是含糊的、不明了的，我们该怎么做？我觉得应该只选“对”的，不选“贵”的。“对的”于我理解应该是适合课标基本理念的、适合自己的知识和能力水平的、适合自己学校实际的，对于其他的看似很好的，我觉得可以有所不为，因为一个老师如果缺少主见，必然迷失自我，理论学多了，方式方法看多了，自己却不会教书了。我要说的是：一个语文教师，在有针对性地吸纳适合于时代教学先进理念的同时，也要大胆抛弃一些不合时宜的东西，坚守自己，做一个有态度的老师！

三是语文老师应学会自我解放。

有人说：语文教师工作压力大，尤其是新课标下的语文老师压力更大。其实不然，语文老师只要开动脑筋，同样潇洒。新课标本来就需要“自主、合作与探究”式的学习方式，什么是自主？应该将学习的权利充分交给学生。让他们做学习的主人，他们要充分发挥自身的学习主动性。那么怎样对待考试？其实考试只是手段，而非目的。告诉学生，用高三一年来对付高考那一张试卷，二十几道题，时间已经足够了，所以不必着急，认认真真学好高一、高二阶段的语文知识。让学生明白，真正的语文学习其实是不能带功利目的的。有人说，那高一、高二也有考试啊，学生很挂心啊，其实，真正有语文能力的人是不怕考试的，即使考试差了也不能说明什么问题。因为一张试卷有时很难衡量一个学生的知识水平，尤其是语文考试，告诉学生，语文是功在平时的。语文提升的是一个人的人文素养，而这种素养，将终身受益。

四是语文老师应有成果意识。

做一个有体会、有心得、有个性的语文老师很不容易。因为我们很多老师整天在学生学习中已经疲于应付，不知白天黑夜。我们的工作性质决定了我们不可能进行纯粹语文理论的研究，但我们也可以进行语文的教学研究，而研究源自体会，只有体会深刻才有研究的冲动，而只有研究才能厚实底蕴，成就名师。研究包括对高考的研究、阅读教学的研究、作文教学的研究等。我的教学箴言是：要有成果意识。一个教师，工作性质特别容易重复，怎样让重复的工作充满亮点，让自己不断成熟，让自己的色彩斑斓？我觉得是一个人的生活质量问题，所以经常体会，会让我们的教学真正提升起来，把它当作一种艺术去追求，如此，我们也许会进入语文教学的全新境界！

总之，醉心于语文教育教学，才能全身心地投入，才能干出不平凡的业绩。我庆幸能做一名语文老师，能够充分体现一位教师的人文关怀；能够零距离地接触学生；能够在鲜活的文字里和学生们一起去品读喜怒哀乐与真善美丑；能够带动一些幼嫩的心灵去体会伟大与崇高、去鉴赏文化风貌与精神精髓。所以，再辛苦也是快乐，再疲惫也是欣慰，再忧伤也是无悔，再失落也不伤悲，因为语文，令人心醉！

代后记

潜心化人，师者情怀

尼采说："凡一切已经写下的，我只爱其人用血写下的书。用血写书，然后你将体会到，血便是精义。"当我翻开胡兴桥老师这本厚厚的书稿，就被他那颗跃然纸上的清澈的灵魂所震撼，为人师者，性灵至上。他的文字那样干净、隽永；情感那样细腻、入情；思想那样婉转、独特，而所有这些都浸润着他对教育付出的心血与爱。这些文字的背后，是这位潜心化人，具有师者情怀的胡老师，而这些文字本身，阐释的就是教师的精义。

选择：用一辈子做一个行业。在《日子对我说》中他写道："祖国很大，舞台很多，你怕是很难再选择其他行业了，这个行业你做一辈子，可能会有成绩。"在从事教师这个职业12年以后，他说出这句话是多么难能可贵啊！因为这个时间恰恰是很多教师开始职业倦怠的转折点——你我置身的这个时代容易被很多所谓的流俗裹挟，不知道自己到底想要什么。而他执着于自己最初的热爱，一定也曾经面对各种其他行业、利欲的诱惑，经历过诸多困难的抉择。当我读到《胡哥的教育故事》中关于他高考志愿填报的内容，"所有志愿都是关于师范的"，写到中学时代下晚修后他学着教师的口吻在台上讲课文，我知道，那是一种执念，胡老师真的是在和教师这个职业"相恋"。然而，我所奇怪的恰是这样一个从玛瑙河边走来的男孩为什么会有这样单纯的执念，并能够在从教的日子里写出那么多有关教育的文字，一定还有其他的因素在影响着他的选择，比如文学，比如文化。

行走：问汝平生功名，长江湛江珠江。书稿中胡老师曾说在哪里教书都一样，然而换一个角度而言又是不一样的，一样的是讲台，不一样的是平台。正如他在博客中回答孩子们的疑问时写道：从湖北的重点中学来到湛江一中，只是因为“广东在进行语文新课程改革啊，希望从全新的角度走近语文，让自己过得更有激情”。孩子们当然不能理解“平台”对一个有理想和情怀的教师意味着什么，尤其对一位有这样一颗对教育执念之心灵的人，“平台”的变化意味着教师职业价值提升空间的改变。湛江的孩子不明白一个在枝江已然名满江湖的名师为什么要“行走”到偏远的粤西，佛山的孩子不明白一个可以留在省会城市广州的特殊人才为什么会选择三中这样的学校。从玛瑙河走来，跨过枝江、驻足湛江、留恋珠江、倚靠东平河、奔向大海边的深圳，崇尚上善若水的人在追随自己的心意中顺水行走南北，把每一条河流所润泽的文化融成激扬的文字、精彩的课例，用行走丰满着语文的大课程。枝江留下作为“优秀班主任，骨干教师，省级优秀辅导教师，省级科研先进个人”的胡哥；湛江滋养的是一个更加成熟的胡老师，大学“中教法”教授，“高中作文研究”“高中新作文研究”“文化教学与文化作文”等教研成果和教学业绩一样丰硕；珠江推出一个更加独特丰满的文化语文教学的胡老师，“岭南文化与广东语文教学”带他走进一个擅长的语文教学的域，他撰写的专著《地域文化与中学语文教学》承载了20年语文教学的探索，也成就了一段行走中的功业。有人说教书是一场爱恋，对象永远是学生，可是讲台是流动的，学生是变化的，教师的自我修炼决定这场“恋情”的走向，教师终究是这场“恋情”的主角。乔布斯说：“你须寻得所爱。”胡老师怀揣着爱，需要寻找的只是一个更开阔的平台来打开他的世界，于是他从江汉平原的丘陵地带走出来，顺流而行，采集着江边文化奔向海洋，在山边、江边、海边空间变换的行走中将文化的江河汇入了挚爱的语文教学，成就了文化与语文教学的独特风景。正因了这份对语文教育与写作的双重执念，如他所提出的“卓如红棉”那样，即便没有绿叶衬托，他的光芒依旧是那样夺目。

视角：面对教育教学中的新事物有批判性的思考。一个人的视角反映的是一种思维方式，它决定着事物的发展方向，决定你最终能走多远。课改十年以后的今天，我们开始质疑曾经流行的“洋思模式”“杜朗口模式”，提出不随波逐流，不盲目照搬，而我却从胡老师2007年的博文中读到了这样的文字：新课改到底要我们改变什么？……我认为新课改不仅仅是单纯的“课改问题”，在“改”之前，我们必须搞清楚谁最需要新课改，新课改到底为了谁？如果这个问题不解决，改来改去，也许还是在原地绕圈子，甚至与课改的真正目标背道而驰。在《语文新课标必须弄清楚的三个问题》中他提出的“课堂教学到底关注谁的问题”，涉及“谁的问题”“谁需要合作探究”“多媒体真的需要吗”这样三个视角，从形式到内涵的质疑，对当时如日中天的课改现象抛出了几个极具前瞻性的问题。记得2010年中山市开展全市教研的活动中曾全面质疑“四块小黑板”“只讲十分钟”“全校推行小组合作”等做法，而在胡老师的视野里，关注更多的则是教学中的真问题、学科教学的内涵，只有真正用心做教育的人才能这样想问题。虽然当时提的有些问题还是显得比较稚嫩，但那一种在课改大潮中的独特思考、异质思维正是一位优秀教师所不可或缺的。更可贵的是他把这些想法转化成了大学的讲义，不仅提出新课标语文教学的九条建议，还在面对华南师范大学实习生的辅导中践行了。华南师范大学实习生小莹的《走近新课标，体验新课标》一文中写道：胡老师说，“语文老师就应该有自己的个性！”在我正式备课讲课之前，胡老师以一堂堂精彩生动的语文课向我解释了新课标的深义，鼓励我以自己的方式读解课文，读解学生，大胆在课堂上启发学生思考与表达。看他那时候的工作轨迹应该是工作强度很大的，可是胡哥却在繁重的担任几个班班主任工作的同时产生这样的异质思维。在《这些日子》的博文中有一段极富意味的话：有时，专注在于，你整天想着就是一类事情。有时，成功在于，你无暇顾及其他分外事情。这就是生活的辩证法。这让我再一次想到“执念”二字，对教书的执念成就了一个其他人看来不可思议的胡老师。

性灵：向往静谧、细腻温情、真情感悟。在当下这样一个众声喧哗的世界，我们常常在霓虹闪烁中忘记了自己的初衷，更不清楚自己内心的真正需求。在《“静”字千金》中我读到：如果你不知生活的喧嚣，你就不知我为什么那么爱清净；如果你没有心情的焦躁，你就不知心灵的浴场是多么的可珍；如果你不曾经历那些可以预见的人生风暴，你就不知我为什么，为什么面对“静”的字眼，竟然伤心地落下泪来。物质的极度富足、流行的戮力席卷、精神的普遍褴褛让我们爱上围观，泛娱乐用最便捷的方式占据了我们的心灵，我们的性灵渐渐枯竭到只留下“点击”这个功能。即使身为人师也常常用电子信息手段取代更直面的情感交流，用电脑复制功能取代对孩子们评语的撰写，更勿论本质上的教育追求，学生的个性决定了教育的差异性，独有胡老师的文字让我看到一个从教者纯净的性灵，“眼睛”“花朵”是他在博客中写师生情感常用的字眼，也是关注学生的窗口。我们常常把眼神的交流寓意为心灵的交流，把少年比作花朵，从他的文字中我们读到的是一颗干净的灵魂在与一群纯净的孩子对话，教育在他的笔下是那么美，让读者不禁要感叹教师这个职业的神圣。在《手心里的花儿》中他写道：教师是最有梦想的一簇人，我端坐在讲台上，手里拿着你的试卷或作业本，你的字体的温热瞬间弥漫了我的整个心空，将我曾经呆坐在教室一隅的各种关于理想、关于未来的设想演变成满脑子的星星，然后变化成了一个个生动的你，你绕着头，调皮地看着我，我却从你明澈的眼眸中，一下子洞穿了整个世界！然而，我们又何尝不懂，这些细腻温情的文字背后凝聚的是长期的、年复一年的、重复的工作，要一辈子做好这一件事需要一种职业的敬畏，需要对教育的真切理解与热爱。

热爱：教育是净化心灵的事业。他的内心一定认为好的教育既能净化孩子的心灵也能净化教师的心灵，进而净化这个世界。所以在《胡哥的教育故事》中有这样一段话：教育是一种明月清风，是一种春光融融的美好，是清澈如玛瑙河边的小溪水，是一种一直在心中唱响的生命律动。我没有像他这样用美好的词句来形容教育，只是愚笨地认为教育承担着解救灵魂的功能，正如柏拉图在“洞穴理论”中所言，孩子就像是洞穴人，需要你一次次折返回去，引他们从幻象的美好走向现实的光明。也许正如哲人所言，世界纷繁复杂，事物可能不美、不善、不圣，但却是真相，教育的神圣职责在于教会孩子学会判断。我所理解的胡老师的热爱也应该是这样的，他所运用的教育路径是多元的，有平等的对话、有批判的立场、有心灵的沟通。在《手心里的花儿》中他写道：我很骄傲和自豪，也许，你并不如胡哥那些出众的子弟一般惹人眼球，也许，如今你依然是一介凡人，这都不能成为胡哥小觑你的理由，你在哪里，我的心就跟在哪里，因为你，就曾是胡哥手中的花儿！教育是平等的，文字的背后我读到胡老师的胸怀似天空一般，这种平等的对话是孩子们最在乎的也是教育中最宝贵的路径。在《狼在这里》的下水作文中他写道：我们不屈从所谓的万物之灵，就必须付出被咒骂的代价吗？这仅仅只是因为，我们的骨髓深处，永远有那么一股奋起进攻、不失本我的狼性啊！旷野没有了狼，大地是多么的死寂；生命没有了狼性，活着是多么的沉重！这种用批判的立场传递的文本信息从教育的本质上而言是启迪心智的。在《让我凝视你的眼睛》中他写道：我只想让你知道……我的心里没有火炬，却有永远的烛光，常常在那样一些莽莽的原野，在没有人知晓的心迹最深处，在蒙昧无知的最源头，它就童话般变成一颗最明亮的星星，在那样一些喜和乐、忧和伤、苦和痛交织的日子里，会被粲然地点亮！我不能拒绝你的眼神，因为你把我称作老师。这简直是我读过的最让人心醉的教师絮语！

在胡老师的文字中，我几乎没有读到愁怨、苦闷、辛劳，是不是他就从来没有经历这些不快乐的情绪？我以为不然。然而，在他的转帖、他的学生作品中我读到的依旧是一个上善若水的胡老师，即使有忧、有苦、有累，他也是这样淡淡地书写：故乡是可以穿越浮华与虚空的雪花飞舞的幽思，故乡是玛瑙河畔那梨花满树的小伙伴们的笑声，故乡是天上的云，是亮丽的晴空，是满目的鲜花粲然怒放。在他初到湛江的最艰难的孤独的日子里，我读到的依然是“硇洲岛的螃蟹、吉兆湾的虾、东海岛的落日与观海长廊的椰树、雷州的西湖、麻章的东坡岭、廉江的红橙与徐闻的菠萝……家长送的秋蟹太肥了”。他的人生是有风度的，无论在什么样的困境之下，苦难与阳光之间，他更愿意看到阳光的一面、展示积极的一面，看到万物生长而不是百花凋零，因为他不憎恨，心中没有敌人。所以在留言板块学生把他看作“一身仙气和诗意的”兴桥老师，偶有的不快乐情绪在他身上常常被更为专注的事物所化解。

只有这一句：湛江是没有四季的，在湛江特别容易衰老，因为你很难感知时间的维度。惜时如金的胡老师在光阴的流转中似有一丝烦忧，烦忧的是工作之外，还有一些他认为有价值的事情没有去做，比如亲情、友情、师生情的接续，更重要的是还有很多要书写的文字没有完成。

以上这些文字，其实是我一年前读他的博客——“永远的心心桥”后所写，并非本书的序，所以在此与读者们分享，权且代为后记。其实，胡老师在专业上的精彩，文化课堂上的深度研究，“文化语文”这一理念的提出与推广，都在本书中给予了相当的篇幅，他的“文化教学”，在本地区或广东省内外，都曾经或正在产生积极的影响。此刻拿着这份沉甸甸的书稿，我真不知道该如何用简短的语言来书写胡老师对教书这个职业的态度。安宁豁朗、乐观宽容、深情挚爱……还是用他的博客留言来代言吧，枝江一中的董校长说：一个用心经营教育人生的人一定会搭建通向成功的桥梁，这个人就是胡兴桥。我加一点，他的教育用心更兼于文学、文化的双馨！向具有“潜心化人，师者情怀”的胡老师致敬！

楼卫琴

（作者系广东省特级教师，中学正高级教师，广东省人民政府教育督学，教育部普通高中新课程实施“领航计划”专家，教育部“国培计划”专家）